"十三五"国家重点出版物出版规划项目

★ 转型时代的中国财经战略论丛 ◢

中韩FTA促进中国制造业全球价值链地位提升研究

吕冠珠 著

中国财经出版传媒集团
经济科学出版社
Economic Science Press

图书在版编目（CIP）数据

中韩 FTA 促进中国制造业全球价值链地位提升研究/吕冠珠著. —北京：经济科学出版社，2020.11
（转型时代的中国财经战略论丛）
ISBN 978－7－5218－1972－4

Ⅰ.①中… Ⅱ.①吕… Ⅲ.①制造工业－工业发展－研究－中国 Ⅳ.①F426.4

中国版本图书馆 CIP 数据核字（2020）第 199174 号

责任编辑：周秀霞
责任校对：靳玉环
责任印制：李 鹏 范 艳

中韩 FTA 促进中国制造业全球价值链地位提升研究
吕冠珠 著
经济科学出版社出版、发行 新华书店经销
社址：北京市海淀区阜成路甲 28 号 邮编：100142
总编部电话：010－88191217 发行部电话：010－88191522
网址：www.esp.com.cn
电子邮箱：esp@esp.com.cn
天猫网店：经济科学出版社旗舰店
网址：http://jjkxcbs.tmall.com
北京季蜂印刷有限公司印装
710×1000 16 开 13 印张 210000 字
2020 年 12 月第 1 版 2020 年 12 月第 1 次印刷
ISBN 978－7－5218－1972－4 定价：56.00 元
(图书出现印装问题，本社负责调换。电话：010－88191510)
(版权所有 侵权必究 打击盗版 举报热线：010－88191661
QQ：2242791300 营销中心电话：010－88191537
电子邮箱：dbts@esp.com.cn)

总　序

转型时代的中国财经战略论丛

　　山东财经大学《转型时代的中国财经战略论丛》（以下简称《论丛》）系列学术专著是"'十三五'国家重点出版物出版规划项目"，是山东财经大学与经济科学出版社合作推出的系列学术专著。

　　山东财经大学是一所办学历史悠久、办学规模较大、办学特色鲜明，以经济学科和管理学科为主，兼有文学、法学、理学、工学、教育学、艺术学八大学科门类，在国内外具有较高声誉和知名度的财经类大学。学校于2011年7月4日由原山东经济学院和原山东财政学院合并组建而成，2012年6月9日正式揭牌。2012年8月23日，财政部、教育部、山东省人民政府在济南签署了共同建设山东财经大学的协议。2013年7月，经国务院学位委员会批准，学校获得博士学位授予权。2013年12月，学校入选山东省"省部共建人才培养特色名校立项建设单位"。

　　党的十九大以来，学校科研整体水平得到较大跃升，教师从事科学研究的能动性显著增强，科研体制机制改革更加深入。近三年来，全校共获批国家级项目103项，教育部及其他省部级课题311项。学校参与了国家级协同创新平台中国财政发展2011协同创新中心、中国会计发展2011协同创新中心，承担建设各类省部级以上平台29个。学校高度重视服务地方经济社会发展，立足山东、面向全国，主动对接"一带一路"、新旧动能转换、乡村振兴等国家及区域重大发展战略，建立和完善科研科技创新体系，通过政产学研用的创新合作，以政府、企业和区域经济发展需求为导向，采取多种形式，充分发挥专业学科和人才优势为政府和地方经济社会建设服务，每年签订横向委托项目100余项。学校的发展为教师从事科学研究提供了广阔的平台，创造了良好的学术生态。

习近平总书记在全国教育大会上的重要讲话,从党和国家事业发展全局的战略高度,对新时代教育工作进行了全面、系统、深入的阐述和部署,为我们的科研工作提供了根本遵循和行动指南。习近平总书记在庆祝改革开放40周年大会上的重要讲话,发出了新时代改革开放再出发的宣言书和动员令,更是对高校的发展提出了新的目标要求。在此背景下,《论丛》集中反映了我校学术前沿水平、体现相关领域高水准的创新成果,《论丛》的出版能够更好地服务我校一流学科建设,展现我校"特色名校工程"建设成效和进展。同时,《论丛》的出版也有助于鼓励我校广大教师潜心治学,扎实研究,充分发挥优秀成果和优秀人才的示范引领作用,推进学科体系、学术观点、科研方法创新,推动我校科学研究事业进一步繁荣发展。

伴随着中国经济改革和发展的进程,我们期待着山东财经大学有更多更好的学术成果问世。

山东财经大学校长

2018 年 12 月 28 日

前　言

随着经济全球化和区域经济一体化成为当今世界经济发展的主要趋势，以及中国自20世纪90年代初实行的贸易自由化改革的不断深化，中国已与18个国家和地区签订并实施了自由贸易协定，并取得了巨大的成就。中韩两国作为亚洲地区重要的经济体，地理位置相近、历史文化相通，自建交以来两国间的经贸往来取得了较快的发展，双边贸易规模不断扩大。贸易额从建交初期的50亿美元，飞速增长到2018年底的3134.3亿美元，其中，中国对韩国出口1087.9亿美元，自韩国进口2046.4亿美元①。在此基础上，中韩自贸区的设立不仅是两国实现贸易自由化和投资便利化的重要方式，而且对于促进政治、经济、文化等领域的密切联系和推动东亚经济一体化的发展具有重要意义。

以生产的全球化分割为主要特征的全球价值链分工的形成，使得分工层次从产品层面细化到工序层面，各国专业化生产的不再是具有比较优势的产品而是具有比较优势的生产环节。中国制造业以劳动力、资源等生产要素的低成本优势嵌入全球价值链的加工组装环节，获得少量的分工和贸易利益，并被发达国家锁定在低端处于被俘获的地位，受到发达国家的技术封锁和更低成本发展中国家的成本威胁，因此中国制造业沿全球价值链自发性的升级会遭遇困难和障碍，升级存在约束和上限，多停留于产品升级，而难以实现功能升级。

生产要素的跨国流动和合作是全球价值链分工的本质，而一国高级要素的丰裕程度，决定了其在国际分工中的地位和收益。韩国作为发达国家在研发、创新、设计等高级生产要素的投入上占有优势，而中国作

---

① 中华人民共和国商务部网站，http://www.mofcom.gov.cn。

为发展中国家在低技术劳动力和初级资源等低级生产要素的投入上占有优势。中韩 FTA 不仅是对关税等贸易壁垒的削减，而且是中韩双边贸易领域的制度变迁，是对中韩双边贸易所依赖的契约环境的治理和优化。契约实施质量的提高会使要素的跨国流动更加符合市场规律，能促进企业生产率的提高和技术进步，从而进入技术水平更高的行业或者生产环节，为中国制造业抓住新一轮的全球化浪潮，以高级生产要素的流入与重组为契机促进制造业的转型升级，进而提高中国在中韩双边贸易中的分工地位和贸易利得。

本书在全球价值链理论、增加值贸易理论和契约理论的分析框架下，以中韩 FTA 的实施为背景，分析中韩 FTA 带来的贸易自由化和契约环境的改善对中国制造业企业生产效率和在全球价值链中地位的影响，并利用世界投入产出数据库（WIOD）的世界投入产出表（WIOT）数据进行实证检验。

通过理论分析和实证分析，本书得出了以下主要结论：

第一，中国在全球价值链中的位置高于韩国，呈 U 型发展趋势，2005 年降到最低后一直在缓慢回升；而韩国的价值链位置则出现不断下降的趋势。从制造业内部来看，中国低技术制造业的分工位置逐渐提高，不断向上游位置靠近；中技术制造业的分工位置较为稳定且变动不大；高技术制造业的分工位置波动较为剧烈，呈现出与中国整体相同的 U 型变化趋势。韩国中低技术制造业的分工位置较高，中高技术制造业在国际分工中的位置较低且下降幅度较大。

第二，中韩两国制造业参与国际分工的程度逐年提高，且韩国的参与程度高于中国，尤其是 2001 年中国加入 WTO 以后，两国参与国际分工的程度逐渐加深。从制造业内部来看，中韩两国三类技术制造业的 GVC 参与程度均有所提高，中国部分中低技术制造业的融入程度上升较快，韩国部分低技术和高技术制造业的参与程度有所提升。

第三，在中韩双边贸易中，以中间产品贸易为主，最终产品贸易为辅，中国出口的中间产品主要被直接吸收和用于再次出口，韩国出口的中间产品主要被其他国家吸收；中国对韩国出口的主要价值来源是美国、日本、澳大利亚以及中国台湾，韩国对中国出口的主要价值来源是中国、美国和日本，其中含有的中国价值较多；中韩两国在不同的制造业行业的价值链分工中呈现不同的分工和利益分配格局，韩国处于中间产品生产的高附加值环节，中国处于最终产品组装的低附加值环节。

第四，中韩FTA的实施对中国制造业企业的生产形成积极的影响，能提高制造业企业的生产率和最优产出水平，并有利于中国制造业全球价值链位置的提高和增值能力的增强。其内在影响机理可以表述为，优化中国要素结构和改善契约制度环境是实施中韩FTA提高中国制造业全球价值链地位的两个重要渠道。

第五，中韩FTA的实施有利于中国制造业全球价值链位置的提升和增值能力的增强，且对增值能力的影响更大；契约依赖程度、国家要素结构、契约环境质量等影响较为显著，行业契约依赖程度越高，FTA实施对其影响越大；对外直接投资和研发的影响也较为明显，而全球价值链参与程度和外商直接投资的影响较弱；汇率对全球价值链增值能力的影响较为直接，而对价值链位置的影响则不显著；两国的政治关系具有显著的正向影响，敏感的朝鲜半岛局势经常对周边国家的经贸关系造成冲击，政治关系的稳定才能促进两国经济贸易的长远发展。

目　录

转型时代的中国财经战略论丛

第 1 章　导论 ··· 1
　1.1　研究背景和研究意义 ··· 1
　1.2　研究思路与主要内容 ··· 6
　1.3　研究方法 ·· 9
　1.4　研究的创新点 ·· 10

第 2 章　理论回顾与文献综述 ··· 12
　2.1　全球价值链理论的相关研究 ······································· 12
　2.2　增加值贸易理论的相关研究 ······································· 26
　2.3　契约理论的相关研究 ··· 29
　2.4　中韩贸易自由化进程和价值链分工地位相关研究 ············· 33
　2.5　本章小结 ··· 41

第 3 章　中韩 FTA 促进中国制造业全球价值链地位提升的机制 ·········· 43
　3.1　中韩 FTA 实施对价值链地位影响的建模基础 ················· 44
　3.2　中韩 FTA 实施与企业生产状态 ·································· 49
　3.3　中韩 FTA 实施与全球价值链地位提升 ·························· 58
　3.4　本章小结 ··· 65

第 4 章　中韩制造业全球价值链分工位置和参与程度测度 ············ 67
　4.1　价值链分工位置和参与程度的测算方法和数据来源 ········· 67
　4.2　中韩两国参与全球价值链的测度 ································ 74

4.3　中韩两国制造业分行业前后向参与度的变化 ………… 84
　　4.4　本章小结 ……………………………………………… 89

第5章　中韩制造业全球价值链分工利得衡量 ……………… 91
　　5.1　计算方法和数据来源 ………………………………… 91
　　5.2　中韩总值贸易与增加值贸易的比较 ………………… 98
　　5.3　中韩双边贸易分解 …………………………………… 101
　　5.4　本章小结 ……………………………………………… 114

第6章　中韩FTA促进中国制造业全球价值链地位提升的实证分析 ……… 115
　　6.1　实证问题与主要假设 ………………………………… 115
　　6.2　中韩FTA影响价值链地位提升的实证检验 ………… 119
　　6.3　计量结果与稳健性检验 ……………………………… 124
　　6.4　影响机理检验 ………………………………………… 133
　　6.5　本章小结 ……………………………………………… 136

第7章　研究结论与政策建议 ………………………………… 138
　　7.1　主要结论 ……………………………………………… 138
　　7.2　政策建议 ……………………………………………… 140
　　7.3　研究不足与展望 ……………………………………… 142

附录 ………………………………………………………………… 144
参考文献 …………………………………………………………… 177
后记 ………………………………………………………………… 197

第1章 导　　论

1.1　研究背景和研究意义

1.1.1　研究背景

中韩两国地理位置相近、历史文化相通，自建交以来两国间的经贸往来取得了较快的发展，双边贸易规模不断扩大。1992年建交之前，中韩两国之间的贸易往来很少，约在30亿美元，一般是经由中国香港等地中转的间接贸易和少量的边境贸易。1992年建交之后，中韩两国的双边贸易规模不断扩大，在发展过程中经历了两个阶段：一是1992~2001年两国贸易发展的快速启动阶段；二是从2002年至今两国贸易的高速发展阶段[①]，贸易额也由建交时的50亿美元增加到2018年的3134.30亿美元，增长了60倍。从两国的出口情况来看，1995~2018年间，中国对韩国的出口总值从76.14亿美元增长到1087.90亿美元，韩国对中国的出口总值从137.25亿美元增长到2046.4亿美元，都分别增长了15倍[②]。从图1-1中可以看出，中国对韩国出口总值上升的幅度小于韩国对中国出口总值上升的幅度，这也说明了韩国一直保持了中国主要贸易伙伴国的地位，而对韩国来说中国的贸易地位有显著的提升，在2007年中国已成为韩国第一大贸易伙伴国。

---

①　胡艺、沈明辉：《中韩贸易20年：回顾与展望》，载于《东北亚论坛》2012年第9期。
②　经整理计算所得。

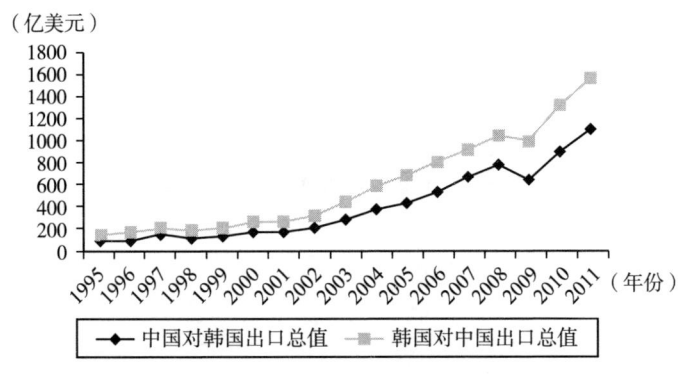

图1-1 中韩出口总值贸易额

资料来源：经计算绘制。

同时，在经济全球化和区域经济一体化的浪潮中，中韩两国加快了自由贸易区设立的步伐，2004年11月两国领导人启动了中韩自贸区民间可行性研究，2006年11月又启动了官产学联合研究，历经五次官产学联合研究会议之后，2012年5月中韩自贸协定谈判正式启动，经过14轮谈判2014年11月中韩自贸区实质性谈判结束，并于2015年6月1日正式签署《中华人民共和国政府和大韩民国政府自由贸易协定》（简称《中韩自贸协定》）。《中韩自贸协定》是中国目前签署的覆盖范围最广、涉及贸易额最大的自由贸易协定①。

在全球价值链分工的现实背景下，中国制造业凭借廉价的劳动力和丰富的自然资源等要素密集优势嵌入全球价值链的低端位置（刘志彪，2009），主要集中于加工装配环节，对上游研发设计和下游品牌销售环节涉及较少，缺乏价值链治理地位和获利能力（Kaplinsky，2000）。因此，中国制造业参与全球价值链分工面临着发达国家从高端和更低成本的发展中国家从低端的双重挤压和比较优势逐渐丧失的局面：

首先，中国制造业企业的低成本生产优势逐渐消失以及其他国家的竞争压力逐渐增大。由于中国制造业工资水平的显著上升和人口年龄结构的老龄化问题凸显，劳动力等要素的价格不断上涨，以"人口红利"为支撑的传统比较优势逐渐消失，而越南、印度等更具劳动力成本优势的新兴经济体，成为外商直接投资以及国内代工装配资本的转移目标。

---

① 中国自由贸易区服务网，http://fta.mofcom.gov.cn。

"中国制造"的低成本优势正面临着严峻的考验,出口产品价格的提升空间有限,贸易利润面临进一步被稀释的威胁,并且已经出现逐渐被取代的趋势,同时高强度消耗和高密集化使用的资源也给环境带来了巨大的压力。

其次,中国制造业受到发达国家技术领域的封锁和限制,自主研发创新能力薄弱。发达国家持续不断的技术创新和在此基础上的技术垄断,是其保持竞争优势和核心竞争力的关键所在,因此会对核心技术和资源进行控制和垄断。中国制造业主要是依靠对中间投入品进行加工组装后再出口到发达国家的方式参与国际分工,而加工组装环节的技术含量和层次较低,导致中国本土企业缺乏自主创新的意识和动力。虽然通过直接引进国外的先进经验和技术能在一定程度上提高本土企业的技术能力,但如果只是依靠发达国家技术转让、技术支持的途径来获得先进技术,则很难赶超国外的技术水平以及缩小技术差距。其根本途径应该是在引进、模仿的基础上,加强本土企业自主研发和创新能力,培养高素质的人才,通过提升产品质量和技术含量,逐步向技术复杂度高、附加值高的环节过渡。

根据传统的要素禀赋理论,某种要素禀赋相对丰裕的国家在密集使用该种要素的产业具有出口比较优势,因此向全球价值链高附加值环节的趋近以及全球价值链治理地位的获取应该以高级生产要素的投入为核心,以技术、知识、管理、创新等高级生产要素的密集优势以及要素结构的改善为途径,塑造新型动态出口贸易竞争优势,内化表现为产业转型升级和全球价值链地位的提升。但《中韩自贸协定》(FTA)实施之前的贸易壁垒等制度性障碍对中韩两国生产要素的跨国流动形成了障碍,进而造成两国生产要素配置扭曲,阻碍了中韩产业优势的充分匹配。因此基于中韩两国长期发展关系的角度以及中韩FTA签署的难得机遇,借助贸易自由化带来的契约环境的改善和制度性障碍的消除,促进中韩要素的跨国流动和改善国内要素结构,正是中国制造业借助韩方高级生产要素优势,突破当前全球价值链地位自发式提升困境的有效途径。

1.1.2 研究目的和意义

中韩两国间的经贸往来不断加强,双边贸易规模不断扩大,在东亚地区的经济发展中均占有举足轻重的地位。但是中韩两国在双边贸易中所处的地位是否相同？所获得的分工利益是否相等？参与国际生产分工的程度如何？以及以何种方式参与到国际生产分工中来？对上述问题的研究和回答有助于我们更好地理解中国制造业低端嵌入全球价值链被动地位的现实，并为中国制造业价值链高附加值环节的攀升以及控制性地位的获取提供有效的方法和途径。而中韩自贸区的设立，不仅是对关税和非关税壁垒的减免和撤销，还是中韩双边贸易领域制度层面的变迁，是中韩双边贸易所依赖的契约环境的治理和优化，而契约实施的环境和质量能够影响生产要素的跨国流动和一国的要素结构。由于全球价值链分工的本质是要素分工，通过高级生产要素的获取和国家要素结构的优化，能够促进企业提高产出规模和劳动生产率，从而促进价值链地位的提升和获利能力的增强。基于以上背景，本书在全球价值链理论和增加值贸易理论的框架下全面考察了中韩两国在全球价值链分工中的位置、参与程度和分工利得，以及中韩 FTA 的实施促进中国制造业价值链地位提升的路径机制，并利用世界投入产出表（WIOT）数据进行了分析和检验。本书的研究目的主要包括以下几个方面：

（1）本书简要回顾了全球价值链理论、增加值贸易理论和契约理论相关研究的发展与演进，对全球价值链地位与契约环境、要素流动之间的联系进行了系统性梳理和评述，并以此作为本书理论的切入点，进而为后续的相关研究奠定了理论基础和参考。

（2）本书对中韩两国的贸易发展和贸易自由化进程进行了回顾，并对中韩 FTA 签署后大范围的关税减让措施以及自贸区设立后的经济效应和两国在全球价值链分工中所处地位的相关研究进行了梳理，并简要分析了地缘政治风险对两国经贸关系的影响，力图使中国制造业价值链地位提升的路径机制更具系统性。

（3）在全球价值链理论和增加值贸易理论框架下，本书对中韩双边贸易额进行了分解，并测度了贸易额中的增加值类型和价值含量来源，以及对两国在价值链中的位置、参与程度和参与国际分工的方式进行了分析，为中韩 FTA 实施对中国制造业全球价值链地位的影响机制提供依据。

（4）以迪克西特—斯蒂格利茨模型（1977）的垄断竞争模型为基础，参考安特拉斯等（2013）、阿尔法罗等（2015）建立的内生化全球价值链企业边界选择产权模型（property-right model of firm boundary choice），分析中韩 FTA 的签订和实施带来的贸易自由化和契约环境改善，对中国制造业企业生产效率的提高和价值链分工地位的影响。

（5）基于理论分析和实证检验结果得出的主要结论，结合计量模型中各经济变量对因变量的影响，在中韩 FTA 实施带来的贸易自由化深化的背景下，对如何有效利用契约环境的改善优化国家要素结构，提高中国制造业在价值链分工中的位置和增值能力提出相关的政策建议。

本书的研究意义表现在两个方面：一是现实意义。中韩 FTA 的签署和逐步生效，是当前中国基于自由贸易实施新一轮高水平对外开放的重要里程碑，中韩自贸区的设立是否会对中国转变对外贸易增长方式、推动产业结构转型升级产生积极的影响？是否能够改善中国制造业低端嵌入全球价值链的被动地位？以及能否推动制造业突破"被俘获"和"低端锁定"的状态向价值链高端攀升？并以何种路径和方式实现向价值链高端攀升？对上述问题的探讨有助于中国利用中韩 FTA 的政策利好，借助两国双边贸易中契约环境的改善和韩国技术、知识、创新等高级生产要素密集优势，推动高级要素的跨国流动，优化中国制造业的生产要素结构，塑造国际竞争新优势，促进制造业突破"低端锁定"完成功能升级进而链条升级，实现全球价值链地位的提升和分工利益的提高。而这正是中国制造业借助韩方的要素优势，突破当前全球价值链地位自发式提升困境的难得机遇。二是理论意义。①全球价值链理论作为国际分工和产业升级的基础理论，一般从附加价值和所获利润的角度来研究分工利益和产业升级，在该理论框架下，本书从要素流动的视角研究产业升级问题，全球价值链升级的本质是要素升级（Gereffi，2005），沿全球价值链向高附加价值环节的攀升直接表现为要素禀赋的动态演变，通过高级要素流入、要素结构优化等要素禀赋动态手段，来考察高级要素促进全球价值链地位提升的路径机制，在一定程度上丰富和拓宽了全球价值链理论的研究视角。②传统的总值口径的国际贸易统计体系由于对跨境贸易品的流动进行多次重复计算，其中包含了大量进口中间投入品的价值，不能准确分离出口总值来源中本国真正增值部分和外国增值部分，因此无法对中间投入品跨境往复进行准确衡量，导致了在全球价值链分工背景下国际分工地位及双边贸易规模测算的偏差或高估。应当使用基于增加值为口径（trade in valve added，TIVA）的新型国际贸易统计体系，以反映真实的双边贸易关系和对国内经济的实际贡献，从而能够提高对中韩 FTA 促进中国制造业全球价值链地位提升研究的客观性与准确性。

1.2　研究思路与主要内容

本书以全球价值链理论、增加值贸易理论、契约理论为基础，借鉴和吸收已有相关研究成果，分析了中韩两国在全球价值链分工中的地位和双边贸易关系，并以中韩 FTA 签署后的贸易自由化带来的契约环境改善为背景，分析中韩 FTA 的实施对中国制造业企业的生产效率和在全球价值链中地位的影响，并使用世界投入产出表数据进行计量检验。具体来看，本书对全球价值链理论、增加值贸易理论、契约理论的发展和演化进行了回顾和梳理，对中韩双边贸易关系和贸易自由化进程以及中韩两国在全球价值链分工中地位的相关文献进行了归纳与评述；从中韩 FTA 实施产生的契约环境优化进而促进高级要素流动的视角，对中国制造业价值链地位提升的影响和路径机制进行了分析；并使用增加值贸易核算方法，以克服传统总值贸易统计体系所计算的出口数据难以对当今国际贸易现实进行准确衡量的不足，对中韩两国的双边贸易额和在全球价值链中的位置以及参与程度进行了分解和分析，在此基础上构建计量模型进行实证检验，从要素动态层面考察了中韩 FTA 实施后的关税减让对中国制造业价值链分工地位提升的影响效应；最后得到本书的研究结论、政策启示以及进一步研究的方向。根据以上研究思路，本书由七部分构成，框架如图 1-2 所示。

第 1 章是导论。本章主要介绍了研究的背景和意义、思路和方法、主要内容与框架结构以及主要创新点。

第 2 章是理论回顾与文献综述。理论基础主要包括全球价值链理论、增加值贸易理论和契约理论，首先对全球价值链理论的发展和演进以及全球价值链分工的特征和价值链升级的相关研究进行了梳理，其次对增加值贸易理论的渊源和新型国际贸易统计体系进行了回顾，然后对契约理论的相关研究以及中韩贸易自由化进程和中韩价值链分工地位的相关研究进行了回顾，最后对相关研究现状进行了简要的评述，为中国制造业实现价值链升级和地位提升提供理论指导。

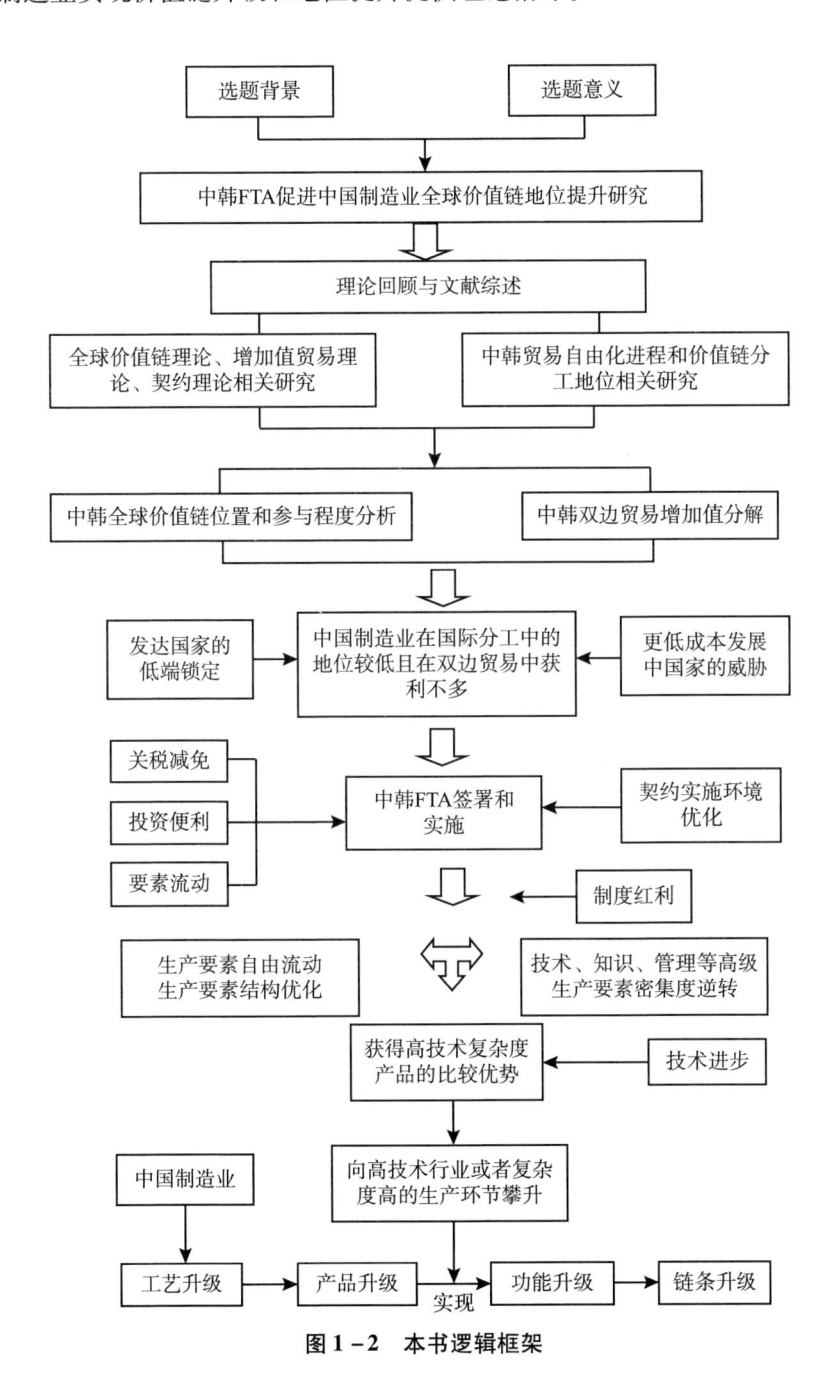

图1-2 本书逻辑框架

第3章是中韩FTA对中国制造业全球价值链地位提升的路径机制分析。本章以中韩FTA实施后的关税减让和贸易壁垒的削减为基础提出了制造业价值链地位提升的路径机制，并从要素流动的动态视角分析了契约环境改善对要素跨国流动的影响效应，以及促进要素结构优化和生产效率提高的路径机制，然后以迪克西特-斯蒂格利茨模型（1977）的垄断竞争模型为基础，结合中韩FTA的贸易自由化实质，在模型中引入贸易自由化和契约依赖程度相关变量，构建新的数理模型用以分析中韩FTA带来的贸易自由化和契约环境改善对中国制造业企业的生产效率和在全球价值链中地位的影响。

第4章是中韩制造业全球价值链分工位置和参与程度的分析、测度与衡量。本章利用世界投入产出表数据，采用库普曼等提出的"GVC位置指数"和"GVC参与度指数"，从增加值贸易角度测算比较了1995~2011年间，中韩两国出口贸易整体和不同技术要素密集度的制造业行业在价值链分工中的位置、参与程度及其动态演变过程，并对不同制造业行业出口贸易中的前向参与度与后向参与度进行了比较分析，试图找出各行业在全球价值链中的位置和参与程度有所变化的主要原因。

第5章是对中韩双边贸易进行分解和增加值测算。本章使用世界投入产出表数据，利用增加值贸易框架构建系统化的双边贸易利得测算体系，对中国与韩国在全球价值链分工中的贸易利益进行了测算与比较，并对中韩双边贸易额的价值含量来源和最终吸收地进行了分析，然后对不同技术密集度的制造业行业出口贸易中的价值含量进行了分解，得到国内增加值出口（DVA）、返回本国的国内增加值（RDV）、重复计算项（PDC）和国外增加值（FVA）等基础数据项，以此分析中国在双边贸易中获利不多的根本原因。

第6章是中韩FTA促进中国制造业全球价值链地位提升的实证分析。本章利用OECD等机构联合开发的世界投入产出数据库（WIOD）中的世界投入产出表（WIOT）的数据，对理论分析关于中韩FTA实施对中国制造业全球价值链地位提升影响的结论及其内在机理进行了实证检验。将实证所要检验的全球价值链地位界定为在全球价值链中的位置和增值能力，在前文理论模型的基础上构建了计量模型，并将实证分析分为两个部分：一是直接检验中韩FTA实施对中国制造业全球价值链地位的影响；二是基于中介变量检验框架，对中韩 FTA 实施影响中国制造业全球价值链地位的内在机理进行检验。

第 7 章是研究结论、政策建议、研究不足与展望。本章对全书进行总结，归纳全文理论推论和经验研究的主要结论，并提出具有针对性的政策建议，指出研究存在的不足，以及对未来的研究方向进行了展望。

1.3　研究方法

本书以中韩 FTA 实施后的贸易自由化带来的契约环境优化为背景，试图在全球价值链分工的现实背景下，考察低端嵌入全球价值链的中国制造业突破被动地位，向价值链上游环节攀升的路径机制。为了实现研究目标，使研究结论更加具有真实性和说服力，本书基本的研究方法是从典型事实和经典文献出发构建理论模型和形成理论假设，然后进行指标选择与描述分析，最后进行计量分析与理论假设检验，并形成应对策略。具体如下：

（1）理论分析与实证分析相结合。本书在系统回顾相关文献与研究成果的基础上，对全球价值链理论、增加值贸易理论、契约理论的相关研究进行了归纳总结，在全球价值链分工的现实背景下，考察了中韩 FTA 对中国制造业全球价值链地位提升的影响机制，然后在理论分析的基础上，采用世界投入产出数据库中的世界投入产出表数据对理论分析的结果进行实证检验，有效验证了理论分析的可靠性，使理论分析和实证分析有效结合。

（2）多种实证方法的综合运用。为了使研究结果更具可靠性和说服力，本书采用了不同的实证方法，使用了计量回归方法、增加值贸易核算方法以及反事实模拟方法等进行分析并对理论结果进行实证检验。通过指标体系的构建，对中韩两国在全球价值链中的位置和参与程度进行了分析，并对中韩双边贸易额的价值增值进行了分解，从而对中韩 FTA 的贸易自由化实质和契约环境改善对中国制造业价值链地位提升的影响机理进行深层次的探讨。

（3）对比分析方法。为了更全面的研究中韩 FTA 实施对中国制造业的影响机理，本书还使用了对比分析法，不仅估计了中韩 FTA 带来的贸易自由化和契约环境改善对中国制造业的总体影响，还对分组样本进行了进一步的估计。例如，本书根据对契约依赖程度的不同将制造业行业分为契约依赖度高、中、低的行业，以此与制造业不同技术密集度的高、中、低行业相对应；还将关税水平设定为中韩 FTA 中的关税水平与之前的研究结论进行对比，以考察中韩 FTA 对中国制造业的影响机制，从而拓宽了本书的研究内涵。

1.4 研究的创新点

（1）研究内容的创新。现有对中韩 FTA 的研究大多集中于中韩 FTA 签署后的贸易效应以及关税和贸易壁垒的削减和撤销对中韩双边贸易的影响方面，但中韩 FTA 所涵盖的内容并非仅仅局限于国际贸易，而是包含了贸易、投资、高级要素流动、法律法规程序等全方位高水平的协定，也不仅仅是贸易自由化的深化，还是中韩双边贸易所依赖的契约环境的优化。本书考察了中韩 FTA 实施后的贸易自由化实质以及契约环境的改善带来的制度红利对中国制造业全球价值链地位提升的多渠道复合影响机理。

（2）研究角度的创新。在全球价值链理论框架下研究分工利益和产业升级问题，一般是从附加价值和所获利润的角度展开分析，本书从要素流动的动态视角，探讨沿全球价值链向高附加价值环节的攀升及控制性地位的获取，其决定性因素是要素禀赋的动态变化，即高级要素密集度的提高、国家要素结构的优化等特征，因此本书基于增加值贸易统计体系的核算方法，将研究视角从传统的产品层面深化至要素层面，以要素禀赋动态为研究的落脚点，来考察高级要素流入促进全球价值链地位提升的路径机制，这在一定程度上丰富和拓宽了全球价值链理论的研究角度。

（3）实证方法的创新。本书使用基于增加值贸易统计口径（measuring trade in value added）的新型国际贸易统计体系的测算方法对中韩两国在全球价值链中的位置和参与国际分工的程度以及中韩双边贸易额的价值增值和贸易利得进行了测算和分析。由于全球中间品贸易的迅速增长，以海关统计的出入境数据为统计基础的总值口径的传统国际贸易统计体系存在明显的系统性重复计算问题，已经无法全面反映以全球价值链为基础的国际贸易的真实情况，并且会严重夸大全球贸易失衡的状况，而增加值贸易核算体系能够计算跨国垂直产业链条中每个经济体独自的增值部分，符合当今国际贸易真实的情况。

第2章 理论回顾与文献综述

本章首先对全球价值链理论的发展和演化进行了回顾和梳理，其中重点对全球价值链分工的特征和全球价值链升级的基本理论框架和相关扩展研究进行了综述；其次对增加值贸易理论和契约理论的发展脉络进行了梳理，并对基于增加值口径的新型国际贸易统计体系进行了系统的阐述，然后对契约理论与生产率和比较优势的关系进行了回顾；再次对中韩两国的贸易自由化进程和两国在国际分工中的地位和相关状态以及地缘政治风险对两国经贸关系的影响进行了总结；最后进行了简要的评述。

2.1 全球价值链理论的相关研究

2.1.1 国际分工理论的演进

1776年亚当·斯密（Adam Smith）在《国富论》中第一次提出了国际分工的概念，认为分工是社会发展的产物，可以提高劳动生产率，随着生产力的发展而发展。从工业革命开始机器大生产代替了手工劳动，从工场手工业转变为机器大工业，历经两个多世纪的演进，国际分工的发展先后经历了三个阶段：产业间分工、产业内分工和产品内分工。随着经济全球化和区域经济一体化的不断发展，当代国际分工格局呈现出产业间、产业内和产品内的混合型分工新形态，并最终向以跨国公司为载体，以生产要素的跨国流动为基础的全球价值链分工演进。

产业间分工是指不同产业产品的生产之间的分工，理论基础为亚当·斯密的绝对优势理论、大卫·李嘉图（David Ricardo）的比较优势理论以及赫克歇尔和俄林（Hechscher & Ohlin）的要素禀赋理论。亚当·斯密（1776）在《国富论》中提出了绝对优势理论，认为各国不同的生产技术水平导致了国际分工和国际贸易的产生，各国应生产并出口本国具有"绝对成本优势"的产品，通过国际贸易交换本国不具有"绝对成本优势"的产品。但是斯密的绝对优势理论有一定的局限性，一是以机会成本不变为前提，二是没有对各国生产成本的相对优势和动态变化引起重视，因此逐渐被李嘉图的比较优势理论取代。李嘉图（1817）在《政治经济学及赋税原理中》提出了比较优势理论，认为国家之间应该根据生产成本的相对差异参与国际分工和国际贸易，产品成本和价格的相对差异由生产技术水平的相对差异造成，国家之间分工和贸易的基础是不同产品之间的比较优势而不仅是绝对优势。虽然比较优势理论在一定程度上突破了绝对优势理论的局限性，促进了国际分工和贸易的发展，但是该理论只强调劳动要素投入创造的价值，而忽略了资本、资源等其他生产要素投入的作用，因此比较优势理论对现实国际贸易的解释有待于进一步的发展。赫克歇尔和俄林（1933）提出了比较优势理论的另一种解释——生产要素禀赋理论，认为国家间要素禀赋的丰裕程度和产品生产过程中的要素投入结构是国际分工和国际贸易的基础，各国应该生产并出口本国要素丰裕程度较高的产品，进口本国要素丰裕程度较低的产品。要素禀赋理论不仅强调了劳动要素创造的价值，而且考虑了资本、资源等其他生产要素投入的作用，因此要素禀赋理论是对李嘉图比较优势理论的深化与发展。

产业内分工由产业间分工演变而来，是指国际分工的形式由原来的部门间专业化转变为部门内专业化。以空间技术、原子能技术和信息技术的应用为特征的第三次科技革命促进了产业内分工理论的发展，科学技术和生产力的进步，加强和扩大了不同部门之间的专业化水平和差异程度，部门内部的产品不仅种类多样、功能齐全，生产的过程也更加复杂。产业内分工的基础是不完全竞争和规模经济，基本的分工形式是水平型产业内分工和垂直型产业内分工。水平型产业内分工的基础是产品的质量水平相同，而产品的属性或特征不同，因此产品的价格并无明显的差异；垂直型产业内分工的基础是产品的质量水平不同价格也不同，质量高的产品价格较高，质量低的产品价格较低。

国际分工的形式从产业间分工发展到产业内分工然后继续深化和细化到产品内分工。在经济全球化和信息通讯一体化迅速发展的大背景下,产品的生产过程所包含的工序更加复杂和细化,各国根据其在产品的不同生产环节或区段的比较优势参与国际分工,依靠对同一产品不同生产阶段和零部件的生产融入全球生产网络中。因此,产品内分工是中间产品或零部件形式的分工[①],其理论基础是传统的比较优势理论和规模经济理论。迪尔多夫(Deardorff,2001)分析了产品内分工对投入的生产要素价格、福利水平和贸易模式的影响,结果表明国际生产分割的分工模式能够更好地发挥各国的比较优势,可以通过改变进出口商品的比例来改善相关国家的产值和福利。赫尔普曼(Helpman,2006)在企业异质性理论和不完全契约理论的基础上,分析了企业之间劳动生产率的不同和一国或地区制度质量的差异成为比较优势新的源泉。因此,从一定程度上来说产品内分工使得要素价格均等化成为可能。

国际分工形式从产业间分工、产业内分工到产品内分工的演变如图 2-1 所示,分工的演变不仅促进了国际贸易和世界经济的大力发展,也推动了全球价值链理论的迅速发展,全球价值链分工成为国际分工的新形式。全球价值链分工以生产的全球性协作为基础,产品的生产过程被分割为不同的生产环节和工序,各国根据自己的要素禀赋和工艺水平专业化生产本国具有比较优势的工序环节。全球价值链分工虽然使发展中国家凭借低成本优势融入全球生产网络中,获得少量的贸易利益和分工利益,但同时被发达国家锁定在低端处于被动地位。因此发展中国家应该明确自身在全球价值链中所处的位置和在贸易中所获得的利益,借助经济全球化和区域一体化日益深化的机遇,实现分工地位的提升和贸易利益的增长。

2.1.2 全球价值链理论的发展

全球价值链理论是从价值链、价值增值链、全球商品链、全球价值链逐步发展而来的。20 世纪 80 年代末,波特(Porter)在其著作《竞

---

① 涂颖清:《全球价值链下我国制造业升级研究》,复旦大学博士学位论文,2010 年。

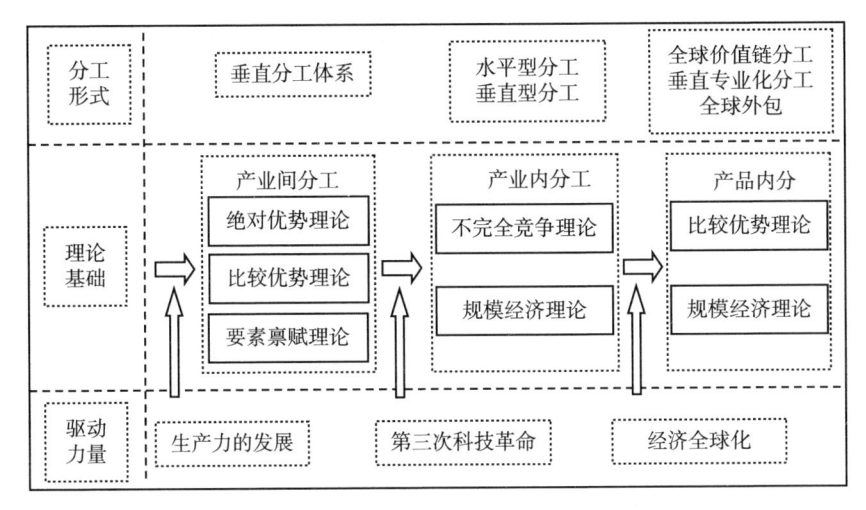

分工形式	垂直分工体系	水平型分工 垂直型分工	全球价值链分工 垂直专业化分工 全球外包
理论基础	产业间分工 绝对优势理论 比较优势理论 要素禀赋理论	产业内分工 不完全竞争理论 规模经济理论	产品内分 比较优势理论 规模经济理论
驱动力量	生产力的发展	第三次科技革命	经济全球化

图 2-1 国际分工理论的发展和演进

资料来源：经笔者整理绘制。

争优势》（1985）中提出了价值链的概念，认为"企业的日常行为是由一系列的生产活动构成的，企业的生产活动可以分为两种类型：基本活动和辅助活动，基本活动包括生产、物流、营销、售后等；辅助活动包括技术支持、人才培养、原材料采购等。这些功能不同又相互联系的生产活动所产生的一系列价值构成了企业的价值链。"波特还认为企业的价值链分为内部价值链和外部价值链，企业的生产经营活动也就是自身的价值创造过程构成了企业的内部价值链，但是企业的生产经营活动不仅局限于企业内部还与外部环境密切相关。当企业置身于外部环境中，每个企业都与所在的生产网络中的原材料供应商、零部件制造商、产成品分销商以及最终消费者之间相互关联，这些联系与供应商价值链和购买者价值链构成了企业的外部价值链，在此基础上，内部价值链和外部价值链的综合实力构成了企业的竞争优势。波特的价值链概念如图2-2所示。

波特对价值链概念的阐释是全球价值链理论的基础，但是寇加特（Kogut，1985）的价值增值链理论对全球价值链理论的形成更为重要。寇加特提出了价值增值链（value added chain）的概念，认为"价值增值链是将技术、劳动力、原材料等生产要素有效组合，从而形成了不同的生产环节，然后通过生产活动把这些不同的环节联系起来生产最终产品,并通过销售、购买、消费等行为实现价值循环的过程。"企业对价值链各环节的空间配置过程体现了国家之间的比较优势,企业的竞争优势取决于不同区位价值链环节上显现的优势,反映了价值链的垂直分工特征和空间配置功能。寇加特的观点比波特的观点更进一步,为全球价值链理论的形成奠定了基础。

图 2-2 波特的价值链图

资料来源:迈克尔·波特:《竞争优势》,陈小锐译,华夏出版社1997年版。

20世纪90年代,格里芬(Gereffi,1999)提出了全球商品链的概念(global commodity chain,GCC),将价值链的概念和产业的全球组织联系起来。格里芬通过研究发现在价值链中起主导和支配作用的跨国公司,在某一产品的生产过程中把在不同国家或地区进行不同阶段生产的企业整合在同一个生产链条中形成了全球商品链。根据主导企业的类型可以分为"生产者驱动的商品链"和"购买者驱动的商品链","生产者驱动"一般是技术和资本密集型产业,处于控制性地位的跨国公司对价值链条上不同生产环节进行垂直整合,形成全球化生产体系的过程;"购买者驱动"一般是劳动密集型产业,强调了大型采购商在生产链条中的主导和支配地位,通过贴牌生产、全球采购等方式,构建跨国商品流通体系。虽然全球商品链突出了商品的概念和属性,但是对企业的价值创造和获取等价值增值活动的重要性却没有进一步说明。

2001年格里芬在全球商品链的基础上提出了全球价值链(global value chain,GVC)的概念,全球价值链提供了一种研究生产活动在全球生产网络空间布局的方法,考察了经济运行中价值创造和利益分配的动态特征。全球价值链理论进一步揭示了跨国公司主导下的跨国生产组织体系，不同的生产阶段分布在比较优势不同的国家和地区，也就是说不同的价值环节分布在不同的地理空间中，其所创造的价值含量也不相同，只有战略性关键环节才是获取最大利润的环节，而占据这些关键环节的跨国公司拥有整个产业价值链的支配权和控制权（Kaplinsky & Morris，2001）。在学者们对价值链理论研究的基础上，联合国工业发展组织（UNIDO，United Nations Industrial Development Organizations，2002）定义了全球价值链的概念："这是一种在全球范围内的生产活动，涉及商品生产和服务价值实现的过程，连接了产品在不同国家的设计、生产、销售、回收等相互联系的环节，并通过居于控制性地位的跨国公司进行协调和运作，不同的企业通过参与价值链中不同的生产环节，来获取各自的分工和贸易利益。"英国萨塞克斯（Sussex）大学的发展研究所（IDS，Institute of Development Studies，2002）作为研究全球价值链问题的重要机构提出："全球价值链是产品从构想到报废的整个生命周期过程中所创造的全部价值活动，这些活动是以产品的生产为中心，以各参与企业之间的合作为基础，以价值链不同增值环节的利益分配为推动力的一种全球性跨国生产网络组织。"图2-3对全球价值链理论的发展过程进行了归纳。

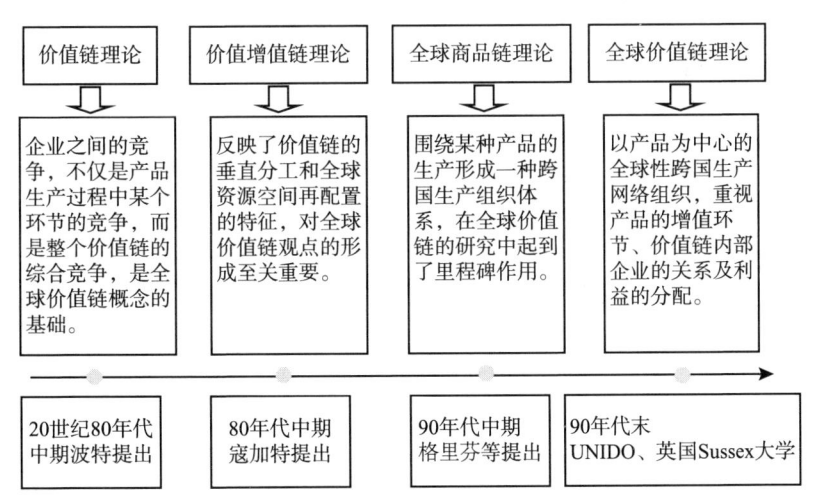

图 2-3　全球价值链理论的发展过程

资料来源：经笔者整理绘制。

2.1.3　全球价值链分工的特征

全球价值链理论的发展是国内外学者对经济全球化研究不断深入和细化的结果，随着生产过程和出口贸易的全球化发展，价值链中各个价值环节在全球范围内分离和重构，形成了空间上分散但形式上连续的价值链条。根据胡默尔（Hummels，2001）的观点，全球价值链的形成要符合三个条件：一是多个不同的生产环节或者不同的生产阶段组成了产品的生产过程；二是两个或两个以上的国家参与到最终产品的生产中，并且分别生产其中的某一环节或阶段；三是参与国中最少有一个国家通过进口别国的中间投入品生产用于出口的最终产品。因此，全球价值链分工的特征包括以下几个方面：

（1）全球价值链中居于主导和控制性地位的企业为发达国家的跨国公司。在全球价值链分工中，产品的生产过程大概被分为三个阶段：研发设计、加工组装和品牌营销，三大阶段又可以进一步细化为更小的子环节，跨国公司依据自身的全球化战略，在全球范围内寻找更适合的区位进行资源的最优配置，将不同的价值环节分布在不同的国家进行生产。这种生产形式打破了传统的以产品为界限的国家之间的分工，逐渐演变为企业之间对同一产品内某一环节或工序的专业化分工。跨国公司作为全球价值链的治理与主导者，通过对产品的价值链进行分解，将不同的生产环节在更适合的空间范围布局，把非核心环节交由其他拥有比较优势的国家完成，而跨国公司总部则占据着价值链的核心环节，也就是附加值高的战略环节。因此，跨国公司凭借所拥有的技术、品牌、市场等核心能力，负责协调各价值环节活动之间的联系，是价值链中各价值环节的主导者，而中国等发展中国家从低端切入全球价值链，并被锁定在低端，成为被俘获和被支配者。

全球价值链研究的焦点是价值链中各参与主体之间的相关关系，也就是全球价值链的治理模式，一般来说，全球价值链的类型由处于控制性地位的跨国公司的类型所决定。全球价值链有两种类型的治理模式：生产者驱动的价值链和购买者驱动的价值链。虽然居于主导和控制性地位的发达国家的跨国公司，根据生产过程和成本因素在全球范围内整合生产配置资源，但其国家利益始终是第一位的，跨国公司的总部、运营和决策中心以及核心研发、设计部门等都集中在本国。由于利益冲突，导致了跨国公司会对价值链中从事低附加值环节生产的企业进行压榨和控制，因此处于低端环节的发展中国家想要从事高附加值环节的生产工序，就会面临更加激烈的竞争，甚至更强的纵向压榨和低端锁定（刘志彪、张少军，2008）。在生产者驱动的价值链中，跨国公司作为价值链的控制者，掌握着行业的关键核心技术以及技术的发展方向，为保持自身利益及垄断优势，会对关键资源和高端技术进行控制，不会轻易转让已有技术而且会对发展中国家企业的本土研发活动进行扼制和约束；在购买者驱动的价值链中，跨国公司的控制性地位主要表现为对品牌、营销、市场等非生产性活动和各企业之间关系的协调和掌控水平，这些活动作为企业的核心能力，是保持竞争优势的关键，因此主导型企业会阻止处于从属地位的发展中国家的企业获得这些能力。

（2）全球价值链分工的不同环节参与主体所获利益不同。发达国家跨国公司主导的全球价值链分工，打破了传统国际分工中国家之间的界限，根据生产环节和工序的不同在全球范围内配置资源，以达到降低生产成本获得竞争优势的目的，参与价值链分工的主体也由国家过渡为企业，因此在价值链分工中各参与主体所获利益的多少，是由企业参与的价值链环节和方式所决定，而不是由企业生产或贸易的产品种类所决定。全球价值链中价值环节不同增值比例不同所获利益也不同，主导型跨国公司掌握了价值链上游的研发设计和市场营销环节，也就掌握了价值链条中的高附加值战略环节，所获取的经济利益远远高于其他参与主体，如图2-4所示。

根据图2-4的"微笑曲线"可知，全球价值链上各环节的增值比例存在差异，所获利润的分布也不均衡。"微笑曲线"源于新型国际分工的模式由传统的产品分工转变为要素分工，各参与主体依据各自的要素禀赋，参与国际分工和贸易的某一环节，并凭借要素数量和质量等要素优势获得分工和贸易利益。一条完整的产业链一般包括：创意构想、概念提出、研发设计、加工制造、品牌销售、市场营销、售后支持等环节，也就是研发设计、加工组装和品牌营销三大主要环节。发达国家凭借知识、资本、技术等高级要素密集优势，占据了附加值比较高的价值链两端，从事研发和销售环节；而发展中国家依靠资源、劳动力等低成本要素优势从事低端的加工制造环节，在价值链中的地位较低。因此发达国家和发展中国家由于资本、技术等高级要素禀赋的差异,在价值链分工中处于不同的位置,所获利益的分配也不均衡。由"微笑曲线"低端的低附加值环节向两端的高附加值环节延伸成为发展中国家价值链地位提升的主要方向。

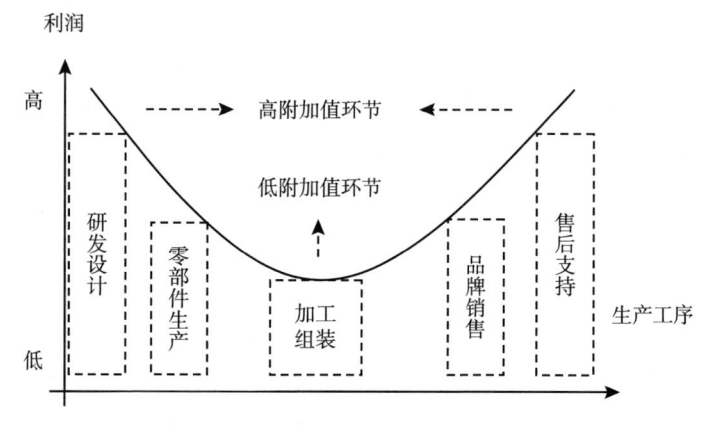

图 2-4 全球价值链"微笑曲线"

资料来源:经笔者整理绘制。

（3）要素禀赋差异是全球价值链分工利益不同的根源。生产要素的跨国流动是经济全球化的本质特征以及国际分工的微观基础,当前全球价值链分工的实质是一种要素合作型分工,而要素分工的实质是跨国公司在全球范围内的资源整合[①]。发达国家的跨国公司基于国家间生产要素禀赋差异,整合全球资源,把产品生产过程中不同的生产工序布局在最有利于获得竞争优势的国家或地区。而产品的同一生产过程使得各国不同的生产要素跨国流动组合到一起,形成了产品内不同工序之间的要素分工,但由于各国所提供的要素类型和要素结构不同其在价值链中的地位也不同。要素的类型有高级和低级之分,要素的流动性也有差异,资本、技术、高素质劳动力等高级生产要素的流动性较高,且丰裕程度较低;自然资源、土地、低素质劳动力等低级生产要素的流动性较低,且丰裕程度较高。因此,要素结构和相对丰裕程度是决定要素提供

[①] 张幼文:《生产要素的国际流动与全球化经济的运行机制》,载于《国际经济评论》2013 年第 5 期。

国在价值链中获利程度的基础，也就是说要素收益由要素的价格决定，而要素价格由要素的稀缺程度决定。发达国家提供的是流动性较高但较稀缺的高级生产要素，发展中国家提供的是流动性较低但非稀缺的低级生产要素，由于高级生产要素的收益较高，因此发达国家获得了较高的利益，而发展中国家所获得的利益较低。

在要素分工中不同类型的国家提供不同的生产要素，经过国际流动进行组合并合作生产同一种产品，要素的流动性决定了要素组合的特征，即要素流动的方向是流动性较高的要素向流动性较低的要素所在国流动。也就是说，发达国家的技术、资本等高级生产要素向发展中国家流动，发展中国家应该抓住经济全球化的机遇，创造吸引高级稀缺要素流动的有利条件，促进高级生产要素流入并形成高级生产要素集聚[1]，以获取更大的分工和贸易利益。因此，一国的要素结构中收益较高的高级生产要素的丰裕程度较高，才能在新型国际分工中维持优势地位。

2.1.4　全球价值链升级的相关研究

关于升级学者们主要是从以下几个方面来考察：对产品而言，升级是指产品质量的提高，是产品从低技术含量、低复杂程度向高技术含量、高复杂程度的转变；对企业而言，是企业从利润较低的劳动密集型经济主体向利润较高的资本技术密集型经济主体的转变；对产业而言，是指产业间结构的优化和产业内效率的提高；对价值链而言，是指从劳动、资源等低级生产要素密集投入的低附加值环节向资本、技术、知识、创新等高级生产要素密集投入的高附加值环节攀升。

2.1.4.1　全球价值链的升级模式

凯普林斯基（Kaplinsky，2000）、汉弗莱（Humphrey，2000）等学者先后对全球价值链升级进行了分析，认为价值链升级的主要特征是从低技术水平的价值链低端环节向高技术水平的价值链高端环节演进，在升级过程中获得更高的附加价值。格里芬（1999）、凯普林斯基和莫里

---

[1] 张幼文：《生产要素的国际流动与全球化经济的运行机制——世界经济学的分析起点与理论主线》，载于《世界经济研究》2015年第12期。

斯（Kaplinsky & Morris, 2001）、汉弗莱和施密茨（Humphrey & Schmitz, 2002）等学者提出了全球价值链的四种升级模式：流程升级、产品升级、功能升级和链条升级，见图2-5。

```
┌─────────┐   ┌──────────────┐   ┌──────────────┐   ┌─────────┐
│ 流程升级 │   │通过降低生产成│   │通过新产品扩大│   │ 产品升级 │
│---------│   │本、引进新的生│   │市场份额、发掘│   │---------│
│生产过程中│⇨ │产技术和组织方│   │市场潜力获取更│ ⇦│更快速的新│
│成本更低、│   │式获取更多的价│   │多的价值      │   │产品的研发│
│效率更高 │   │值            │   │              │   │和创新   │
└─────────┘   └──────────────┘   └──────────────┘   └─────────┘
                              ✥
┌─────────┐   ┌──────────────┐   ┌──────────────┐   ┌─────────┐
│ 功能升级 │   │提高在价值链中│   │利用从特定环节│   │ 链条升级 │
│---------│   │的地位，从事高│   │中获得的优势转│   │---------│
│在价值链中│⇨ │附加值环节的生│   │向新的价值链条│ ⇦│向新的、价│
│位置的改 │   │产获取更多价值│   │获取更多价值  │   │值更高的链│
│变，向两端│   │              │   │              │   │条转移   │
│延伸     │   │              │   │              │   │         │
└─────────┘   └──────────────┘   └──────────────┘   └─────────┘
```

图2-5　价值链升级的四种模式

资料来源：根据汉弗莱和施密茨（2002）整理绘制。

在四种升级模式中，工艺流程升级是通过引进技术含量较高的生产工艺或者对原有的生产体系进行改组和改造，以提高产品的生产效率并降低生产成本，从而提高企业的核心竞争力；产品升级是通过提高产品的复杂程度和技术含量，增加新的功能和效用，或者引进新的产品线，从简单的低附加值产品转向复杂的高附加值产品，来扩大产品的市场份额；功能升级是对价值链中的环节进行重新整合，使企业从价值链低端向价值链高端和主导性地位趋近，也就是从生产制造环节转向研发设计、品牌营销环节，来获取更高的附加值；价值链条升级是通过培育新的价值链条，从利润较低的产业链转换到另一条利润较高的产业链的过程，企业利用在特定价值环节获取的竞争优势嵌入新的、更加有利可图的价值链。因此，通过技术水平和综合能力的提高使企业能够从事价值链中附加值较高的生产工序或环节，从而提高企业的获利能力是价值链升级的本质。

在全球价值链分工背景下，发展中国家价值链升级的一般规律是遵循工艺流程升级、产品升级、功能升级、价值链条升级的动态演进过程，但这个规律不是一成不变的，当科学技术的发展出现创新和突破时，升级轨迹可能出现跨越式发展；而当科学技术创新发展缓慢，或受到发达国家的挤压和控制时，则可能会产生升级停滞的现象。中国制造业通过 FDI、外包等生产模式，成为全球价值链中专业化于劳动密集型环节的参与主体，基于劳动力、资源等要素优势低端嵌入生产制造环节，对上游研发设计和下游品牌营销环节涉及较少，缺乏价值链治理地位和获利能力（Kaplinsky，2000），导致中国制造业面临的问题日益突出。中国制造业通过参与发达国家跨国公司主导的全球价值链分工，获得了学习新技术新经验的机会，并通过技术溢出效应和市场竞争效应，在一定程度上提高了企业的技术水平和生产效率，较快地实现了工艺升级和产品升级，但是更为重要的功能升级和链条升级却比较困难（张少军，2009）。原因有两点：一是中国企业对价值链高端主导型企业的技术依赖，形成了技术引进、溢出、学习的恶性循环，阻碍了本土企业自主研发的快速发展；二是主导型企业为了维持自身的竞争优势，在中国企业想通过研发创新进行功能升级和链条升级时，进行扼制和压制。因此，中国制造业如何实现价值链的升级以及通过何种途径可以实现价值链的功能升级和链条升级是学者们研究的焦点。

2.1.4.2 全球价值链升级的路径

通过上文的分析可以看出，发展中国家在嵌入全球价值链的过程中会面临发达国家"低端锁定"的风险，也就是在价值链中处于主导性地位的发达国家跨国公司为了维护自己的分工利益，会阻碍发展中国家实现价值链的升级（刘志彪，2007）。格里芬（2000）认为，发达国家为了降低生产成本会将其非核心业务进行外包，发展中国家可以利用这一契机，通过加工贸易的方式嵌入全球价值链的战略环节，还可以构建基于自身核心竞争优势的价值链；斯特金（Sturgeon，2001）提出了发展中国家进行价值链升级的具体方法：一是以市场扩张能力为基础进行升级，二是以技术创新能力为基础进行升级，三是以市场扩张能力和技术创新能力的双重组合为基础进行升级。然而诸多学者针对发展中国家参与全球价值链的情况并结合价值链治理模式的作用进行了研究，认为发展中国家企业面临价值链俘获、低端锁定、贸易条件恶化以及贫困化增长等问题，并提出了发展中国家价值链升级的路径：从全球价值链转向全球创新链（global innovation chains，GIC）进而实现价值链升级以及促进要素流动优化国家要素结构进而实现价值链升级。

（1）构建全球创新链以创新驱动促进价值链升级的路径。全球创新链是在全球范围内利用可获得的知识资源，并通过对知识资源的整合使用，最大限度地提升网络价值的创新模式[①]。刘志彪（2008）认为中国作为代工企业在发达国家跨国公司治理的价值链中，不能依靠发达国家的技术支持和溢出完成自身的高层次升级，而必须依靠本土企业的研发创新，立足国内市场的巨大潜力，通过价值链的国内延伸，把全球价值链转化为国内价值链（NVC），并提出了通过构建国内价值链然后嵌入区域价值链（AVC）进而对接全球价值链（GVC）的本土企业升级路径。国内价值链是指处于主导性地位的企业为本土企业，并且以国内市场为依托，从产品的研发设计到消费回收整个价值链条全部或大部分由国内企业完成。在此基础上，刘志彪（2015）进一步把国内价值链看作从全球价值链转向全球创新链的过渡阶段，通过扩大内需从加入全球价值链转向嵌入全球创新链，转变出口导向型经济为创新驱动型经济，这种转型的实质是主动参与新的国际分工和产业重构、培育新的比较优势，塑造产业发展的新动力。在新一轮全球化的背景下，发展中国家加入全球价值链和嵌入全球创新链是高度依存的，发展中国家可以利用其巨大的国内市场潜力和基础的创新促进平台，形成吸收国外高级生产要素的竞争优势，吸收发达国家的知识、技术和人才等稀缺要素，并充分利用这些先进的生产要素，促进创新驱动型经济的发展。全球创新链的构建还需要强调高质量要素的投入强度和对已有生产要素的整合集成能力，包括培养高素质的研发人员、设立研发机构以及增强自主创新能力，在提高研发投入的基础上促进研发效率的提高，进一步实现技术领域的创新和突破（Kaplmsky & Morris，2001）。

（2）要素视角下的要素流动促进价值链升级的路径。全球价值链分工是一种要素合作型分工，分工的形式也从产品层面转向要素层面，原来以比较优势和要素禀赋为基础的产品间分工和贸易，转向以要素跨国流动为基础的垂直专业化分工和贸易，具体表现为在产品生产过程中不同的生产工序和不同的增值环节之间的分工，比如劳动密集型工序和技术、资本密集型工序之间的分工。这种分工的边界是生产要素，即价

---

① 刘志彪：《从全球价值链转向全球创新链：新常态下中国产业发展新动力》，载于《学术月刊》2015年第2期。

值链上要素密集度不同的价值环节之间的分工,其实质是发达国家跨国公司在全球范围内整合资源。分工形式的改变也使分工利益不再由生产的产品决定,而是由参与分工的要素数量和质量决定,因此价值链升级的本质是生产要素的升级,封闭的价值生产链条意味着,国际分工对于要素积累的作用不能忽视。国际分工的细化使低素质劳动力的差异性不断减小,高素质劳动力的差异性日益显著,技术和知识的专业化和精细化在生产链条中的作用越来越重要(张二震,2005)。

当今世界范围内经济运行的载体是生产要素的全球流动,生产要素包括资本货币、产品设计、技术专利、经营管理、品牌渠道、高素质人才等,这些生产要素通过价值链各环节从发达国家转移到发展中国家,发展中国家的土地、资源、劳动力、产业政策和营商环境等要素与发达国家的生产要素相结合,组成产品的价值生产体系。生产要素的跨国流动使得贸易格局不再是以一国的比较优势或要素禀赋决定,而取决于要素流动的情况,发展中国家可以利用发达国家的技术、知识等高级生产要素出口高技术高复杂度的产品,但是各国在价值链中的地位却是由本国提供的要素类型和质量决定的(张幼文,2013)。由于要素流动的方向是从发达国家流向发展中国家,也就是资本、技术、知识等流动性强的要素从其所有国流向自然资源、土地等流动性弱的要素所有国,因此发展中国家应该抓住经济全球化的特殊机遇,创造适合高级生产要素流向本国的经济社会环境,促进高级生产要素的集聚,乃至高级生产要素密集度的提高。要素流动不仅使全球要素的使用更加高效,也使全球要素的配置更加优化,发展中国家的政府应该积极制定有效的政策制度、创造有利的营商环境,使本国的低流动性要素成为吸引高流动性的高级要素的有利条件(张幼文,2015)。在此基础上,通过贸易、投资等方式使发达国家的高素质人才、专利技术、先进管理经验、国际分销网络等高级生产要素流入发展中国家,使发展中国家的要素数量和结构发生改善。因此,高级生产要素密集度的逆转和本土高级生产要素的培育能力,代表了国家竞争优势的核心,也是发展中国家价值链地位提升的路径。要素培育能力是在高级要素流入的基础上,获得技术进步的能力,从而获得培育本国的高素质人才、专业化知识等高端稀缺要素的能力,并使要素的结构和质量更加优化。

2.2 增加值贸易理论的相关研究

随着以生产的全球化分割为主要特征的全球价值链分工的形成，以及分工形式向广度与深度的不断延伸，使得分工层次从产品层面细化到工序层面，也就是各国专业化生产的不再是本国具有比较优势的产品而是本国具有比较优势的生产环节，因此不同生产环节和工序中价值的创造和利益的分配成为国内外学者关注的焦点。现有的全球价值链有关状态的主流测算方法已经转向增加值贸易口径的统计方法，如多丹等（Daudin et al.，2011）、约翰逊和诺古拉（Johnson & Noguera，2012）、库普曼等（2012，2014）以及王直等（2014），结合全球价值链的现实特征，以跨国的投入产出关联为切入点，先后对传统总值口径下一国出口总值中包含的国内增加值、国外增加值以及重复计算部分进行了分解。其中，增加值贸易是指直接或间接包含于另一国最终消费中的本国创造的价值增值（Johnson & Noguera，2012）；贸易增加值是指两国之间总贸易流量中所包含的增加值（贾怀勤，2015），本书研究的主要理论框架是基于增加值贸易的理论体系。

2.2.1 增加值贸易的理论渊源

20世纪中叶以前，国际贸易的主要形式是最终产品的跨境流动，国际贸易的统计方法遵循《国民经济核算体系》（1953）中的"物品跨境原则"和"在地原则（原产地原则）"。虽然传统的总值口径的贸易核算体系在获得各国的贸易数据以及制定贸易政策和制度方面发挥了重要作用，但是在这种统计方式下，产品的价值仅由最终出口该产品的国家或地区所有[①]，不能分离一国出口总值中本国真正增值部分和外国增值部分。而在全球价值链分工体系下，产品的生产过程不断细化并被分割成不同的生产工序，各生产工序之间依据生产成本的不同分布在世界不同的国家和地区进行生产。生产的全球化导致中间产品贸易在国际贸

---

① 王直、魏尚进、祝坤福：《总贸易核算法：官方贸易统计与全球价值链的度量》，载于《中国社会科学》2015年第9期。

易中的比重迅速上升,并改变了世界贸易的格局和生产组织的模式。由于中间产品多次跨境流动,产品的价值含量来源于多个国家或地区[①],而传统的总值口径的贸易统计体系无法对中间产品的跨境往复进行准确衡量,这就导致了各国海关以传统贸易统计方式所获得的贸易数据,不能真实反映各国在全球价值链中的分工地位和贸易利得。传统贸易统计体系的局限性主要体现在以下几个方面:

(1) 总值中含有中间产品的重复统计。在全球价值链的分工背景下,中间产品的跨境往复不断增加,以物品跨境和原产地原则为基础的传统贸易统计方式,对中间产品的每一次跨境流动都计入国际贸易收支账户中,会导致对多次跨境产品的重复统计。特别是处于价值链低端加工组装环节的发展中国家,需要进口大量的中间投入品进行再加工,虽然在传统贸易统计中显示出了较高的出口额,但创造的价值增值却较少,使得贸易差额和贸易利得不相匹配。

(2) 对贸易形势的误判和贸易政策的误导。由于传统贸易统计方式对发展中国家重复统计的贸易数据造成了发展中国家贸易额虚高,与其他国家的贸易顺差和贸易失衡也被高估,进而会影响到一国相关贸易政策的制定。因此,现行的贸易统计方式会造成贸易利益和贸易差额之间的严重错配,传统的贸易统计体系应该向更加符合当今国际分工新形势的新型贸易统计体系改进。

(3) 对产品的价值含量不能进一步分解和准确衡量。由于中间产品多次跨境流动,产品的价值含量来源于多个国家或地区,而在传统贸易统计方式下,产品的价值仅由最终出口该产品的国家或地区所有[②],不能分离一国出口总值中本国真正增值部分和外国增值部分。因此无法

---

① 其实从芭比娃娃(Freenstra, 1998)到 iPhone 手机(Xing & Deter, 2010),众多产品的案例分析已经证明了贸易总额与增加值的巨大差异。而 iPod 的生产过程是全球生产分割的典型例子,它拥有一个极为复杂的地域生产网络。根据对参与生产过程的各企业利润边际的估算,戴德里克等(Dedrick et al., 2010)将 iPod 的零售价格分解为各参与者的收益:这一全球生产网络的领导企业是美国的苹果公司,它获取 iPod 零售收入的 1/4 以补偿其软件设计、市场调查、知识产权、系统整合、成本管理和品牌价值;另 1/4 由销售国家当地的分销商和零售商获取;零售价值的 11% 是生产 10 种关键零部件的东亚企业的利润,如生产硬盘和显示器的日本东芝公司和生产内存的韩国三星公司;37% 用于支付原材料的价值和零部件生产过程中的劳动报酬;而最终中国的组装活动只能获取不超过 2% 的产品价值。

② 王直、魏尚进、祝坤福:《总贸易核算法:官方贸易统计与全球价值链的度量》,载于《中国社会科学》2015 年第 9 期。

对中间产品跨境往复进行准确衡量,这也导致了各国海关以传统贸易统计方式所得的贸易数据,不能真实反映各国在全球价值链中的分工地位和贸易利益。

2.2.2 基于增加值口径的新型国际贸易统计体系

为了解决上述问题,近年来国内外学者做了大量研究,提出了基于增加值统计口径的新型国际贸易统计体系,使得以增加值贸易统计方法为核心的贸易统计和衡量更具客观性与准确性。增加值贸易统计方法以垂直专业化为基础,胡默尔等(2001)将垂直专业化定义为一国出口产品中所包含的国外进口品的数额,并提出了"垂直专业化指数"用以测量一国垂直专业化的程度,即一国出口品中所包含的进口投入品价值(VS)以及一国出口中被他国作为中间投入生产出口品的部分(VS1),进而提出了测算一国直接及间接增加值出口的方法(简称HIY)。由于标准 HIY 模型的应用存在两个关键假设:一是进口中间投入品在国内最终消费品和出口品生产中的投入比例相同,即在加工贸易、一般贸易和国内贸易品生产中,国外投入价值占比相同,这一假设容易低估加工贸易占比较高的发展中国家的进口投入品价值,如中国、墨西哥等。二是进口的中间投入品中不包含间接本国价值增值,也就是全部都是国外价值增值,这一假设与国际生产网络中普遍存在的贸易折返现象相违背,不适用于本国向另一国出口中间产品,然后经加工后再返销给本国的发达国家。增加值贸易统计体系在尝试放松上述两个假设条件的过程中形成了全新的贸易统计框架,多丹等(2009)首次提出了增加值贸易的定义,约翰逊和诺古拉(2012)利用 GTAP(全球贸易分析项目)数据库的数据,进一步提出了增加值出口的概念与测度方法,并对各国增加值贸易进行了实证分析。针对 HIY 方法存在的不足,库普曼等(2008)将一国总出口区分为一般贸易和加工贸易,并对一国出口中国内价值增值和国外价值增值份额进行了估计,初步形成了增加值贸易分析框架。库普曼等(2010)融合胡默尔等(2001)和库普曼等(2008)的研究,根据出口品价值的最终流向提出了用于计算一国出口中不同类型价值增值的研究方法,基于国际投入产出表通过构建相应模型将一国对他国的出口分解为五个部分:被进口国直接消费的最终产品价值、被进口国用于国内生产并消费的中间产品价值、被进口国用于国内生产但出口到第三国的中间产品价值、被进口国用于国内生产但又出口返回至本国的中间产品价值以及本国出口中包含的国外价值。库普曼等（2012）进一步把一国总出口细化为九个部分，并分析了传统贸易统计方法中重复计算部分的来源和总值出口与增加值出口之间的联系，并在此基础上，构建了一国各部门全球价值链参与程度和在价值链中位置的指标。

应用增加值相关方法对中国在全球价值链有关状态的研究主要涉及四个方面：一是中国产业在全球价值链中地位的测算分析，如王岚、李宏艳（2015）使用鲍德温等（Baldwin et al., 2010）构建的全球价值链布局模型对中国制造业融入全球价值链的位置、增长能力等有关状态进行测算，以此刻画了中国制造业融入全球价值链的动态演进能力，不同技术水平的制造业行业在全球价值链中的嵌入位置各不相同，低技术制造业的嵌入位置和增值能力态势良好，而中高技术制造业的增值能力和嵌入位置不容乐观，有被边缘化的风险；王厚双等（2015）基于TIVA统计数据对中国的服务业在全球价值链中的地位和参与程度进行了测算，结果表明，服务业在全球价值链中的地位呈先下降后上升的趋势，并根据测算结果对服务业进一步参与全球价值链提出了政策建议。二是中国在区域生产网络中地位的测算分析及比较，如宋玉华、张海燕（2014）使用投入产出分析框架对亚太价值链进行解构，并分析中国的贸易利得，研究认为中国在亚太价值链中是最大的中间产品出口国，亚太地区其他国家对中国出口的中间产品有明显的依赖性；三是新型国际贸易统计体系下双边贸易关系的重新分析，如蒋庚华、林丽敏（2014）利用世界投入产出数据库对中日双边贸易按价值最终流向和价值含量来源进行了分解，并对出口产品的类别和产品的要素密集程度进行了分析；王岚、盛斌（2014）基于增加值贸易体系对中美双边贸易进行了分析，结果显示，传统贸易统计方式夸大了中美两国之间的贸易失衡，两国的贸易额与贸易利得之间存在着明显的差距。

2.3 契约理论的相关研究

目前关于国际贸易中要素层面的相关研究，大多还是针对传统贸易理论中的赫克歇尔、俄林模型理论检验引出的里昂惕夫悖论（Liontief，1953）的研究。有关贸易的消失之谜，学者们从不同的角度进行了解释，一部分学者认为，贸易成本、地理距离、语言障碍等是导致贸易消失的重要原因；还有学者认为，法律法规、国家政策等制度性因素是解释贸易消失的有效途径。迪恩和莫斯（Den Butter & Mosch，2003）从法律制度、双边协定等方面对两国的信任度和贸易关系进行了研究，认为"贸易的消失之谜"可以归结为两国信任的缺失。近年来越来越多的研究也发现，制度因素对各国的经济增长和绩效具有重要的意义（Rodrik et al.，2004），一国或地区的契约制度环境能够改善投资不足、引致国际贸易、促进技术进步以及提高生产率等方面均有影响（Acemoglu et al.，2002；王永进，2010；刘斌，2013），并且非正式制度对国际贸易的重要性也不可忽视（柯武刚、史漫飞，2000）。

2.3.1　契约、风险与国际贸易

威廉姆斯（Williamson，1985）、哈特和摩尔（Hart & Moore，1990）等人开创了不完全契约理论，该理论指出：由于交易事项存在着诸多不确定性和相关信息的不完全性，以及人们的有限理性，使得完全契约的成本过高，而契约的不完全又会使某些条款无法在事前做出明确的界定或者无法向签约双方之外的第三方所证实，从而导致在事后对契约进行重新磋商时，就可能会出现签约一方凭借有利地位进一步侵蚀另一方利益的"敲竹杠"行为（Costinot，2009）。越来越多的文献也强调了契约理论对解释国际贸易、国际投资以及跨国公司全球化生产布局行为的重要性。洛迪克（Rodrik，2000）认为在国际贸易存在的风险中，契约实施所面临的风险最为重要。安德森和马库勒（Anderson & Marcouiller，2002）提出贸易参与国制度的不完善会增加双边贸易的交易成本，从而阻碍国际贸易。贝尔科维奇（Berkowitz，2006）等则强调了在国际贸易中出口国制度的作用，出口国制度环境的改善会促进那些技术复杂度高、差异化程度高的产品之间的贸易。拉詹和李（Rajan & Lee，2007）在格鲁斯曼（Grossman，1981）研究的基础上，构建了一个简单的考察契约环境和贸易之间作用关系的理论模型，假设有两个国家，国家 A 和国家 B，A 国的消费者购买 B 国的出口产品，消费者类型为风险

规避型，产品的质量用 θ 来表示，θ 为产品在消费过程中发生损坏的概率，在 [θ$_L$，θ$_H$] 的区间上服从 F(θ) 分布，产品的定价为 p(θ)，消费者的效用以 U 表示，若产品没有损坏，消费者效用为 U(b$_{i-p}$)，若产品损坏，消费者效用为 U(b$_{j-p}$)。若 B 国的企业在契约中规定"质量条款"：如果企业出现质量问题，则企业赔付 ω 给消费者。在不完全契约的条件下，假设如果产品损坏，企业履行质量条款的概率为 φ∈[0，1]，φ 越大，契约的完善程度越高。

消费者面临着产品出现质量问题或质量保证条款不能执行的风险，并且因为消费者的风险规避性和履约风险的存在，为了保证消费者的效用水平，企业必须在质量保证条款中给消费者提供更高的赔偿金额 ω，因此，可以得到如下关系式：$\frac{\partial R}{\partial \phi} > 0$，$\frac{\partial R}{\partial \theta} > 0$，$\frac{\partial^2 R}{\partial \phi \partial \theta} > 0$。可以看出，契约的执行效率越高，产品的质量越好，企业的收益就越高；而产品的质量越不稳定，产品出现损坏的概率越高，则契约的完善程度对企业的影响就越大。因此可以得出如下结论：由于产品的差异化程度越高，产品的质量越不稳定，契约实施环境越完善的国家之间越倾向于在差异化产品上进行国际贸易；而法律法规体系不健全、相关部门效率低下等契约实施质量不高的国家之间更倾向于在同质产品上开展国际贸易[①]。

2.3.2 契约、生产率与比较优势

要素流动可以优化一国的要素结构，提高生产效率，要素结构是指一国的要素构成中，不同种类以及相同种类不同级别的要素之间的相对比重，代表了一国的发展水平和竞争优势（张幼文，2013）。一国的要素比例和要素总量都能影响要素结构进而影响一国的经济发展水平，发达国家在研发创新、知识应用、高素质人才等方面具有优势，发展中国家在劳动力数量、土地面积、自然资源充裕程度等方面优势明显。全球价值链分工使生产要素在不同的国家间流动，促进了各个国家之间要素的再配置，改变了各国原有的要素禀赋，不仅能够形成全新的要素种类、数量和结构，增加了发展中国家高级要素的供给，也使闲置的低级要素密集使用，更加充分的参与生产创造价值。

---

① 王永进：《契约、关系与国际贸易》，上海人民出版社 2015 年版。

现阶段中国最大的要素优势是廉价的劳动力和丰富的自然资源，实践表明，中国制造业凭借人口、土地、资源等生产要素的低成本优势切入全球价值链的低附加值环节，并因此构成高级要素流入的引力，带来了发达国家的资本、技术、知识、管理以及国际分销网络等所缺乏的高级生产要素，并激发了国内闲置的劳动力和土地等低级生产要素的使用，由此可以看出，中国是以劳动力和自然资源占主导的要素结构，其构成比例成分较低，由于低级生产要素的价格较低，因此所获收益也较低。一国的竞争优势从生产和出口的产品转变为拥有的要素数量和要素结构，而要素流动又是一国要素结构动态变化的主要因素，因此在要素流动的条件下，一国国内高级要素集聚与培育能力是国家竞争优势的核心，也是创造较高收益的源泉。在此背景下，中国应该积极发展要素的集聚能力，包括制度环境的完善、交易效率的提高、生产性服务部门的配套能力增强等，促进高级生产要素的大量流入，改善高级要素的构成比例和拥有数量，弥补知识、技术、人才等要素短缺而导致的发展瓶颈，促进生产率的提高和经济的高速增长[①]。

阿西莫格鲁等（Acemoglu et al.，2007）构建了一个简单的理论框架，从契约执行效率如何影响企业技术水平的角度，对国家之间生产率的差异进行了分析。文章认为，最终产品的技术越先进，所需要的中间投入品越多，就要与更多的中间投入品生产商签订契约，签约成本越高以及契约不完全导致的损失就越多，因此，契约实施制度越完善，企业的技术水平越高，中间投入品之间的互补性越强，也就是说，一国的契约执行效率越高、实施制度越完善，该国会在中间投入品互补性较强的行业拥有比较优势。科斯蒂诺（Costinot，2009）从专业化分工的角度考察了契约执行效率与行业技术差异的内在联系，并进一步分析了契约实施与比较优势之间的关系。专业化分工能够提高劳动生产率以及降低学习的成本，但却增加了各部门协调的费用，良好的契约环境能够降低中间投入品生产商违约的概率，也就降低了协调的费用，从而促进分工的深化。由于产品复杂度较高的行业工序较多，中间生产环节较多，所需的协调费用和学习成本较高，因此这类行业从专业化分工中获得的收益也越高。因此，在产品复杂度较高的行业，契约环境的改善能够促进

---

① 张幼文：《生产要素的国际流动与全球化经济的运行机制》，载于《国际经济评论》2013年第5期。

专业化分工的形成，并提高劳动生产率，从而使契约执行效率高的国家更易在该行业形成出口比较优势。

2.4 中韩贸易自由化进程和价值链分工地位相关研究

2.4.1 中韩贸易自由化进程及相关研究

在经济全球化和区域经济一体化的浪潮中，中韩两国加快了贸易自由化进程，开启了自由贸易区建设的步伐。2003年7月，中韩全面合作伙伴关系正式确立以后，中韩自由贸易区的设立提上了日程。从两国达成共识到正式签署历经多年，2004年9月东南亚国家联盟经济长官会谈结束后两国领导人启动相关事宜，2004年11月启动了中韩自贸区民间可行性研究，2006年11月又启动了官产学联合研究，历经五次官产学联合研究会议之后，2012年5月中韩自贸协定谈判正式启动，经过14轮谈判于2014年11月中韩两国领导人完成了实质性谈判；2015年6月1日《中韩自贸协定》（FTA）正式签署。2015年12月20日和2016年1月1日《中韩自贸协定》实施并进行了第一轮和第二轮的关税减免措施，《中韩自贸协定》的签署是中国目前覆盖领域最广、涉及贸易额最大的自由贸易协定①。

中韩FTA的文本多达22章，涉及贸易、投资、服务、通信等17个领域，以及电子商务、政府采购、环境等多个"21世纪经贸议题"。主要内容是中韩双方在协议生效后20年内，逐步对以产品品目为准的90%以上的产品、以贸易额为准85%以上的产品实行零关税。另外两国都对本国处于比较劣势的产品和产业进行了保护，采取了关税配额或者部分减免等措施，其中，中国对水稻、小麦、糖类以及加工食品和汽车及零配件等产品进行了一定程度的保护；韩国对谷物、蔬菜、水果等农作物以及渔业、食品加工业和服装业进行了保护。

---

① 中国自由贸易区服务网，http://fta.mofcom.gov.cn。

中韩 FTA 签订之前，中国实行零关税的产品有 691 项，所占比重为 8.43%；中韩 FTA 签订之后，第一年实行零关税的产品就有 1693 项，所占比重上升为 20.66%；在经过 20 年过渡期之后，中国实行零关税的产品将达到 7498 项，所占比重高达 91.51%，涵盖了 2014 年中韩贸易额的 2480 亿美元，占贸易总额的 85.35%；关税在 15% 及以下的产品从 6914 项增加到 7957 项，增加了 1043 项；而关税在 50% 及以上的产品从 37 项减少为 35 项，数量变化并不明显①，如表 2-1 所示。

表 2-1　　　　　中韩自由贸易协定与中国关税变化　　　　单位：项；%

中韩 FTA 签订情况	税率	0 税率	5% 及以下	10% 及以下	15% 及以下	20% 及以上	50% 及以上	100% 及以上
签订前	品目	691	2045	5638	6914	840	37	0
	比重	8.43	24.96	68.81	84.38	10.25	0.45	0.00
签订后第 1 年	品目	1693	2803	5797	7123	468	37	0
	比重	20.66	34.21	70.75	86.93	5.71	0.45	0.00
签订后第 5 年	品目	3432	4433	7192	7690	238	35	0
	比重	41.88	54.10	87.77	93.85	2.90	0.43	0.00
签订后第 10 年	品目	5931	6905	7620	7937	193	35	0
	比重	72.38	84.27	92.99	96.86	2.36	0.43	0.00
签订后第 15 年	品目	7031	7307	7871	7955	179	35	0
	比重	85.81	89.18	96.06	97.08	2.18	0.43	0.00
签订后第 20 年	品目	7498	7592	7885	7957	179	35	0
	比重	91.51	92.65	96.23	97.11	2.18	0.43	0.00

资料来源：刘斌、庞超然：《中韩自贸区的经济效应研究与对策分析——基于 GTAP 模型的模拟》，载于《经济评论》2016 年第 5 期。

对韩国来说，韩国将对以产品品目为准 92% 的商品、以贸易额为准 91% 的商品实行零关税。在中韩 FTA 签订之前，韩国实行零关税的产品有 1983 项，所占比重为 16.21%；签订后第一年，实行零关税的产品有 6108 项，所占比重为 49.93%；签订后 20 年之后，实行零关税的

---

① 中国自由贸易区服务网，http://fta.mofcom.gov.cn。

产品将达到11312项，所占比重也达到92.48%，涵盖2014年中韩贸易额的1240亿美元，占贸易总额的42.68%；关税较高的品目，从协议签订前的151项减少为签订后的143项，数量变化不大①。

在中韩FTA的签订过程中，中韩双方以2012年1月1日执行的最惠国税率为基准税率，并将关税减让产品分为普通产品、敏感产品和高度敏感产品三类。普通产品在5～10年内逐步削减直至免除关税；敏感产品在15～20年内逐步削减直至免除关税；高度敏感产品被列为例外产品，不享受此次关税减免。并且中国产品的关税减让幅度较大，实际贸易覆盖额也较大；韩国产品的减让幅度较低，实际贸易覆盖额也较小，具体减免情况如表2-2所示。

表2-2　　　　　中韩自由贸易协定与韩国关税变化　　　　单位：项；%

中韩FTA签订情况	税率	0税率	5%及以下	10%及以下	15%及以下	20%及以上	50%及以上	100%及以上
签订前	品目	1983	3330	10427	10931	1198	212	151
	比重	16.21	27.22	85.24	89.36	9.79	1.73	1.23
签订后第1年	品目	6108	6987	10547	10974	767	185	151
	比重	49.93	57.12	86.22	89.72	6.27	1.51	1.23
签订后第5年	品目	7586	9435	10939	11414	732	184	150
	比重	62.02	77.13	89.43	93.31	5.98	1.50	1.23
签订后第10年	品目	9733	10687	11394	11558	587	182	149
	比重	79.57	87.37	93.15	94.49	4.80	1.49	1.22
签订后第15年	品目	10839	11043	11551	11633	544	181	145
	比重	88.61	90.28	94.43	95.10	4.45	1.48	1.19
签订后第20年	品目	11312	11338	11600	11642	537	175	143
	比重	92.48	92.69	94.83	95.18	4.39	1.43	1.17

资料来源：同表2-1。

（1）普通产品。如中国的碳酸钠、二硫化碳、丝绸上衣、服装及服饰配件、纤维编织物、含石棉的管子及配件、履带拖拉机等2273项产品；韩国的发酵粉、酿造醋、花生饼、洗护发产品、竹制屏风、丝绸和绸缎机织物、越野滑雪鞋、养殖珍珠制品等2058项产品，在自贸区设立后的5年内产品关税降为0。中国的金枪鱼和罗非鱼等水产品、橡胶制品、机械传动带、竹制品、羽绒制品、丝质男士衬衫、电热毯、成型机等3833项产品；韩国的蛋黄酱、葡萄汽酒、韩国清酒、化妆品和婴儿护肤品、硅油、汽车用实心橡胶轮胎、零售用棉线、纤维编织物等2653项产品，在自贸区设立后的10年内产品关税降为0。

（2）敏感产品。如中国的乳鸽、黄油、咸蛋等食品，天然蜂蜜、玫瑰、康乃馨、兰花、单纱、塑料花及制品、移动式钻井井架等1406项产品；韩国的芥末粉、苹果酒、动物饲料、小雪茄、聚丙基醚、塑料制品、木制香烟盒和珠宝盒等木制品、棉制服装、咖啡及茶具等1129项产品，在自贸区设立后的15年内产品关税降为0。中国的合成纤维机织物、纱线、人造纤维纺织品、仿皮革制品、羊毛男士西服、皮革鞋面滑雪靴、中央控制门锁等474项产品；韩国的番茄调味汁、人参茶、芝麻油渣饼、高粱酒、食盐、羊毛制针织物、男士羽绒服、保险杠和散热器及其零件、铅酸蓄电池等473项产品，在自贸区设立后的20年内产品关税降为0。

（3）高度敏感产品。如中国的棕榈油、芥子油、砂糖、颗粒板、刨花板、新闻纸、植物羊皮纸、香烟过滤嘴、超声波加工机床、多工位组合机床、家用汽车、X射线检测设备等638项产品；韩国的酱油、辣椒酱、蜂王浆和蜂蜜制成品、非零售用羊毛纱线、筛布、花岗岩制品、真空隔音玻璃、非合金镍、家用工具、机动混凝土搅拌车等838项产品，两国都采取了一定的保护措施，不参与此次关税削减和免除①。

中韩FTA除了货物贸易的相关规定之外还对贸易便利化、投资自由化以及知识产权进行了约定，其中包括：①简化相关程序的审批流程，实施便利通关，促进两国海关当局合作，确保海关法律法规实施的一致性及透明度；②降低金融市场的准入门槛，创造有利的投资环境，依据法律法规维持和保护投资者的相关利益和待遇；③保障知识产权所有人的权利，促进知识产权保护和相关法律法规的实施，加强两国在技术领域的合作，为新技术应用方面的经验分享提供便利。这些措施不仅加强了两国间的经贸往来和技术合作，还为进入本国市场的对方企业提供了优惠便利的营商条件和制度环境。

---

① 根据中国自由贸易区服务网，http://fta.mofcom.gov.cn。

自中韩 FTA 的概念提出以来，国内外学者对自贸区建立的经济影响进行了大量的研究，如埃斯特拉达等（Estrada et al., 2012）通过对中韩、中日等区域自由贸易协定的研究发现，自由贸易区的设立对中国经济效益的提高有明显的促进作用。奥雷拉特等（Areerat et al., 2012）认为《跨太平洋伙伴协议》（Trans-Pacific Partnership Agreement，TPP）协议将会影响亚太地区的贸易和经济格局，中日韩三国在加入 TPP 的同时，相互之间建立自由贸易区，会使各国的经济效益得到进一步提升。郑（Cheong, 2014）的研究发现，中韩自由贸易区的设立不仅能够产生一定的经济效益，还能产生较大规模的投资效应。司传宁（2014）采用新经济地理研究框架对中韩 FTA 对两国经济的影响进行了分析，研究表明，中韩自由贸易区的设立增加了两国的福利水平和居民的实际收入水平，但是加速了两国差异化产品部门在两国的不均衡分布以及中国国内东西部地区分布的不平衡。李杨等（2015）认为中韩 FTA 将通过促进要素流动和产业融合等有力推动两国经济增长，提高资源配置的效率，促使国内产业结构升级。杜威剑等（2015）运用局部均衡模型，分析中日韩自贸区建立后的贸易效应以及本国经济效应，并提出各国最优的关税策略。仲地锋（2016）认为中韩自由贸易区的设立不仅能够促进中韩两国的经济发展，也将带动东亚经济一体化的发展。还有一些学者使用 GTAP 全球贸易分析模型模拟分析了中韩自由贸易区的设立可能对两国产生的经济影响，赵金龙（2012）使用 GTAP 模型进行模拟，分析 TPP 战略对各国的经济影响，结果显示，TPP 战略会产生贸易转移效应，加入 TPP 的国家福利水平增加，没有加入的国家会面临福利受损，贸易条件恶化等情况。周曙东等（2016）、刘斌等（2016）利用 GTAP 数据进行模拟，发现中韩自贸区建立后的关税减让政策有利于两国经济和双边贸易的增长以及社会福利的提高。

2.4.2　中韩自贸区设立的政治因素影响

传统的区域经济一体化理论认为，在经济发展水平接近、社会政治制度相似和历史文化背景相同的国家之间设立自由贸易区、开展经济贸易合作更加容易。但是从 20 世纪 90 年代开始，发达国家和发展中国家开展合作的南北型结构成为新的发展特征，同时随着东亚地区经济的飞速增长，东亚地区已成为世界上经贸活动最为频繁和活跃的地区之一，但在贸易、投资等方面还存在诸多壁垒，因此东亚地区经济一体化的进程不断加快并体现出多元化发展的动态。由于中韩两国在东亚地区的经济政治发展中占有重要地位，中韩 FTA 的设立将大力推进东亚地区经济一体化的实现和长足发展。虽然中韩两国建交以来政治、经济、文化交流日益密切，但中韩自贸区的实施难免要受到地缘政治等风险的影响。

政治风险主要包括政府的效率水平、民主水平以及腐败水平、法制环境和政府的干预程度、政策变动风险、国际和国内冲突、恐怖主义和突发性暴力事件等。2008 年，SACE 集团的两位政治风险分析专家法布里兹奥·费拉利（Fabrizio Ferrari）和里卡多·罗尔菲尼（Riccardo Rolfini），在《投资于危险的世界：政治风险新指数》一文中提出了政治风险评估模型，对东道国的政治风险进行分析。在 SACE 政治风险评估模型中，政治风险的概念是：由于政治局势的变动和政策法规的改变而使东道国的政治格局和政治环境发生变化，从而给跨国公司带来经济损失的风险。该模型将政治风险分为征用风险、汇兑限制风险和政治暴力风险三大类。征用风险是指东道国政府采取措施剥夺投资所有权或控制权而产生损失的风险，包括法制、产权、政府干预、防治腐败四个指标；汇兑限制风险是指由于东道国实行外汇管制，而使投资者的本金、利润以及其他合法收入等无法转移至东道国以外国家的风险，包括监管质量、货币政策、投资自由、金融自由四个指标；政治暴力风险是指由于东道国的政局动荡而引起的革命、战争、内乱从而使跨国公司的财产遭受损失的风险，包括话语权和问责制、政局稳定性、法制三个指标。模型的指标体系如图 2-6 所示。

在要素分工为主要形式的国际分工大背景下，政治风险是阻碍要素跨国流动的重要因素之一，中韩自由贸易区的设立一方面对高级要素的流动提供了便利，另一方面两国国内或者国际上的政治风险也会成为高级要素流动的障碍。然而仅仅对政治风险进行评估分析是远远不够的，更重要的是在贸易、投资更加便利，各方面合作更加协调，高级要素的获得更加充足的情况下，不能忽视政治风险带来的不确定性，合作的规则和制度才是一体化的保证和有效途径。因此，需要采取相应的应对措施，把风险防患于未然或者将风险的损失降到最低。

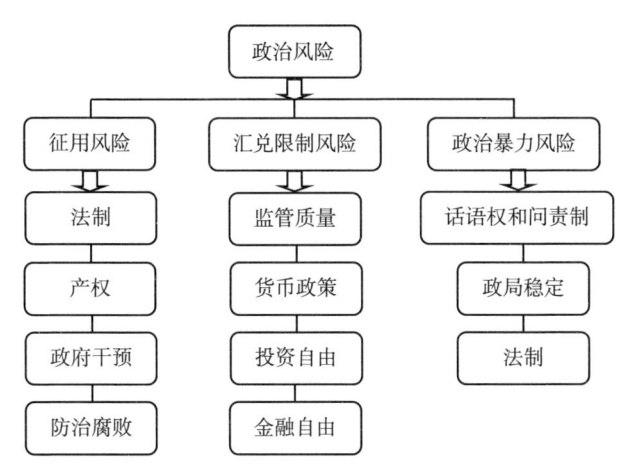

图 2 – 6 政治风险评估模型概念框架

资料来源：Fabrizio, F., Riccardo, R., 2008: Investing in a Dangerous World: A New Political Risk Index, SACE Group, No. 8.

2.4.3 中韩价值链分工地位的相关研究

关于全球价值链分工背景下一国分工与贸易地位的研究，国内外学者大致从以下四个方面进行了考察：一是基于胡默尔等（2001）提出的垂直专业化（VS）指数的分析，把出口和中间投入品联系起来，用以测量一国出口中的进口投入品价值（国外价值增值）。迪恩等（Dean et al., 2007）、唐东波（2013）、于津平等（2014）利用垂直专业化指数，对中国加工贸易出口产品的价值构成和中国在国际分工中的地位进行了考察。但是该方法存在一定的缺陷，隐含了进口中间投入品不可分的假设，而且在使用中国投入产出表进行测算时还需要额外引入两个假设，这两个假设过于严格与现实不符。二是基于出口价格差异以及出口技术复杂度的分析，芬斯特拉（Feenstra, 1994）建立了衡量一国出口价格的指标体系，用于测算两国向同一国出口的价格之比。胡昭玲等（2013）以出口价格的变化考察了中国在国际分工中的地位，指出中国的分工地位还处于较低的水平，中高技术产品的分工地位比低技术产品的分工地位更低。文东伟（2011）改进了豪斯曼等（Hausmann et al., 2005）设立的出口技术复杂度指标，对中国制造业出口技术复杂度进行了测算和国家之间的比较，发现中国制造业出口的技术复杂度与发达国家相比还处于较低的水平。但是该方法不能消除"统计假象"的问题，而且由于使用的是人均量化指标，对人口众多的国家比如中国、印度等，会对其技术能力造成低估。三是基于增加值角度的分析，核算全球价值链中各国的增加值贸易水平。库普曼等（2008，2010，2012）使用国家间投入产出表数据构建了增加值贸易的核算框架（KPWW方法），测算一国出口产品中不同类型的价值含量。王岚（2014）、岑丽君（2015）使用KPWW方法对中国出口产品进行了价值增值分解，认为中国制造业的国际分工地位呈现出先下降后上升的发展趋势，且中高技术制造业处于低端锁定的被动地位，低技术制造业的国际分工地位有所提升。但是该方法无法准确衡量一国是否处于价值链的高附加值环节。四是基于 GVC 指数的分析，在多丹等（2009）对一国出口产品的价值含量进行增加值分解的基础上，库普曼等（2010）构建了衡量一国某行业在 GVC 中的分工地位和参与程度的指标："GVC 位置指数"和"GVC 参与度指数"。周升起（2014）、岑丽君（2015）基于 TIVA 数据，利用"GVC 指数"测度了中国制造业及不同制造业行业在国际分工中的地位及其变动情况。刘琳（2015）基于世界投入产出数据库数据，利用上述指标测度了中国整体及三类技术制造业参与全球价值链分工的程度及其地位。但是由于"GVC 位置指数"不包含价值链中品牌营销服务等环节的增加值计算，因此使得自然资源丰富的国家在 GVC 中处于较高的位置。

  我国凭借区位优势一直在中韩经贸合作中占有重要地位，中韩双边贸易关系一直是学者们关注的焦点，如金缀桥等（2015）对中韩双边贸易的发展潜力进行了实证分析，认为两国贸易关系的紧密度稍微降低，但中韩双边贸易的潜力仍有扩展空间。刘斌等（2016）利用 GTAP 数据进行模拟，发现中韩自贸区建立后的关税减让政策有利于两国经济和双边贸易的增长以及社会福利的提高。从增加值角度考察中韩两国的双边贸易状况的研究比较少，闫云凤（2015）从增加值贸易角度测算和比较了中日韩三国的贸易趋势和结构特征，测度了三国在全球价值链中的位置和作用，得出中国增加值贸易在全球贸易中的地位逐年上升，而日本逐渐下降，韩国趋势稳定的结论。李大伟（2015）认为韩国在手机等部分电子产品的品牌营销环节以及部分高技术中间产品的生产环节具有优势，中国在大部分最终产品的加工组装环节上保持优势，但在中间产品的生产环节与最终产品的研发、营销等环节与韩国相比仍有差距。张建清、郑雨楠（2015）基于 OECD–WTO 数据，利用多国增加值贸易模型，对中美和中韩贸易状况进行了重新估计，指出基于总值口径的统计对中美、中韩贸易的真实贸易额均有不同程度的高估，而基于增加值口径的统计缩小了中美、中韩贸易失衡的程度。

2.5　本章小结

两个多世纪以来，国际分工经历了从产业间分工、产业内分工、产品内分工再到以跨国公司为主导的全球价值链分工等多种形式的发展和演变。随着以生产的全球化分割为主要特征的全球价值链分工的形成，国际分工的层次从产品层面细化到工序层面，中国凭借自身廉价的劳动力和资源等低端要素密集优势参与到全球价值链中，但是长期内这样的分工结构不利于中国打造自身的产业优势和比较优势。由于受制于发达国家的技术封锁和其他发展中国家的成本威胁，中国制造业沿全球价值链的自发性升级会遇到一定的困难和障碍。由于现有的全球价值链分工结构和利益分配格局是以沿价值链不同价值环节的要素所有权为基础构成的，价值链升级的本质是要素结构的升级，在上述研究的基础上，本书从要素视角，通过高级生产要素的流入、要素密集度逆转、国家要素结构优化等要素禀赋动态方面的研究，探寻中国制造业向全球价值链高附加值环节和价值链治理地位攀升的机理。

另外，传统的贸易核算体系包含了大量中间投入品的价值，难以真实反映贸易的原貌以及国际分工的格局和贸易对国内经济实际贡献的大小（Authukorala，2003），从而现有的关于全球价值链相关状态的测算方法已经转向增加值贸易口径的统计方法。国内外众多学者从不同角度对中韩两国参与国际分工和国际贸易的有关状态进行了研究，但主要集中在中韩贸易现状以及自贸区建立的经济效应和贸易效应方面，虽然也有文献对增加值出口进行了初步的分解，并衡量了各国的贸易地位和实际的贸易状况，但没有对中韩两国的真实贸易额和贸易利得衡量做进一步的分析，也没有对进口品的价值来源和出口品的价值流向做更加细化的分解，因此并不能全面地反映两国贸易中的价值构成以及对贸易利益的影响。

本书利用增加值贸易统计标准与方法及其所产生的统计数据，整合相关模型和指标，一方面使用库普曼等（2010）所构建的"GVC位置指数"和"GVC参与度指数"，系统衡量中韩两国及其选定行业参与全球价值链的有关状态、所处的国际分工地位及其演变情况；另一方面对中韩双边贸易额按照价值增值来源和价值含量流向进行分解，考察中韩双边贸易出口总值中本国真正增值部分和外国增值部分以及两国在不同技术密集度制造业行业中获利能力的差异，以还原两国真实的双边贸易格局和贸易利益，更加客观、全面地认识中韩两国在双边贸易中利益分配不平衡的深层次原因，并且为后续的研究提供了理论支撑。

第3章 中韩FTA促进中国制造业全球价值链地位提升的机制

当今国际贸易的范畴已远超贸易本身,国际贸易一方面是最终产品的跨国交易,涉及的是商品价值的交换环节;另一方面在全球价值链的现实背景下,国际贸易是服务于全球生产网络的生产要素跨境流动的途径(王直等,2015),涉及的是生产环节,本书的中韩FTA对中国制造业全球价值链地位影响的研究显然是对生产环节的研究。全球价值链分工的本质是要素分工,跨国公司在全球范围内进行要素的优化组合以及资源的整合配置,寻求廉价的劳动力等生产要素以降低生产成本,获得更大的分工和贸易利益。经济全球化的特点之一就是生产要素的跨国流动,跨国公司作为要素流动的组织者与推动者,对产品生产过程中的不同工序进行全球化分工,把价值链低端的低附加值环节转移出去,保留高附加值环节,也就是保留了高级生产要素创造价值的部分,这就决定了发达国家获得的利益较高。发展中国家可以通过要素的跨国流动形成高级要素集聚,优化国家要素结构来提高企业的核心竞争力,获得更高的利益。传统的贸易理论强调要素积累的作用,忽视了要素流动对贸易的促进作用,本章从要素视角分析了贸易自由化和契约环境改善对要素流动的影响,以及要素流动和要素结构优化对中国价值链地位提升的促进作用和提升机制。

中韩FTA的实施有力地推动了中韩两国经贸关系的全面发展,扩大了两国的贸易和投资规模,促进了经济的稳定发展和两国公共福利水平的提升。其中"建立自由贸易区""关税减让或消除""取消货物和服务贸易壁垒,便利货物和服务跨境流动""简化海关程序与贸易便利化""双边直接投资"等条款的签署和实施,减少了阻碍中韩两国生产要素流动的制度性障碍。本章将通过数理模型研究中韩FTA实施对中国制造业全球价值链地位提升的影响。

3.1 中韩FTA实施对价值链地位影响的建模基础

3.1.1 契约环境与要素动态

一国全球价值链地位的提升离不开要素结构的优化,中韩FTA的实施消除了关税等制度性障碍,促进了生产要素的跨境流动,同时使要素的跨境流动更符合市场规律,有利于促进韩方高级要素向中国的跨境流动和提高中国制造业企业高级要素的使用效率:

第一,自由贸易协定有利于韩方高级生产要素向中国的流动。自由贸易协定能够实现对双边关税及非关税壁垒的减让和消除,也能够降低双边贸易过程中的隐性成本,减少阻碍要素跨境流动的海关通关手续、出入境检验检疫流程、外资进入限制等制度性成本,以及降低高级要素跨境流动的成本,从而降低了中国制造业企业使用韩方高级生产要素的交易成本。

第二,自由贸易协定的实施提高了中国对高级生产要素的使用和吸收效率。由于自由贸易协定能够以开放促改革,提高中国国内行政审批手续、法律诉讼及执行效率等契约制度实施质量,改善国内营商环境,而根据努恩(Nunn,2005)、列夫琴科(Levchenko,2007)、科斯蒂诺(2009)、王永进(2015)等对契约制度与比较优势关系的研究,产品的技术复杂度越高,生产环节就越多,所涉及的中间投入供应商的数量越多,进而涉及的供货契约就越多,因此其生产过程的有序运转对契约实施质量的依赖性就越强。某经济体的法律法规及其执行程度越健全有效,中间投入供应商的违约成本越高,最终产品顺利完成的概率就越高。因此契约越完善、制度实施质量越高的经济体在高级生产要素的使用上相对更具效率,进而在技术复杂度高的产品上具有比较优势。

一国的契约制度质量是要素流入的前提条件,在经济全球化的背景下,各经济体根据比较优势参与生产工序的全球布局,契约实施质量的提高促进了发达经济体高级生产要素的流入,并促进了流入行业生产率的提高,进而使契约实施质量良好的经济体在技术复杂度较高的行业形成出口比较优势[①]。通过数理推演可以进一步阐述契约实施质量与比较优势之间的关系,假设有两个经济体,北方发达经济体 A 和南方发展中经济体 B,发达经济体的契约环境优于发展中经济体,即 $\phi_A > \phi_B$;两个经济体通过分工协作生产同一个产品 G,将产品 G 的价值链定义为一个连续变量 $z \in (0, 1)$,其中 z 表示价值链上不同的生产环节。则产品 G 的生产函数为 $q_G = \min(q(1), \cdots, q(h), \cdots, q(z))$,其中 $q(h)$ 为中间投入品 h 的投入量,$h = 1, 2, \cdots, z$。最终产品 G 的技术复杂度越高,则中间投入品 h 的数量越大,假设中间投入品 h 的生产函数为 $q(h) = 1$,且中间投入品生产商违约的概率为 $\gamma = 1 - e^{-1/\phi}$,由于中间投入品之间不可替代,如果中间投入品生产商违约则最终产品的产量为 0,因此最终产品 G 能够顺利完成的概率为 $e^{-z/\phi}$,其中 ϕ 衡量一国契约的完善程度,契约实施越完善中间投入品生产商违约的概率越低,最终产品顺利完成的概率越高。假设最终产品 G 的单位劳动投入为 $a(G) = ze^{z/\phi}$,由于存在 z 个生产环节,则平均劳动生产率为 $e^{-z/\phi}/z$,可以得到发达经济体在产品 z 生产中的技术优势为 $A(z) = a_B(z)/a_A(z)$,对 z 求一阶偏导,则 $A'(z) > 0$。由此可得,最终产品 G 的技术复杂度越高,契约实施质量高的经济体在该产品的生产上就具有比较优势。

各经济体依据各自不同的比较优势嵌入全球价值链的不同位置,要素禀赋是比较优势的内生化,要素禀赋的变动是比较优势变动的根本原因。根据雷布津斯基定理(Rybczynski theorem),如果一国某种要素禀赋增加,并且产出价格保持不变,那么密集使用该要素的商品其产出会增加,而其他商品的产出会减少。如图 3-1 所示,要素禀赋增加,但各种要素增加的比例不一致,随着要素禀赋的偏向性变动,生产可能性边界偏向性外移,生产点由 A 移动至左上方的 B 点,而不是将生产 A 所投入的要素同比例扩大所得到的 C 点。

---

① 王永进:《契约、关系与国际贸易》,上海人民出版社 2015 年版。

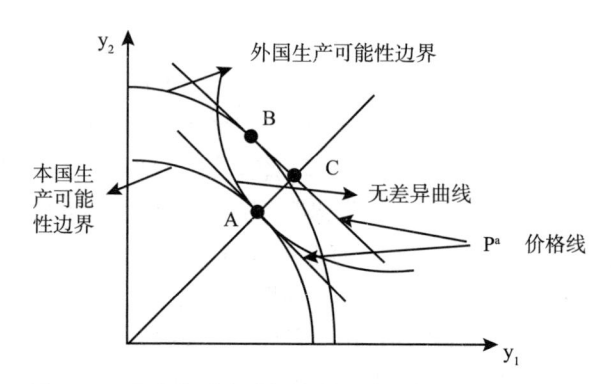

图 3-1　要素禀赋变动与产量变动（雷布津斯基定理）

资料来源：经整理绘制。

但根据本章的研究需求，雷布津斯基定理存在如下问题：第一，没有考虑要素禀赋变动的原因，其描述的是要素禀赋变动以后的结果。第二，没有考虑契约环境对要素禀赋变动后的影响。第三，没有充分考虑以生产工序环节分工为特征的当今全球价值链分工的现实。因此，本书在后续研究中，以迪克西特—斯蒂格利茨（Dixit - Stiglitz，1977）的垄断竞争模型为基础，构建新的数理模型用以分析中韩 FTA 对中国制造业企业在全球价值链中地位的影响。

3.1.2　模型设定基础

本章以迪克西特—斯蒂格利茨（1977）的垄断竞争模型为基础，结合中韩 FTA 的贸易自由化实质，在模型中引入贸易自由化相关变量，构建新的数理模型用以分析中韩 FTA 带来的贸易自由化和契约环境改善对中国制造业企业的生产效率和在全球价值链中地位的影响。

研究开展的前提是对中韩 FTA 实施的内涵进行界定，中韩 FTA 作为本书研究的影响源，不仅是对关税的减免，还是中韩双边贸易领域制度的变迁，是对中韩双边贸易所依赖的契约环境的治理和优化，这是以开放促进改革机制更加完善的具体体现。中韩双边贸易所依赖的契约环境的范畴也不仅包含在双边贸易方面的关税及非关税措施、海关通关手续、出入境检验检疫流程等制度安排，还涉及在国际化生产组织背景下中国国内的营商环境,如行政审批手续及效率、法律诉讼及执行效率、公共信息透明度等,上述契约环境因素影响了生产要素的跨境流动及使用。因此本书在建模中不仅考虑要把关税及非关税壁垒等作为变量引入,还要考虑阻碍无形生产要素跨境流动的壁垒以及其他更广义的契约障碍。

本章所构建的模型主要分为两个部分:第一部分,考察贸易自由化所带来的关税和其他贸易壁垒减免、贸易和生产契约环境优化等对发展中经济体企业最优产出、生产要素需求、投入要素结构调整等生产决策以及生产效率等带来的影响。这一部分模型的视角集中于一国企业内部的生产层面。第二部分,基于上一部分的研究结论,将研究视角从一国企业内部的生产层面进一步扩展至全球价值链中的跨国生产组织层面,结合中国在全球价值链中位置偏低以及在价值链构建中缺乏主动权的现实,参考安特拉斯(2013)、阿尔法罗(2015)在迪克西特—斯蒂格利茨(1977)模型基础上设立的内生化全球价值链企业边界选择产权模型(property-right model of firm boundary choice),在不完全契约环境下分析中韩贸易自由化对中国制造业企业在全球价值链序贯生产中地位的影响。本章模型推演所阐述的中韩FTA影响中国制造业全球价值链地位提升的逻辑框架如图3-2所示。

本章所构建的模型力图阐述自贸协定的实施在两方面的影响,一方面是在生产函数上表现为生产函数的向外扩张,如图3-3所示。

假设生产过程包含要素K和L,K为资本要素,L为劳动力要素,A表示技术、知识、创新等高级生产要素,要素A从发达经济体流向发展中经济体。初始阶段,生产函数为$Y=F_1(X)$,技术、知识要素A从发达经济体流入发展中经济体以后生产函数转变为$Y=F_2(X)$,由于技术要素的边际生产率提高,斜率增加,由a_1增加为a_2,因此发展中经济体优化了投入要素的结构,实现了更高的产出水平、技术水平及生产率水平。

另一方面表现为生产环节的升级,发展中经济体企业在生产链条中的环节向更靠近跨国公司所处的高端环节方向升级,如图3-4所示。

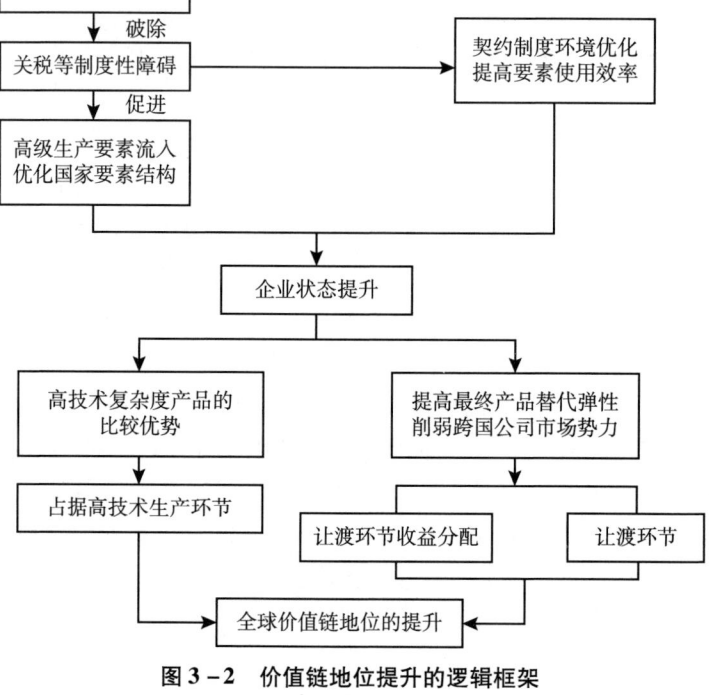

图 3-2　价值链地位提升的逻辑框架

资料来源：经整理绘制。

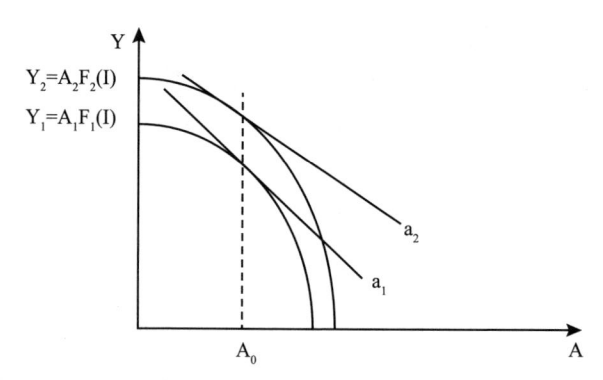

图 3-3　生产函数的向外扩张

资料来源：经整理绘制。

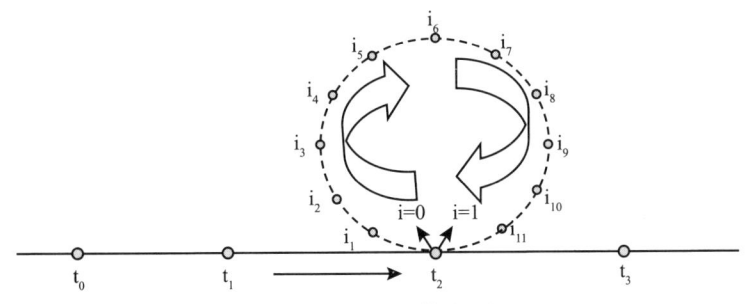

图 3-4　生产环节的升级

资料来源：根据阿尔法罗（2015）整理绘制。

在 t_0 时期，公司拟定每个生产阶段 $i \in [0, 1]$ 的生产合同，合同表明了每个生产阶段 i 的生产方式选择外包还是一体化进行生产。在 t_1 时期，供应商开始申请，并且公司为每一个生产阶段选择一个合适的供应商。在 t_2 时期，是一个连续的生产阶段，在每一阶段 i，供应商提供中间产品直到阶段 i 完成；在评估每一阶段的价值以后，供应商选择一个合适的生产水平 $x(i)$；在对生产水平 $x(i)$ 进行考察之后，公司和供应商就供应商的总收益进行讨价还价。在 t_3 时期，最终产品被组装好并销售给消费者。技术、知识等高级要素 A 的流入，会促进发展中经济体转向技术含量更高、产品复杂度更高的生产阶段。

3.2　中韩 FTA 实施与企业生产状态

根据上文对自贸协定实施内涵的分析，本书在模型中引入三个相关变量，分别代表无形生产要素的跨境流动壁垒、有形生产要素的跨境流动壁垒以及其他契约环境障碍。按照威廉姆斯（1979）关于交易成本的思想，这三个变量实际上反映的是生产要素跨境流动及使用的交易成本。

3.2.1　需求侧建模及均衡

假设无论是北方发达经济体还是南方发展中经济体，市场上的消费者偏好具有常数替代弹性的特征，效用函数 U、预算约束 E 分别为：

$$U = \left(\int_{\omega \in \Omega} q(\omega)^\rho d\omega\right)^{\frac{1}{\rho}}, \quad E = \int_{\omega \in \Omega} p(\omega) q(\omega) d\omega \quad (3.1)$$

其中，$q(\omega)$ 为消费品 ω 的数量，Ω 为消费品 ω 的连续统，$0 < \rho < 1$。

虽然目前与韩国相比，中国的经济发展水平相对落后，但中国消费者的消费能力和消费档次并不明显低于韩国消费者，甚至成为韩国消费市场上的重要组成部分，本书在需求侧的设定与这一现实相符①。结合效用函数和预算约束求解最大化，即：

$$\text{Max} U = \left(\int_{\omega \in \Omega} q(\omega)^\rho d\omega\right)^{\frac{1}{\rho}}$$

$$\text{s.t. } E = \int_{\omega \in \Omega} p(\omega) q(\omega) d\omega \quad (3.2)$$

将效用函数转化为：$U^\rho = \int_{\omega \in \Omega} q(\omega)^\rho d\omega \quad (3.3)$

构造拉格朗日函数：

$$L_1(q(\omega), \lambda) = \int_{\omega \in \Omega} q(\omega)^\rho d\omega + \lambda \left(E - \int_{\omega \in \Omega} p(\omega) q(\omega) d\omega\right) \quad (3.4)$$

求一阶条件，对于每个 ω_i，$\dfrac{\partial L_1}{\partial q(\omega_i)} = \rho q(\omega_i)^{\rho-1} - \lambda p(\omega_i) = 0$

$$(3.5)$$

$$\frac{\partial L_1}{\partial \lambda} = E - \int_{\omega \in \Omega} p(\omega) q(\omega) d\omega = 0 \quad (3.6)$$

求二阶条件，二阶导数组成的有界黑塞矩阵：

$$\begin{bmatrix} \dfrac{\partial^2 L_1}{\partial q^2(\omega)} & \dfrac{\partial^2 L_1}{\partial \lambda \partial q(\omega)} \\ \dfrac{\partial^2 L_1}{\partial q(\omega) \partial \lambda} & \dfrac{\partial^2 L_1}{\partial \lambda^2} \end{bmatrix}$$ 为半负定矩阵，最终得到：

$$q(\omega) = \frac{p(\omega)^{-\frac{1}{1-\rho}} \int_{\omega \in \Omega} p(\omega) q(\omega) d\omega}{\int_{\omega \in \Omega} p(\omega)^{-\frac{\rho}{1-\rho}} d\omega} = \frac{p(\omega)^{-\frac{1}{1-\rho}} E}{\int_{\omega \in \Omega} p(\omega)^{-\frac{\rho}{1-\rho}} d\omega} \quad (3.7)$$

---

① 根据世界旅游组织发布的年度统计数据（http：//statistics.unwto.org），2015 年中国出境旅游和消费都居世界第一。根据韩国体育文化和旅游观光部的统计数据，中国游客在韩消费占全韩旅游收入的 70% 以上。

出于简化目的，令 $A = \dfrac{E}{\int_{\omega \in \Omega} p(\omega)^{-\frac{\rho}{1-\rho}} d\omega}$，则 $q(\omega) = A p(\omega)^{-\frac{1}{1-\rho}}$

$$\tag{3.8}$$

因此，以马歇尔型需求函数表达的需求关系为：
$p(\omega) = A^{1-\rho} q(\omega)^{-(1-\rho)}$，即价格 $p = A^{1-\rho} q^{-(1-\rho)}$。

3.2.2 供给侧建模及均衡

边际技术替代率是常数的生产函数为：$q = \varphi \left(\int \Gamma^\sigma x_i^\sigma di \right)^{\frac{1}{\sigma}}$，其中，$\varphi$ 为生产率，生产率水平的初始值服从帕累托分布。Γ 为相应投入 x_i 的产出效率参数，$0 < \rho < 1$，结合上文需求侧研究求得的价格函数，可以得到收益函数的一般形式为：

$$R = pq = A^{1-\rho} \varphi^\rho \left(\int \Gamma^\sigma x_i^\sigma di \right)^{\frac{\rho}{\sigma}} \tag{3.9}$$

本书将投入要素分为五类：资本（K）、一般劳动（L）、高级劳动（H，包括研发、设计和其他无形要素等）、低技术中间投入品（I_l）、高技术中间投入品（I_h）。因此，一个南方发展中经济体制造业企业的生产函数可以具体化为：

$$q = \varphi (K^\sigma + L^\sigma + \eta^\sigma H^\sigma + I_l^\sigma + \mu^\sigma I_h^\sigma)^{\frac{1}{\sigma}} \tag{3.10}$$

其中，η 为使用 H 的产出效率水平，大于 1；μ 为使用 I_h 的产出效率水平，也大于 1；其余投入要素 K、L 和 I_l 的产出效率水平都设为 1。

为研究贸易自由化的影响，而要求得利润函数 π，需要先求出成本函数，即：

$$\text{MinTC} = rK + w_L L + w_H (1+v) H + m_l I_l + m_h (1+t)(1+\theta) I_h$$

$$\text{s.t. } q = \varphi (K^\sigma + L^\sigma + \eta^\sigma H^\sigma + I_l^\sigma + \mu^\sigma I_h^\sigma)^{\frac{1}{\sigma}} \tag{3.11}$$

其中，v 为无形要素跨国流动成本，t 为有形要素跨国流动成本，θ 为契约制度所造成的交易成本，简称契约成本。假设：

$$\frac{w_H (1+v)}{\eta} > 1, \quad \frac{m_h (1+t)(1+\theta)}{\mu} > 1 \tag{3.12}$$

约束条件可以转化为：$q^\sigma = \varphi^\sigma (K^\sigma + L^\sigma + \eta^\sigma H^\sigma + I_l^\sigma + \mu^\sigma I_h^\sigma)$，即最小化目标函数：

$$L_2(K, L, H, I_1, I_h, \lambda) = rK + w_L L + w_H(1+v)H + m_1 I_1$$
$$+ m_h(1+t)(1+\theta)I_h + \lambda[q^\sigma - \varphi^\sigma(K^\sigma$$
$$+ L^\sigma + \eta^\sigma H^\sigma + I_1^\sigma + \mu^\sigma I_h^\sigma)] \qquad (3.13)$$

一阶条件有：

$$\frac{\partial L_2}{\partial K} = r - \sigma\lambda\varphi^\sigma K^{\sigma-1} = 0 \qquad (3.14)$$

$$\frac{\partial L_2}{\partial L} = w_L - \sigma\lambda\varphi^\sigma L^{\sigma-1} = 0 \qquad (3.15)$$

$$\frac{\partial L_2}{\partial H} = w_H(1+v) - \sigma\lambda\varphi^\sigma \eta^\sigma H^{\sigma-1} = 0 \qquad (3.16)$$

$$\frac{\partial L_2}{\partial I_1} = m_1 - \sigma\lambda\varphi^\sigma I_1^{\sigma-1} = 0 \qquad (3.17)$$

$$\frac{\partial L_2}{\partial I_h} = m_h(1+t)(1+\theta) - \sigma\lambda\varphi^\sigma \mu^\sigma I_h^{\sigma-1} = 0 \qquad (3.18)$$

$$\frac{\partial L_2}{\partial \lambda} = q^\sigma - \varphi^\sigma(K^\sigma + L^\sigma + \eta^\sigma H^\sigma + I_1^\sigma + \mu^\sigma I_h^\sigma) = 0 \qquad (3.19)$$

二阶条件求出的有界黑塞矩阵仍为半负定矩阵，此处略去，将前五个一阶条件整理后代入原生产函数得：

$$q^\sigma = (\sigma\lambda\varphi^\sigma)^{-\frac{\sigma}{\sigma-1}} \varphi^\sigma \left[r^{\frac{\sigma}{\sigma-1}} + w_L^{\frac{\sigma}{\sigma-1}} + \left(\frac{w_H(1+v)}{\eta}\right)^{\frac{\sigma}{\sigma-1}} + m_1^{\frac{\sigma}{\sigma-1}} \right.$$
$$\left. + \left(\frac{m_h(1+t)(1+\theta)}{\mu}\right)^{\frac{\sigma}{\sigma-1}} \right] \qquad (3.20)$$

因此，解出含有 λ 的共同项以后，就可以得到各投入要素的条件要素需求函数：

$$K = r^{\frac{1}{\sigma-1}} \left[r^{\frac{\sigma}{\sigma-1}} + w_L^{\frac{\sigma}{\sigma-1}} + \left(\frac{w_H(1+v)}{\eta}\right)^{\frac{\sigma}{\sigma-1}} + m_1^{\frac{\sigma}{\sigma-1}} \right.$$
$$\left. + \left(\frac{m_h(1+t)(1+\theta)}{\mu}\right)^{\frac{\sigma}{\sigma-1}} \right]^{-\frac{1}{\sigma}} q\varphi^{-1} \qquad (3.21)$$

$$L = w_L^{\frac{1}{\sigma-1}} \left[r^{\frac{\sigma}{\sigma-1}} + w_L^{\frac{\sigma}{\sigma-1}} + \left(\frac{w_H(1+v)}{\eta}\right)^{\frac{\sigma}{\sigma-1}} + m_1^{\frac{\sigma}{\sigma-1}} \right.$$
$$\left. + \left(\frac{m_h(1+t)(1+\theta)}{\mu}\right)^{\frac{\sigma}{\sigma-1}} \right]^{-\frac{1}{\sigma}} q\varphi^{-1} \qquad (3.22)$$

$$H = \left(\frac{w_H(1+v)}{\eta^\sigma}\right)^{\frac{1}{\sigma-1}} \left[r^{\frac{\sigma}{\sigma-1}} + w_L^{\frac{\sigma}{\sigma-1}} + \left(\frac{w_H(1+v)}{\eta}\right)^{\frac{\sigma}{\sigma-1}} + m_l^{\frac{\sigma}{\sigma-1}} \right.$$

$$\left. + \left(\frac{m_h(1+t)(1+\theta)}{\mu}\right)^{\frac{\sigma}{\sigma-1}} \right]^{-\frac{1}{\sigma}} q\varphi^{-1} \qquad (3.23)$$

$$I_l = m_l^{\frac{1}{\sigma-1}} \left[r^{\frac{\sigma}{\sigma-1}} + w_L^{\frac{\sigma}{\sigma-1}} + \left(\frac{w_H(1+v)}{\eta}\right)^{\frac{\sigma}{\sigma-1}} + m_l^{\frac{\sigma}{\sigma-1}} \right.$$

$$\left. + \left(\frac{m_h(1+t)(1+\theta)}{\mu}\right)^{\frac{\sigma}{\sigma-1}} \right]^{-\frac{1}{\sigma}} q\varphi^{-1} \qquad (3.24)$$

$$I_h = \left(\frac{m_h(1+t)(1+\theta)}{\mu^\sigma}\right)^{\frac{1}{\sigma-1}} \left[r^{\frac{\sigma}{\sigma-1}} + w_L^{\frac{\sigma}{\sigma-1}} + \left(\frac{w_H(1+v)}{\eta}\right)^{\frac{\sigma}{\sigma-1}} + m_l^{\frac{\sigma}{\sigma-1}} \right.$$

$$\left. + \left(\frac{m_h(1+t)(1+\theta)}{\mu}\right)^{\frac{\sigma}{\sigma-1}} \right]^{-\frac{1}{\sigma}} q\varphi^{-1} \qquad (3.25)$$

通过要素需求函数可以求出各要素的边际要素需求，分别如下：

$$\frac{\partial K}{\partial q} = r^{\frac{1}{\sigma-1}} \left[r^{\frac{\sigma}{\sigma-1}} + w_L^{\frac{\sigma}{\sigma-1}} + \left(\frac{w_H(1+v)}{\eta}\right)^{\frac{\sigma}{\sigma-1}} + m_l^{\frac{\sigma}{\sigma-1}} \right.$$

$$\left. + \left(\frac{m_h(1+t)(1+\theta)}{\mu}\right)^{\frac{\sigma}{\sigma-1}} \right]^{-\frac{1}{\sigma}} \varphi^{-1} \qquad (3.26)$$

$$\frac{\partial L}{\partial q} = w_L^{\frac{1}{\sigma-1}} \left[r^{\frac{\sigma}{\sigma-1}} + w_L^{\frac{\sigma}{\sigma-1}} + \left(\frac{w_H(1+v)}{\eta}\right)^{\frac{\sigma}{\sigma-1}} + m_l^{\frac{\sigma}{\sigma-1}} \right.$$

$$\left. + \left(\frac{m_h(1+t)(1+\theta)}{\mu}\right)^{\frac{\sigma}{\sigma-1}} \right]^{-\frac{1}{\sigma}} \varphi^{-1} \qquad (3.27)$$

$$\frac{\partial H}{\partial q} = \left(\frac{w_H(1+v)}{\eta^\sigma}\right)^{\frac{1}{\sigma-1}} \left[r^{\frac{\sigma}{\sigma-1}} + w_L^{\frac{\sigma}{\sigma-1}} + \left(\frac{w_H(1+v)}{\eta}\right)^{\frac{\sigma}{\sigma-1}} + m_l^{\frac{\sigma}{\sigma-1}} \right.$$

$$\left. + \left(\frac{m_h(1+t)(1+\theta)}{\mu}\right)^{\frac{\sigma}{\sigma-1}} \right]^{-\frac{1}{\sigma}} \varphi^{-1} \qquad (3.28)$$

$$\frac{\partial I_l}{\partial q} = m_l^{\frac{1}{\sigma-1}} \left[r^{\frac{\sigma}{\sigma-1}} + w_L^{\frac{\sigma}{\sigma-1}} + \left(\frac{w_H(1+v)}{\eta}\right)^{\frac{\sigma}{\sigma-1}} + m_l^{\frac{\sigma}{\sigma-1}} \right.$$

$$\left. + \left(\frac{m_h(1+t)(1+\theta)}{\mu}\right)^{\frac{\sigma}{\sigma-1}} \right]^{-\frac{1}{\sigma}} \varphi^{-1} \qquad (3.29)$$

$$\frac{\partial I_h}{\partial q} = \left(\frac{m_h(1+t)(1+\theta)}{\mu^\sigma}\right)^{\frac{1}{\sigma-1}} \left[r^{\frac{\sigma}{\sigma-1}} + w_L^{\frac{\sigma}{\sigma-1}} + \left(\frac{w_H(1+v)}{\eta}\right)^{\frac{\sigma}{\sigma-1}} + m_l^{\frac{\sigma}{\sigma-1}}\right.$$

$$\left.+ \left(\frac{m_h(1+t)(1+\theta)}{\mu}\right)^{\frac{\sigma}{\sigma-1}}\right]^{-\frac{1}{\sigma}} \varphi^{-1} \qquad (3.30)$$

而总成本函数为：

$$TC = \left[r^{\frac{\sigma}{\sigma-1}} + w_L^{\frac{\sigma}{\sigma-1}} + \left(\frac{w_H(1+v)}{\eta}\right)^{\frac{\sigma}{\sigma-1}} + m_l^{\frac{\sigma}{\sigma-1}}\right.$$

$$\left.+ \left(\frac{m_h(1+t)(1+\theta)}{\mu}\right)^{\frac{\sigma}{\sigma-1}}\right]^{\frac{\sigma-1}{\sigma}} q\varphi^{-1} \qquad (3.31)$$

上文已求得收益函数 R，进而可以表示为：

$$R = A^{1-\rho}\varphi^\rho \left(\int \Gamma^\sigma x_i^\sigma di\right)^{\frac{\rho}{\sigma}} = A^{1-\rho}\varphi^\rho (K^\sigma + L^\sigma + \eta^\sigma H^\sigma + I_l^\sigma + \mu^\sigma I_h^\sigma)^{\frac{\rho}{\sigma}}$$

$$= A^{1-\rho}q^\rho \qquad (3.32)$$

因此，利润为：

$$\pi = R - TC = A^{1-\rho}q^\rho - \left[r^{\frac{\sigma}{\sigma-1}} + w_L^{\frac{\sigma}{\sigma-1}} + \left(\frac{w_H(1+v)}{\eta}\right)^{\frac{\sigma}{\sigma-1}} + m_l^{\frac{\sigma}{\sigma-1}}\right.$$

$$\left.+ \left(\frac{m_h(1+t)(1+\theta)}{\mu}\right)^{\frac{\sigma}{\sigma-1}}\right]^{\frac{\sigma-1}{\sigma}} q\varphi^{-1} \qquad (3.33)$$

由一阶条件可以求得利润最大化产量：

$$\frac{\partial \pi}{\partial q} = \rho A^{1-\rho}q^{\rho-1} - \left[r^{\frac{\sigma}{\sigma-1}} + w_L^{\frac{\sigma}{\sigma-1}} + \left(\frac{w_H(1+v)}{\eta}\right)^{\frac{\sigma}{\sigma-1}} + m_l^{\frac{\sigma}{\sigma-1}}\right.$$

$$\left.+ \left(\frac{m_h(1+t)(1+\theta)}{\mu}\right)^{\frac{\sigma}{\sigma-1}}\right]^{\frac{\sigma-1}{\sigma}} \varphi^{-1} = 0 \qquad (3.34)$$

$$q_{max} = (\rho\varphi)^{\frac{1}{1-\rho}} A \left[r^{\frac{\sigma}{\sigma-1}} + w_L^{\frac{\sigma}{\sigma-1}} + \left(\frac{w_H(1+v)}{\eta}\right)^{\frac{\sigma}{\sigma-1}} + m_l^{\frac{\sigma}{\sigma-1}}\right.$$

$$\left.+ \left(\frac{m_h(1+t)(1+\theta)}{\mu}\right)^{\frac{\sigma}{\sigma-1}}\right]^{\frac{\sigma-1}{\sigma(\rho-1)}} \qquad (3.35)$$

为简洁起见，令：

$$B = r^{\frac{\sigma}{\sigma-1}} + w_L^{\frac{\sigma}{\sigma-1}} + \left(\frac{w_H(1+v)}{\eta}\right)^{\frac{\sigma}{\sigma-1}} + m_l^{\frac{\sigma}{\sigma-1}} + \left(\frac{m_h(1+t)(1+\theta)}{\mu}\right)^{\frac{\sigma}{\sigma-1}}$$

$$(3.36)$$

则 $q_{max} = (\rho\varphi)^{\frac{1}{1-\rho}} AB^{\frac{\sigma-1}{\sigma(\rho-1)}}$，假设 $B > 1$。

3.2.3 自贸协定实施对企业动态的影响

在求得利润最大化的产量 q_{max} 之后，本书对贸易自由化的影响进行分析，最优产量对模型中贸易自由化的三个变量分别求导可得：

$$\frac{\partial q_{max}}{\partial v} = \frac{1}{\rho-1}(\rho\varphi)^{\frac{1}{1-\rho}} AB^{\frac{2\sigma-1-\sigma\rho}{\sigma(\rho-1)}} \left(\frac{w_H(1+v)}{\eta}\right)^{\frac{1}{\sigma-1}} \frac{w_H}{\eta} < 0 \quad (3.37)$$

$$\frac{\partial q_{max}}{\partial t} = \frac{1}{\rho-1}(\rho\varphi)^{\frac{1}{1-\rho}} AB^{\frac{2\sigma-1-\sigma\rho}{\sigma(\rho-1)}} \left(\frac{m_h(1+t)(1+\theta)}{\mu}\right)^{\frac{1}{\sigma-1}} \frac{m_h(1+\theta)}{\mu} < 0 \quad (3.38)$$

$$\frac{\partial q_{max}}{\partial \theta} = \frac{1}{\rho-1}(\rho\varphi)^{\frac{1}{1-\rho}} AB^{\frac{2\sigma-1-\sigma\rho}{\sigma(\rho-1)}} \left(\frac{m_h(1+t)(1+\theta)}{\mu}\right)^{\frac{1}{\sigma-1}} \frac{m_h(1+t)}{\mu} < 0 \quad (3.39)$$

由此可见，利润最大化的最优产量与模型中引入的要素跨境流动壁垒和契约环境障碍的三个变量都是反方向变动关系。因此，贸易自由化有利于提高利润最大化产量，进而提高最大化利润水平。而在相关研究中企业生产率是被普遍关注的较为集中的企业属性，最优产量对生产率求导可得：

$$\frac{\partial q_{max}}{\partial \varphi} = \frac{1}{1-\rho} \varphi^{\frac{\rho}{1-\rho}} \rho^{\frac{1}{1-\rho}} AB^{\frac{\sigma-1}{\sigma(\rho-1)}} > 0 \quad (3.40)$$

企业生产率与企业利润最大化产量为正向相关关系，结合最大化产量与代表要素跨境流动壁垒和契约环境障碍的三个变量反向变动的关系，可以得出企业生产率与模型中引入的三个变量反方向变动，即贸易自由化的程度有利于企业生产率的提高。

通过上文推导得到的各要素的边际要素需求函数也可以考察贸易自由化对高级要素需求的影响，即边际要素需求函数对等求导，例如对 H 要素需求的影响，就有：

$$\frac{\partial H}{\partial q \partial v} = \frac{1}{\sigma-1} \left(\frac{w_H(1+v)}{\eta^\sigma}\right)^{\frac{2-\sigma}{\sigma-1}} B^{-\frac{1}{\sigma}} \varphi^{-1} \frac{w_H}{\eta^\sigma}$$

$$- \frac{1}{\sigma-1} \left(\frac{w_H(1+v)}{\eta^\sigma}\right)^{\frac{1}{\sigma-1}} B^{\frac{-1-\sigma}{\sigma}} \varphi^{-1} \left(\frac{w_H(1+v)}{\eta}\right)^{\frac{1}{\sigma-1}} \frac{w_H}{\eta} \quad (3.41)$$

为判断该二阶偏导数的符号,将(3.41)式等号右侧减号前后两项作比可得:

$$\frac{\dfrac{1}{\sigma-1}\left(\dfrac{w_H(1+v)}{\eta^\sigma}\right)^{\frac{2-\sigma}{\sigma-1}}B^{-\frac{1}{\sigma}}\varphi^{-1}\dfrac{w_H}{\eta^\sigma}}{\dfrac{1}{\sigma-1}\left(\dfrac{w_H(1+v)}{\eta^\sigma}\right)^{\frac{1}{\sigma-1}}B^{\frac{-1-\sigma}{\sigma}}\varphi^{-1}\left(\dfrac{w_H(1+v)}{\eta}\right)^{\frac{1}{\sigma-1}}\dfrac{w_H}{\eta}}$$

$$=\frac{(w_H(1+v))^{\frac{2-\sigma}{\sigma-1}}B^{-\frac{1}{\sigma}}(\eta)^{\frac{-\sigma}{\sigma-1}}}{(w_H(1+v))^{\frac{2}{\sigma-1}}B^{\frac{-1-\sigma}{\sigma}}(\eta)^{\frac{-2\sigma}{\sigma-1}}}=\left(\frac{w_H(1+v)}{\eta}\right)^{\frac{-\sigma}{\sigma-1}}B \qquad (3.42)$$

由于上文已经假设 $\dfrac{w_H(1+v)}{\eta}>1$,$B>1$,所以 $\left(\dfrac{w_H(1+v)}{\eta}\right)^{\frac{-\sigma}{\sigma-1}}B$ 大于1。

因此在(3.41)式中,等号右侧减号前一项的绝对值大于后一项的绝对值,而且等号右侧减号前一项为负值,因此 $\dfrac{\partial H}{\partial q\partial v}$ 小于0。

而变动对一般投入要素的影响,以 L 为例可得:

$$\frac{\partial L}{\partial q\partial v}=\frac{1}{1-\sigma}w_L^{\frac{1}{\sigma-1}}B^{\frac{-1-\sigma}{\sigma}}\left(\frac{w_H(1+v)}{\eta}\right)^{\frac{1}{\sigma-1}}\frac{w_H}{\eta}>0 \qquad (3.43)$$

同理,也可求得 t 和 θ 变动对 I_h 的边际需求影响,结合之前的假设可得:

$\dfrac{\partial I_h}{\partial q\partial t}$ 和 $\dfrac{\partial I_h}{\partial q\partial \theta}$ 都小于0。

t 和 θ 变动对一般要素边际需求的影响为:

$$\frac{\partial K}{\partial q\partial \theta}>0,\ \frac{\partial L}{\partial q\partial \theta}>0,\ \frac{\partial I_l}{\partial q\partial \theta}>0,\ \frac{\partial K}{\partial q\partial t}>0,\ \frac{\partial L}{\partial q\partial t}>0,\ \frac{\partial I_l}{\partial q\partial t}>0 \qquad (3.44)$$

可见,高级要素边际需求与要素跨境流动的壁垒以及契约环境障碍等同方向变动;一般要素边际需求与要素跨境流动的壁垒以及契约环境障碍等也是同方向变动。因此,贸易自由化促进了生产投入中对高级要素的需求。

本节结合中国作为发展中经济体的现实,基于迪克西特—斯蒂格利茨(1977)的垄断竞争模型,对中韩 FTA 中所隐含的贸易自由化进行抽象并引入到模型中,通过模型推导可以发现贸易自由化对中国制造业企业的生产能够形成积极的影响:第一,贸易自由化能够提高最优产出水平，模型中引入的要素跨境流动壁垒等变量与模型中代表性企业利润最大化条件下的最优产出规模反向变动，因此贸易自由化有利于企业提高产出规模，更好地实现规模经济，获得更高的利润，有利于提高资本积累的效率，为企业进行研发设计、铺设营销网络、开展跨国生产经营活动等提供资金支持。第二，贸易自由化能够提高制造业企业的生产率，这一结论与刘斌（2013）、毛其淋（2013）等的研究结论一致，从对最优产出的推演中可以发现，模型中引入的用于表示要素跨境流动壁垒、契约环境障碍等变量的数值与企业生产率反方向变动，因此中韩FTA所带来的贸易自由化的实施有利于企业生产率的提升。在企业异质性理论框架（Melitz，2003；Helpman et al.，2004）下，诸多学者也发现了企业生产率提升的"学习效应"（Bernard et al.，2005；Amit et al.，2007；余淼杰，2011；张杰，2016），但企业异质性模型中的企业是指出口企业或进行对外直接投资的企业，而本节模型中的企业并不一定需要进行出口或者对外直接投资，而是能够在生产过程中运用来自贸易自由化协定中相对发达经济体的高级要素的企业就有生产率提升的机遇。本书模型假定企业初始生产率的获取（或自我观察）服从帕累托分布。根据帕累托分布的性质，在企业进入市场以后，只有少量企业能够具有较高的生产率水平，市场上存续企业集合中的大部分企业生产率较低。根据上文理论分析，贸易自由化能够降低要素跨境流动和使用的成本，有利于低生产率企业生产率水平的总体提升。第三，能够优化企业生产的要素投入结构，这也意味着产品在质量、档次、复杂度等方面的提高。从模型最后的边际分析可以发现，要素流动壁垒和契约环境障碍大小与对高级要素的边际需求大小反向变动，与非高级要素的边际需求同向变动，因此贸易自由化进程会提高高级要素在生产投入要素结构中的比重。从契约的视角来解释，已有相关研究表明，契约实施制度较好的经济体由于企业的技术水平较高，在复杂度较高的产品（Acemoglu et al.，2007；Costinot，2009），以及资产专用性较高的行业出口中更具比较优势（Nunn，2007；王永进，2015）。

另外，中韩双边贸易所依赖的制度安排和契约环境优化仅依靠单独一方的努力无法完全实现，而是需要中韩双方的共同努力，但自2016年以来韩国政府执意引入"萨德"防御系统对包括经贸关系在内的中韩关系造成了严重的不良影响，必将会给中韩双边贸易带来不必要的交易成本，不利于中韩双边贸易契约环境的优化和改善。

3.3　中韩 FTA 实施与全球价值链地位提升

在前文分析的基础上，本节将分析自贸协定实施对全球价值链地位提升的影响。上一节的理论模型是在供给最终消费品的背景下展开的，但考虑到在全球价值链的国际分工背景下，企业会专业化从事部分生产环节而不是在封闭环境下实现产品的全部生产环节，所提供的往往是生产最终产品所需要的部分中间投入品而不是完整的最终消费品。关于中间品厂商的理论模型分析可以表述为：一方面上一节理论模型的分析也适用于中间品生产厂商，自贸协定实施有助于中间品生产厂商使用高级生产要素，还可以通过竞争激励以及学习模仿等提高此类厂商所生产的中间品的复杂度，中间品生产的升级能够为向全球价值链更高环节攀升提供物质基础；另一方面也能够迫使跨国公司调整其在全球价值链中的分工结构和利益分配格局，从而为以供给中间投入品参与国际分工的发展中经济体的企业，其全球价值链地位的改善提供了空间。第一点机理较为直接明确，本节将主要研究第二点机理。

本节将在上一节研究的基础上，对自贸协定实施对全球价值链地位提升的影响进行分析，考察自贸协定实施通过关税减免、契约环境改善等途径提高南方发展中经济体最终产品生产企业的最优产能、生产率、产品档次等的同时，是否也对价值链参与企业具有正的外部性。

通过贸易自由化所获得的高级生产要素，可以提高南方发展中经济体复杂产品的供给能力，实现南方发展中经济体在复杂产能上的"从无到有"以及"从小到大"，为发展中经济体的制造业企业在全球价值链中的升级奠定了技术基础。全球价值链的布局和有效运转需要依靠跨国公司与价值链中各环节参与主体所签订的一系列契约的支撑，但由于契约签订双方的有限理性、事先信息的不完全及信息分布的不对称等原因，难以签订事先的完全契约。在不完全契约条件下，自贸协定的实施就可能会影响跨国公司的企业边界决策，也就为发展中经济体的企业提供了可能的升级空间。

3.3.1 跨国公司边界选择基准模型

本小节将基于安特拉斯等（2013）、阿尔法罗等（2015）构建和发展的不完全契约条件下跨国公司边界选择的产权模型展开分析。根据安特拉斯等（2013）和阿尔法罗等（2015）的研究，跨国公司的生产组织方式为跨越国界的序贯生产方式（sequential production），这种序贯生产方式刻画了全球价值链的生产组织特征，将其生产函数设定为：

$$Q = \left(\int_0^1 I(i)\phi_i^\sigma q_i^\sigma di\right)^{\frac{1}{\sigma}} \quad (3.45)$$

$I(i)$ 为示性函数，当 i 阶段的中间品是在 i 之前阶段的中间品都按顺序生产之后才生产时，该函数取值为 1，否则，取值为 0。该示性函数的引入是为了模拟一个有序的生产过程。而上一节中的生产函数如果产品是用于生产中间品，则实际上是其中一个生产中间产品环节的生产函数。各生产阶段的供应商应当供给与该价值链最终产品的生产要求相匹配的中间品，这就要求各生产阶段的供应商需要进行关系专属投资（relation-specific investment），进行关系专属投资以后，各生产阶段的供应商所生产的中间品只有在服务于该价值链的生产时才能够实现其增值。在不完全契约条件下，阶段供应商不进行关系专属投资的外部选择是进行一般投资供给通用中间品，这种中间品虽然可以在中间品市场上向多方供给，但达不到在事先契约中对该阶段生产的中间品的质量要求；如果阶段供应商进行关系专属投资，可能会存在跨国公司拒绝采购的情况，此时关系专属投资下所生产的中间品没有其他销售选择，价值变为 0，即其外部选择为 0。

在偏好方面与上一节相同，因此在跨国序贯生产的条件下，第 m 个生产阶段的收益为：

$$r(m) = A^{1-\rho}\left(\int_0^m q_i^\sigma di\right)^{\frac{\rho}{\sigma}} \quad (3.46)$$

应用莱布尼茨积分法则，可以求得第 m 阶段的供应商实现的增值为：

$$r'(m) = \frac{\rho}{\sigma} A^{\frac{(1-\rho)\sigma}{\rho}} r(m)^{\frac{\rho-\sigma}{\rho}} q_m^\sigma \quad (3.47)$$

该增值需要在跨国公司与阶段生产商之间进行划分，假设各环节的增值仅在跨国公司和该环节供应商之间进行分配，其他任何企业不参与该环节的增值分配，以 β 表示跨国公司所能获得的增值份额，即跨国公司在生产的各环节与相应供应商对该环节增值进行分配的议价能力。对于每个生产阶段控制权的分配，跨国公司可以选择在公司内部生产或者将该环节进行外包，根据这两种生产阶段控制权的分配方式，β 可以分为一体化收益份额 βv 和外包收益份额 βo 两种。根据格罗斯曼和哈特（Grossman & Hart，1986），在不完全契约条件下拥有控制权会增强跨国公司与其供应商对特定收益进行分配博弈时的议价能力，从公司内部生产中获取的收益份额一般要高于与非内部的外包生产商博弈后获得的收益份额[1]，所以假设 βv > βo。

3.3.2　自贸协定实施对价值链增值能力的影响

处于价值链控制性地位的跨国公司与供应商的连续统之间对产品生产各阶段的增值分配进行博弈，均衡的求解是序贯理性（sequential rationality）思维[2]的体现，即通过求解子博弈精炼均衡获得每个生产阶段增值的最优分配。

m 阶段的供应商获得的份额为 1 − β(m)，其中 β(m) 为 βv 或 βo 之间的其中一个，则 m 阶段的供应商利润最大化的选择为：

$$\max_{x(m)} \Pi_S(m) = (1 - \beta(m)) \frac{\rho}{\sigma} A^{\frac{(1-\rho)\sigma}{\rho}} r(m)^{\frac{\rho-\sigma}{\rho}} q_m^\sigma - TC_m \quad (3.48)$$

其中，m 阶段供应商的生产成本为 TC_m，且：

$$TC_m = \left[r^{\frac{\sigma}{\sigma-1}} + w_L^{\frac{\sigma}{\sigma-1}} + \left(\frac{w_H(1+v)}{\eta} \right)^{\frac{\sigma}{\sigma-1}} + m_l^{\frac{\sigma}{\sigma-1}} \right.$$

$$\left. + \left(\frac{m_h(1+t)(1+\theta)}{\mu} \right)^{\frac{\sigma}{\sigma-1}} \right]^{\frac{\sigma-1}{\sigma}} q_m \varphi^{-1} \quad (3.49)$$

为简洁起见，令：

---

[1] 格罗斯曼和哈特（1986）也指出，组织序贯生产的企业不能通过将所有环节一体化而削弱供应商的议价能力，因为这会打击供货商为专门服务于该企业生产而进行关系专属投资的积极性，进而会对企业最终产品的生产造成不良影响。

[2] Harsanyi, J. C. and Selten, R. A., 1988: general theory of equilibrium selection in games. MIT Press Books, Vol. 1.

$$tc = \left[r^{\frac{\sigma}{\sigma-1}} + w_L^{\frac{\sigma}{\sigma-1}} + \left(\frac{w_H(1+v)}{\eta}\right)^{\frac{\sigma}{\sigma-1}} + m_l^{\frac{\sigma}{\sigma-1}} \right.$$
$$\left. + \left(\frac{m_h(1+t)(1+\theta)}{\mu}\right)^{\frac{\sigma}{\sigma-1}} \right]^{\frac{\sigma-1}{\sigma}} \varphi^{-1} \quad (3.50)$$

由此可以求得 m 阶段的供应量为：

$$q(m) = \left[(1-\beta(m))\frac{\rho}{tc}A^{\frac{(1-\rho)\sigma}{\rho}}\right]^{\frac{1}{1-\sigma}} r(m)^{\frac{\rho-\sigma}{\rho(1-\sigma)}} \quad (3.51)$$

跨国公司的利润可以表示为：

$$\Pi_F = A\frac{\rho}{\sigma}\left(\frac{1-\rho}{1-\sigma}\right)^{\frac{\rho-\sigma}{\sigma(1-\rho)}}\left(\frac{\rho}{tc}\right)^{\frac{\rho}{1-\rho}}\int_0^1$$
$$\left[\int_0^j(1-\beta(k))^{\frac{\sigma}{1-\sigma}}dk\right]^{\frac{\rho-\sigma}{\sigma(1-\rho)}}\beta(j)(1-\beta(j))^{\frac{\sigma}{1-\sigma}}dj \quad (3.52)$$

此时，跨国公司的利润最大化问题可以理解为通过在全球价值链中每个生产阶段选择增值分配份额 βv 或 βo 来实现利润最大化。为更好地刻画跨国公司的增值份额选择的特征，首先将 β(m) 由离散的二值选择扩展至连续选择的情况。可以使用动态规划方法求解这一问题，将利润函数中的第二重积分定义为一个实值函数：

$$v(j) = \int_0^j (1-\beta(k))^{\frac{\sigma}{1-\sigma}}dk \quad (3.53)$$

则跨国公司利润最大化的问题可以重新表示为：

$$\Pi_F = \kappa\int_0^1 \left[(1-v'(j)^{\frac{\sigma}{1-\sigma}})dk\right]v'(j)v(j)^{\frac{\rho-\sigma}{\sigma(1-\rho)}}dj \quad (3.54)$$

$$\kappa = A\frac{\rho}{\sigma}\left(\frac{1-\rho}{1-\sigma}\right)^{\frac{\rho-\sigma}{\sigma(1-\rho)}}\left(\frac{\rho}{tc}\right)^{\frac{\rho}{1-\rho}} \quad (3.55)$$

在 v(j) 基础上继续定义一个实值函数：

$$V(j,v) = \kappa\sup_{v'[j,1]}\int_j^1 \left[(1-v'(j)^{\frac{\sigma}{1-\sigma}})dk\right]v'(j)v(j)^{\frac{\rho-\sigma}{\sigma(1-\rho)}}dj \quad (3.56)$$

对应的汉密尔顿—雅各布—贝拉方程（Hamilton - Jacobi - Bellman，HJB）为：

$$-V_j(j,v) = \sup_{v'}\left\{\left[\kappa(1-v'^{\frac{\sigma}{1-\sigma}})\right]v'v^{\frac{\rho-\sigma}{\sigma(1-\rho)}} + V_v(j,v)v'\right\} \quad (3.57)$$

其中，sup 表示上确界，给定初始条件 v(j) = j，通过动态规划方法对汉密尔顿—雅各布—贝拉方程求解最终可以得到跨国公司利润最大化的解，而本节研究需要的是在连续情况下 m 阶段增值的跨国公司份额

最优选择 β(m)，求解的要求是 v 满足欧拉—拉格朗日条件：

$$\frac{\rho-\sigma}{\sigma(1-\rho)}(1-(v')^{\frac{1-\sigma}{\sigma}})v'v^{\frac{\rho-\sigma}{\sigma(1-\rho)}-1} = \left(1-\frac{1}{\sigma}(v')^{\frac{1-\sigma}{\sigma}}\right)\frac{\rho-\sigma}{\sigma(1-\rho)}v^{\frac{\rho-\sigma}{\sigma(1-\rho)}-1}v'$$
$$-\frac{1-\sigma}{\sigma^2}(v')^{\frac{1-\sigma}{\sigma}-1}v''v^{\frac{\rho-\sigma}{\sigma(1-\rho)}} \quad (3.58)$$

最终求解可得：$\beta^*(m) = 1 - \sigma m^{\frac{\sigma-\rho}{\sigma}}$ (3.59)

将最优份额对 ρ 求导可以发现：$\dfrac{\partial \beta^*(m)}{\partial \rho} = m^{\frac{\sigma-\rho}{\sigma}}\ln m < 0$ (3.60)

因此，从该导数的符号可以看出，需求弹性与跨国公司在价值链各生产阶段的增值分配份额反向变动。需求弹性的提高会降低跨国公司在生产环节的利益，而提高各生产环节参与企业对自身增值的分配份额。结合上一节的分析，自贸协定实施带来的贸易自由化可以提高南方经济体最终产品生产企业的最优产出水平、产品质量等，因此能够提高与北方发达经济体生产最终产品的企业进行市场竞争的能力，削弱其市场地位，提高相应产品的需求弹性，可以得出如下结论：

结论1：自贸协定的实施可以通过提高需求弹性进而提高发展中经济体企业在全球价值链生产环节增值分配中的份额，即全球价值链的增值能力。

3.3.3 自贸协定实施对价值链位置的影响

再回到 β(m) 由离散的 βv 或 βo 二值选择情况下，根据安特拉斯等（2013）的推导结论，在达到均衡时，子博弈精炼均衡分为两种情况：（1）在序贯互补（sequential complements）的情况下（ρ>σ），此时存在唯一的临界值 m_c^*，处于 m_c^* 之前的相对上游生产环节被外包，而处于 m_c^* 之后的相对下游生产环节被跨国公司内部一体化。（2）在序贯替代（sequential substitutes）的情况下（ρ<σ）则相反，存在唯一的临界值 m_s^*，处于 m_s^* 之前的相对上游生产环节被跨国公司内部一体化，而处于 m_s^* 之后的相对下游生产环节被外包。

企业一体化与外包的临界点 m_c^* 和 m_s^* 的解可以根据以下两个方程求得：

第3章 中韩FTA促进中国制造业全球价值链地位提升的机制

$$m_C^* = \arg\max_m \{\beta_O(1-\beta_O)^{\frac{\rho}{1-\rho}} \int_0^m j^{\frac{\rho-\sigma}{\sigma(1-\rho)}} dj + \beta_V(1-\beta_V)^{\frac{\sigma}{1-\sigma}}$$
$$\int_m^1 [(1-\beta_O)^{\frac{\sigma}{1-\sigma}} m + (1-\beta_V)^{\frac{\sigma}{1-\sigma}}(j-m)]^{\frac{\rho-\sigma}{\sigma(1-\rho)}} dj\} \quad (3.61)$$

$$m_S^* = \arg\max_m \{\beta_V(1-\beta_V)^{\frac{\rho}{1-\rho}} \int_0^m j^{\frac{\rho-\sigma}{\sigma(1-\rho)}} dj + \beta_O(1-\beta_O)^{\frac{\sigma}{1-\sigma}}$$
$$\int_m^1 [(1-\beta_V)^{\frac{\sigma}{1-\sigma}} m + (1-\beta_O)^{\frac{\sigma}{1-\sigma}}(j-m)]^{\frac{\rho-\sigma}{\sigma(1-\rho)}} dj\} \quad (3.62)$$

结合之前的设定，解得：

$$m_C^* = \min\left\{\left[1 + \left(\frac{1-\beta_O}{1-\beta_V}\right)^{\frac{\sigma}{1-\sigma}}\left[\left(\frac{1-\frac{\beta_O}{\beta_V}}{1-\left(\frac{1-\beta_O}{1-\beta_V}\right)^{\frac{-\sigma}{1-\sigma}}}\right)^{\frac{\sigma(1-\rho)}{\rho-\sigma}} - 1\right]\right]^{-1}, 1\right\} \quad (3.63)$$

$$m_S^* = \min\left\{\left[1 + \left(\frac{1-\beta_V}{1-\beta_O}\right)^{\frac{\sigma}{1-\sigma}}\left[\left(\frac{1-\left(\frac{1-\beta_V}{1-\beta_O}\right)^{\frac{-\sigma}{1-\sigma}}}{1-\frac{\beta_V}{\beta_O}}\right)^{\frac{\sigma(1-\rho)}{\sigma-\rho}} - 1\right]\right]^{-1}, 1\right\} \quad (3.64)$$

$\dfrac{1-\dfrac{\beta_O}{\beta_V}}{1-\left(\dfrac{1-\beta_O}{1-\beta_V}\right)^{\frac{-\sigma}{1-\sigma}}}$ 以及 $\dfrac{1-\left(\dfrac{1-\beta_V}{1-\beta_O}\right)^{\frac{-\sigma}{1-\sigma}}}{1-\dfrac{\beta_V}{\beta_O}}$ 都大于1，因此可得临界值对 ρ 的导数：

$$\partial \frac{\sigma(1-\rho)}{\rho-\sigma}/\partial\rho < 0 \Rightarrow \frac{\partial m_C^*}{\partial \rho} > 0 \text{ 和 } \partial\frac{\sigma(1-\rho)}{\sigma-\rho}/\partial\rho > 0 \Rightarrow \frac{\partial m_S^*}{\partial \rho} < 0$$

由两个临界值对 ρ 求导的符号可以发现：（1）在序贯互补的情况下，需求弹性与临界值同方向变动，需求弹性的提高会降低跨国公司内部一体化环节的比重而提高外包环节的比重；（2）在序贯替代的情况下，需求弹性与临界值反方向变动，需求弹性的提高也会降低跨国公司内部一体化环节的比重而提高外包环节的比重。由此可以得到如下结论：

结论2：自贸协定的实施可以通过提高需求弹性进而提高发展中经

济体的企业在全球价值链中的位置①。

需求弹性的提高意味着跨国公司在市场上强势地位的削弱，跨国公司如果继续与之前具有较强市场势力时的行为一样，将过多环节内部一体化，虽然能够保持在这些环节中较高的收益能力，但会对价值链中外包企业进行专用型投资造成不良激励，进而对其控制的全球价值链整体运转和盈利能力造成不良影响，因此跨国公司会以外包形式让渡部分生产环节。

此外，从生产率动态角度进行分析，也可以得到类似结论，根据安特拉斯等（2013）的研究，生产率越分散，主导价值链的跨国公司越倾向于将更多生产环节内部一体化，减少外包环节。而本书上一节的分析发现，自贸协定的实施有利于发展中经济体企业提高生产率，即：

$$\frac{\partial q_{max}}{\partial \varphi} = \frac{1}{1-\rho}\varphi^{\frac{\rho}{1-\rho}}\rho^{\frac{1}{1-\rho}}AB^{\frac{\sigma-1}{\sigma(\rho-1)}} > 0 \tag{3.65}$$

生产率的提高会使企业生产率的分布向高生产率区间集中，生产率分散程度下降，在这种情况下，跨国公司的最优选择应当是减少内部一体化环节而增加外包环节，这就印证了本小节得到的第二个结论。如图3-5所示，生产率提升使企业总体生产率由原来的帕累托曲线下方全部面积收缩至空白面积处，企业总体生产率分散程度下降。

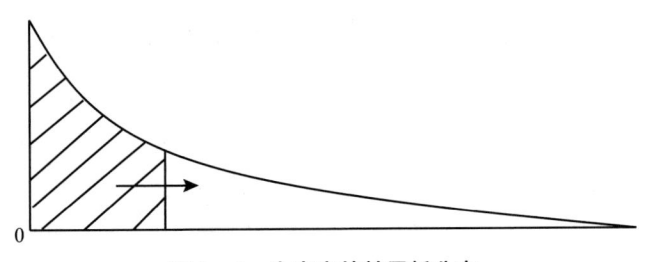

图3-5 生产率的帕累托分布

资料来源：经整理绘制。

本节在上一节研究的基础上，借鉴安特拉斯等（2013）、阿尔法罗等（2015）在不完全契约环境下，结合全球价值链背景对企业边界选

---

① 虽然在序贯互补和序贯替代的临界值变动方向相反，但本书认为跨国公司所占据的环节为高端环节，无论是上游还是下游。

择产权模型的发展，研究了自贸协定实施对全球价值链地位的影响。发现自贸协定的实施不仅对发展中经济体生产最终产品的企业有利，而且对参与全球价值链的发展中经济体企业具有正向外部性，具体表现在以下两个方面：（1）自贸协定的实施可以通过提高需求弹性进而提高发展中经济体企业在全球价值链生产环节增值分配中的份额，即全球价值链的增值能力；（2）自贸协定的实施可以通过提高需求弹性进而提高发展中经济体企业在全球价值链中的位置。

现实中位于全球价值链主导和控制性地位的发达经济体的跨国公司往往在最终产品市场上具有较强的市场地位，如垄断定价权或寡头市场划分，因此相应的产品需求往往缺乏弹性。通过本章的分析，可以发现自贸协定的实施优化了生产要素的跨国配置，能够提高发展中经济体企业的最优产能水平以及产品的质量、档次等，使相应企业的市场竞争力得以提高，促进了相应产品国际市场供给结构的改善，削弱了跨国公司强势的市场地位，减少了市场失灵，进而促进跨国公司调整其在全球价值链中的分工结构和利益分配格局，有利于以供给中间投入品参与国际分工的发展中经济体企业在全球价值链中地位的改善。

3.4　本 章 小 结

本章基于中国作为发展中经济体的现实，首先基于迪克西特—斯蒂格利茨模型（1977）的垄断竞争模型，对中韩 FTA 中所隐含的贸易自由化进行抽象并引入模型中，然后借鉴安特拉斯等（2013）、阿尔法罗等（2015）的研究方法在不完全契约环境下，结合全球价值链背景和企业边界选择产权模型，研究了自贸协定实施对全球价值链地位的影响，通过模型推导可以发现贸易自由化对中国制造业企业的生产能够产生积极的影响。本章得到的主要结论如下：

第一，中韩 FTA 的实施对中国制造业企业的生产能够形成积极的影响。首先，自贸协定实施带来的贸易自由化能够提高最优产出水平，更好地实现规模经济，有利于提高资本积累效率，为企业进行研发设计、铺设营销网络、开展跨国生产经营活动等提供资金支持。其次，贸易自由化能够提高制造业企业的生产率。贸易自由化能够降低要素跨境流动和使用成本，有利于低生产率企业生产率水平的总体提升。最后，自贸协定实施能够优化企业生产的要素投入结构，这也意味着产品在质量、档次、复杂度等方面的提高。

第二，中韩FTA的实施有利于中国制造业全球价值链地位的提升。自贸协定的实施不仅对生产最终产品的企业有利，而且对参与全球价值链的发展中经济体企业具有正向外部性，表现在两个方面：一是自贸协定的实施可以通过提高需求弹性进而提高发展中经济体企业在全球价值链生产环节增值分配中的份额，即全球价值链的增值能力；二是自贸协定的实施可以通过提高需求弹性进而提高发展中经济体企业在全球价值链中的位置。

第三，中韩FTA的实施促进中国制造业全球价值链地位提升的内在影响机理可以表述为，优化中国要素结构和改善中国契约制度环境是促进中国制造业全球价值链地位提升的两个重要渠道。具体来说：一方面提高了高级要素的供给规模。中韩FTA的实施促进了韩方高级要素的流入，对促进中国要素结构的优化升级具有直接效应和间接效应。在直接效应方面，中韩FTA的实施降低了中国制造业企业进口高级生产要素的成本；在间接效应方面，韩方高级要素的流入能够通过竞争激励、模仿学习等途径，促进国内中间品厂商供给同类高级中间投入。另一方面提高了企业使用高级生产要素的效率。中韩FTA的实施有利于中国契约制度环境的改善，进而降低中国制造业企业生产组织的交易成本，为全球价值链升级提供了制度保障。

另外，中韩双边贸易所依赖的制度安排和契约环境的优化仅依靠单独一方的努力无法完全实现，而是需要中韩双方的共同努力，但自2016年以来韩国政府执意引入"萨德"防御系统对包括经贸关系在内的中韩关系造成了严重的不良影响，必将会给中韩双边贸易带来不必要的交易成本，不利于中韩双边贸易契约环境优化的长远发展。

第4章 中韩制造业全球价值链分工位置和参与程度测度

随着信息技术革命和经济全球化的纵深发展,国际分工模式发生了巨大的变化,使得资源可以在全球范围内整合并有效利用,跨国公司在追求利润最大化目标的驱使下,在全球范围内配置资源,以达到降低生产和交易成本的目的。在全球价值链分工的现实背景下,各国在产品价值的生产和创造过程中获得一定的利益,但是价值链条上利益的分配是不均匀的,位于价值链上游环节的国家主要向其他国家提供核心原材料或者中间品,掌握并控制着具有高附加值环节的价值链两端;位于价值链下游的发展中国家则大量进口国外的中间投入品以生产最终产品,被挤压在低附加价值的加工制造环节。长期以来,中国凭借低廉的劳动力成本优势嵌入全球价值链中,被锁定在低端处于被俘获的地位,正面临着发达国家从技术高端和更低成本的发展中国家从低端的双重挤压。如何抓住全球化的发展机遇更好地融入国际分工体系,实现向全球价值链高端环节的攀升和控制性地位的获取,是中国实现从贸易大国转变为贸易强国的有效途径。由于各国在价值链条中处于不同的分工位置,而位置的不同又决定了一国在贸易中所获得的分工利益,因此对一国在全球价值链中所处的位置及参与国际分工的程度进行测度和判断是十分必要的。

4.1 价值链分工位置和参与程度的测算方法和数据来源

本章在非竞争多区域投入产出框架下使用库普曼等(2010,2012,

2014）的出口分解方法对中韩两国参与全球价值链的有关状态进行量化测算，从嵌入位置、参与程度以及前后向参与度的角度，使用增加值贸易核算方法的相关指标衡量中韩两国制造业在全球价值链分工中的位置和参与程度。

4.1.1 指标的计算方法

1. 传统 VBE 相乘推导

根据库普曼等（2010）对一国总出口的分解方法，假设世界上存在两个国家（本国和外国），每个国家均有 N 个行业，各行业产出可以用于本国和外国的中间投入品或最终需求品。在市场均衡时，一国产出应满足如下等式：

$$X_r = A_{rr}X_r + A_{rs}X_s + Y_{rr} + Y_{rs}r, \quad s = 1, 2 \tag{4.1}$$

其中，X_r 和 Y_{rs} 均为 $N \times 1$ 阶列向量，分别表示 r 国总产出和 s 国对 r 国产出的最终需求；A_{rs} 为 $N \times N$ 阶方阵，表示 s 国生产中所使用的 r 国中间品的直接消耗系数，则有：

$$\begin{bmatrix} X_r \\ X_s \end{bmatrix} = \begin{bmatrix} A_{rr} & A_{rs} \\ A_{sr} & A_{ss} \end{bmatrix} \begin{bmatrix} X_r \\ X_s \end{bmatrix} + \begin{bmatrix} Y_{rr} + Y_{rs} \\ Y_{sr} + Y_{ss} \end{bmatrix} \tag{4.2}$$

上式经整理可得：

$$\begin{bmatrix} X_r \\ X_s \end{bmatrix} = \begin{bmatrix} I - A_{rr} & A_{rs} \\ A_{sr} & I - A_{ss} \end{bmatrix}^{-1} \begin{bmatrix} Y_{rr} + Y_{rs} \\ Y_{sr} + Y_{ss} \end{bmatrix} = \begin{bmatrix} B_{rr} & B_{rs} \\ B_{sr} & B_{ss} \end{bmatrix} \begin{bmatrix} Y_r \\ Y_s \end{bmatrix} \tag{4.3}$$

其中，B_{rs} 为 $N \times N$ 阶里昂惕夫（Leontief）逆矩阵，表示 s 国增加 1 单位最终需求所需要消耗的 r 国的产出。

令 $V = \begin{bmatrix} V_r & 0 \\ 0 & V_s \end{bmatrix}$ 为直接增加值系数矩阵，其中，V_r 为 r 国的直接增加值系数向量，该向量的元素代表一国某行业的直接增加值系数，即剔除中间产品投入以后的产出直接增加值，完全增加值系数矩阵为：

$$VB = \begin{bmatrix} V_r B_{rr} & V_r B_{rs} \\ V_s B_{sr} & V_s B_{ss} \end{bmatrix} \tag{4.4}$$

令 E_{rs} 为 r 国向 s 国的总出口，包括中间产品出口和最终产品出口两部分，$E_{rs} = A_{rs}X_s + Y_{rs}$，则 r 国的总出口可以表示为：

$$E_r = E_{rs} + E_{rt} = A_{rs}X_s + A_{rt}X_t + Y_{rs} + Y_{rt} \tag{4.5}$$

根据增加值出口的定义，r 国对 s 国的增加值出口 VBE 可以写为：

$$VBE = \begin{bmatrix} V_r B_{rr} E_r & V_r B_{rs} E_s \\ V_s B_{sr} E_r & V_s B_{ss} E_s \end{bmatrix} \quad (4.6)$$

扩展到 G 个国家，每个国家均有 N 个行业的情况，各行业产出可以用于本国和外国的中间投入品或最终需求品。在市场均衡时，一国产出应满足如下等式：

$$X_r = A_{rr} X_r + \sum_{s \neq r}^{G} A_{rs} X_s + Y_{rr} + \sum_{s \neq r}^{G} Y_{rs} \quad r, s = 1, 2, \cdots, G \quad (4.7)$$

其中，X_r 和 X_s 分别表示 r 国和 s 国的总产出；X_r 和 Y_{rs} 为 $N \times 1$ 阶列向量，表示 s 国对 r 国产出的最终需求；A_{rs} 为 $N \times N$ 阶方阵，表示 s 国生产中所使用的 r 国中间品的直接消耗系数。将（4.7）式扩展至矩阵形式则有：

$$\begin{bmatrix} X_1 \\ X_2 \\ \vdots \\ X_G \end{bmatrix} = \begin{bmatrix} A_{11} & A_{12} & \cdots & A_{1G} \\ A_{21} & A_{22} & \cdots & A_{2G} \\ \vdots & \vdots & & \vdots \\ A_{G1} & A_{G2} & \cdots & A_{GG} \end{bmatrix} \begin{bmatrix} X_1 \\ X_2 \\ \vdots \\ X_G \end{bmatrix} + \begin{bmatrix} \sum_{r}^{G} Y_{1r} \\ \sum_{r}^{G} Y_{2r} \\ \vdots \\ \sum_{r}^{G} Y_{Gr} \end{bmatrix} \quad (4.8)$$

上式经整理可得：

$$\begin{bmatrix} X_1 \\ X_2 \\ \vdots \\ X_G \end{bmatrix} = \begin{bmatrix} I - A_{11} & -A_{12} & \cdots & -A_{1G} \\ -A_{22} & I - A_{22} & \cdots & -A_{2G} \\ \vdots & \vdots & & \vdots \\ -A_{G1} & -A_{G2} & \cdots & I - A_{GG} \end{bmatrix}^{-1} \begin{bmatrix} \sum_{r}^{G} Y_{1r} \\ \sum_{r}^{G} Y_{2r} \\ \vdots \\ \sum_{r}^{G} Y_{Gr} \end{bmatrix} \quad (4.9)$$

令 $B = (I - A)^{-1} = \begin{bmatrix} B_{11} & B_{12} & \cdots & B_{1G} \\ B_{21} & B_{22} & \cdots & B_{2G} \\ \vdots & \vdots & & \vdots \\ B_{G1} & B_{G2} & \cdots & B_{G3} \end{bmatrix}$ （4.10）

B_{rs}表示$N \times N$阶里昂惕夫逆矩阵，表示为分块矩阵形式。

令 $V = \begin{bmatrix} V_1 & 0 & \cdots & 0 \\ 0 & V_2 & \cdots & 0 \\ \vdots & \vdots & \vdots & \vdots \\ 0 & 0 & \cdots & V_G \end{bmatrix}$ 为直接增加值系数矩阵，其中，V_r 为 r 国的直接增加值系数向量，该向量的元素代表该国某行业的直接增加值系数，即剔除中间产品投入以后的产出直接增加值，完全增加值系数矩阵为：

$$VB = \begin{bmatrix} V_1B_{11} & V_1B_{12} & \cdots & V_1B_{1G} \\ V_2B_{21} & V_2B_{22} & \cdots & V_2B_{2G} \\ \vdots & \vdots & \vdots & \vdots \\ V_GB_{G1} & V_GB_{G2} & \cdots & V_GB_{GG} \end{bmatrix} \quad (4.11)$$

定义 $G \times N$ 行 G 列出口矩阵 E：

$$E = \begin{bmatrix} E_1 & 0 & \cdots & 0 \\ 0 & E_2 & \cdots & 0 \\ \vdots & \vdots & \vdots & \vdots \\ 0 & 0 & \cdots & E_G \end{bmatrix} \quad (4.12)$$

将（4.11）式和（4.12）式相乘，可以得到 G 个国家 N 个行业的国家层面对一国总出口的价值增值分解：

$$VBE = \begin{bmatrix} V_1\sum_{r}^{G} B_{1r}E_{r1} & V_1\sum_{r}^{G} B_{1r}E_{r2} & \cdots & V_1\sum_{r}^{G} B_{1r}E_{rG} \\ V_2\sum_{r}^{G} B_{2r}E_{r1} & V_2\sum_{r}^{G} B_{2r}E_{r2} & \cdots & V_2\sum_{r}^{G} B_{2r}E_{rG} \\ \vdots & \vdots & \vdots & \vdots \\ V_G\sum_{r}^{G} B_{Gr}E_{r1} & V_G\sum_{r}^{G} B_{Gr}E_{r2} & \cdots & V_G\sum_{r}^{G} B_{Gr}E_{rG} \end{bmatrix} \quad (4.13)$$

VBE 矩阵中对角线上的元素为各国总出口中国内价值增值；每列非对角线元素相加为一国总出口中包含的国外价值增值；每行非对角线元素相加为包含于别国出口中的本国间接价值增值。

令 $\hat{V} = \begin{bmatrix} \hat{V}_1 & 0 & \cdots & 0 \\ 0 & \hat{V}_2 & \cdots & 0 \\ \vdots & \vdots & & \vdots \\ 0 & 0 & \cdots & \hat{V}_G \end{bmatrix}$ 和 $\hat{E} = \begin{bmatrix} \hat{E}_1 & 0 & \cdots & 0 \\ 0 & \hat{E}_2 & \cdots & 0 \\ \vdots & \vdots & & \vdots \\ 0 & 0 & \cdots & \hat{E}_G \end{bmatrix}$ （4.14）

将 $\hat{V}$、$\hat{E}$ 和里昂惕夫逆矩阵相乘，可以得到行业层面一国总出口的价值增值分解：

$$VB\hat{E} = \begin{bmatrix} V_1 B_{11} \hat{E}_1 & V_1 B_{12} \hat{E}_{21} & \cdots & V_1 B_{1G} \hat{E}_{G1} \\ V_2 B_{21} \hat{E}_1 & V_2 B_{22} \hat{E}_2 & \cdots & V_2 B_{2G} \hat{E}_G \\ \vdots & \vdots & & \vdots \\ V_G B_{G1} \hat{E}_1 & V_G B_{G2} \hat{E}_2 & \cdots & V_G B_{GG} \hat{E}_G \end{bmatrix} \quad (4.15)$$

2. 前向关联出口分解推导

令 $\hat{V}_s$ 为 $N \times N$ 阶直接增加值系数对角矩阵，可以得到：

$$\hat{V} = \begin{bmatrix} \hat{V}_1 & 0 & \cdots & 0 \\ 0 & \hat{V}_2 & \cdots & 0 \\ \vdots & \vdots & & \vdots \\ 0 & 0 & \cdots & \hat{V}_G \end{bmatrix} \quad (4.16)$$

一国总出口的增加值分解矩阵为：

$$\hat{V}BY = \begin{bmatrix} \hat{V}_1 & 0 & \cdots & 0 \\ 0 & \hat{V}_2 & \cdots & 0 \\ \vdots & \vdots & & \vdots \\ 0 & 0 & \cdots & \hat{V}_G \end{bmatrix} \begin{bmatrix} X_{11} & X_{12} & \cdots & X_{1G} \\ X_{21} & X_{22} & \cdots & X_{2G} \\ \vdots & \vdots & & \vdots \\ X_{G1} & X_{G1} & \cdots & X_{GG} \end{bmatrix}$$

$$= \begin{bmatrix} V_1 \sum_{r}^{G} B_{1r} E_{r1} & V_1 \sum_{r}^{G} B_{1r} E_{r2} & \cdots & V_1 \sum_{r}^{G} B_{1r} E_{rG} \\ V_2 \sum_{r}^{G} B_{2r} E_{r1} & V_2 \sum_{r}^{G} B_{2r} E_{r2} & \cdots & V_2 \sum_{r}^{G} B_{2r} E_{rG} \\ \vdots & \vdots & & \vdots \\ V_G \sum_{r}^{G} B_{Gr} E_{r1} & V_G \sum_{r}^{G} B_{Gr} E_{r2} & \cdots & V_G \sum_{r}^{G} B_{Gr} E_{rG} \end{bmatrix} \quad (4.17)$$

$\hat{V}BY$ 为 $GN \times G$ 阶矩阵，对角线上的元素为各国总出口中的国内价值增值，每列非对角线上的元素相加是一国总出口中包含的国外价值增值，每行非对角线上的元素相加是包含于别国出口中的本国间接价值增值。如：

$$VT_{sr} = V_s X_{sr} = V_s \sum_g^G B_{sg} Y_{gr} \qquad (4.18)$$

显然，上式不包括又返回国内的价值增值，因此，一国总出口中的价值增值可以表示为：

$$VT_{s*} = \sum_{r \neq s}^G VX_{sr} = V_s \sum_{r \neq s}^G \sum_{g=1}^G B_{sg} Y_{gr}，经整理可得：$$

$$VT_{s*} = V_s \sum_{r \neq s}^G B_{ss} Y_{sr} + V_s \sum_{r \neq s}^G B_{sr} Y_{rr} + V_s \sum_{r \neq s}^G \sum_{t \neq s,r}^G B_{sr} Y_{rt} \qquad (4.19)$$

上式为基于各国最终需求的增加值出口分解方程，第1项为一国最终产品出口的价值增值；第2项为被直接进口国用于生产本国最终消费品所使用的中间产品出口的价值增值；第3项为被直接进口国用于生产出口到第三国的最终产品的中间产品出口的价值增值。定义一国的总出口为：

$$E_{s*} = \sum_{r \neq s}^G E_{sr} = \sum_{r \neq s}^G (A_{sr} X_r + Y_{sr}) \qquad (4.20)$$

则一国的总出口可以分解为：

$$\mu E_{s*} = V_s B_{ss} E_{s*} + \sum_{r \neq s}^G V_r B_{rs} E_{s*}$$

$$= VT_{s*} + \{V_s \sum_{r \neq s}^G B_{sr} Y_{rs} + V_s \sum_{r \neq s}^G B_{sr} A_{rs} X_s\} + \{\sum_{t \neq s}^G \sum_{r \neq s}^G V_t B_{ts} Y_{sr}$$

$$+ \sum_{t \neq s}^G \sum_{r \neq s}^G V_t B_{ts} A_{sr} X_r\} \qquad (4.21)$$

基于一国的总产出 $X_s = Y_{ss} + A_{ss} X_{s*} + E_{s*}$，可得：

$$X_s = (I - A_{ss})^{-1} Y_{ss} + (I - A_{ss})^{-1} E_{s*}$$
$$X_r = (I - A_{rr})^{-1} Y_{rr} + (I - A_{rr})^{-1} E_{r*} \qquad (4.22)$$

将（4.20）式代入（4.22）式可得 G 个国家 N 个行业的总出口方程：

$$\mu E_{s*} = \{V_s \sum_{r \neq s}^G B_{ss} Y_{sr} + V_s \sum_{r \neq s}^G B_{sr} Y_{rr} + V_s \sum_{r \neq s}^G \sum_{r \neq s,r}^G B_{sr} Y_{rt}\}$$

$$+ \{V_s \sum_{r \neq s}^G B_{sr} Y_{rs} + V_s \sum_{r \neq s}^G B_{sr} A_{rs} (I - A_{ss})^{-1} Y_{ss}\}$$

$$+ V_s \sum_{r \neq s}^G B_{sr} A_{rs} (I - A_{ss})^{-1} E_{s*} + \{\sum_{t \neq s}^G \sum_{r \neq s}^G V_t B_{ts} Y_{sr}$$

$$+ \sum_{t \neq s}^{G} \sum_{r \neq s}^{G} V_t B_{ts} A_{sr} (I - A_{rr})^{-1} Y_{rr} \}$$

$$+ \sum_{t \neq s}^{G} V_t B_{ts} A_{sr} \sum^{G} (I - A_{rr})^{-1} E_{r*} \quad (4.23)$$

公式（4.23）是库普曼等（2012、2014）基于前向产业关联视角的分解公式，可以分解为9个部分，还包括了通过第三个国家的间接增加值出口，因此前3项是出口中的国内增加值DVA；第4项和第5项是出口后又返回国内并被消费吸收的增加值RDV，也是传统总值口径的统计方法中双重统计的部分；第7项和第8项表示一国总出口中的国外增加值FVA，包括中间产品和最终产品；第6项和第9项为纯重复计算部分PDC。

4.1.2 指标的构建

库普曼等（2010）基于KPWW的方法在对一国总出口进行增加值分解的基础上，提出了测算一国某行业在全球价值链分工中所处位置的指标"GVC位置指数"，用以反映r国i行业在国际分工中的位置，用公式表示为：

$$\text{GVC\_Position}_{ir} = \ln(1 + IV_{ir}/E_{ir}) - \ln(1 + FV_{ir}/E_{ir}) \quad (4.24)$$

公式（4.24）中，IV_{ir}表示包含于别国出口中的本国间接价值增值，即r国i行业出口的中间品被别国进口并加工后又出口到第三国的价值增值；FV_{ir}表示r国总出口中所使用的国外价值增值，即r国i行业出口的最终产品中包含的从别国进口的中间投入品的价值；E_{ir}表示r国i行业基于增加值贸易统计的出口额。库普曼等（2010）认为，位于全球价值链上游环节的国家参与国际分工的方式是向其他国家提供中间投入品，其向国外提供的增加值比重高于所使用的国外增加值比重；反之，位于全球价值链下游环节的国家，需要进口大量别国的中间投入品来生产最终产品，其向国外提供的增加值比重就小于出口中所使用的国外增加值比重。因此，一国某行业的"GVC位置指数"值越大其在全球价值链中所处的位置就越高，也就是说该指标越大，表明一国在全球价值链中所处的生产环节越靠近上游，该指标越小，则表明一国在全球价值链中所处的生产环节越靠近下游。同时库普曼等还指出"GVC位置指数"并不能准确衡量一国参与全球化生产的程度（GVC Participation），当两个国家某一行业的"GVC位置指数"值接近时,其参与国际分工的程度可能存在很大的差异。因此,库普曼还定义了"GVC参与度指数"用以反映r国i行业在全球价值链中的参与程度,其公式为:

$$GVC\_Participation_{ir} = IV_{ir}/E_{ir} + FV_{ir}/E_{ir} \qquad (4.25)$$

IV_{ir}/E_{ir} 为"GVC前向参与度指数",表示r国i行业出口的中间产品被别国进口用于生产最终产品并出口到第三国的程度,该指数越高表明在全球价值链上r国处于价值链的上游环节;FV_{ir}/E_{ir} 为"GVC后向参与度指数",表示r国i行业出口中所使用的国外增加值的程度,即一国出口中的国外增加值率,该指数越高表明在全球价值链上r国处于价值链的下游环节[①],因此"GVC参与度指数"值越大说明一国参与国际分工的程度越高。

4.1.3 数据来源

本章数据使用的投入产出表为OECD等机构联合开发的世界投入产出数据库中的世界投入产出表,共包含40个国家或地区以及世界其他经济体(ROW, Rest of the world),涉及14个制造业行业,世界投入产出表时间上连续,时间跨度为1995~2011年。测算所使用的贸易数据和产出数据也可以从相应年份的世界投入产出表中获取。本章数据通过使用MATLAB(2014a)编码测算,以下测算结果分析以制造业为主展开。

4.2 中韩两国参与全球价值链的测度

为进一步分析中韩两国在国际分工中的动态演变和贸易利益,本书根据中国制造业的发展现状和OECD产业研发密集度分类将制造业[②]划

[①] 刘琳:《中国参与全球价值链的测度与分析——基于附加值贸易的考察》,载于《世界经济研究》2015年第6期。

[②] C3 食品饮料和烟草业;C4 纺织业;C5 皮革和制鞋业;C6 木材加工业;C7 造纸和印刷出版业;C8 焦炭、精炼石油及核燃料加工业;C9 化学工业;C10 橡胶和塑料制品业;C11 其他非金属矿制品业;C12 常用金属制品业;C13 机械工业;C14 电气和光学设备制造业;C15 运输设备制造业;C16 其他制成品及回收设备制造业。

分为高、中、低技术制造业三大类，高技术制造业包括C9、C13、C14、C15，中技术制造业包括C8、C10、C11、C12，低技术制造业包括C3、C4、C5、C6、C7、C16，下文所涉及的各行业均以编号代替。然后使用"GVC位置指数""GVC参与度指数""前向参与度指数""后向参与度指数"等指标数据，测算1995~2011年中韩两国总体和制造业分行业参与全球生产分工的程度及在国际分工中的位置，并深入剖析出口贸易增加值来源及其国际竞争力。

4.2.1 中韩两国在全球价值链中的位置和参与程度

本章利用库普曼等（2010）提出的"GVC位置指数"和"GVC参与度指数"分别测算了中韩两国在国际分工中的位置和参与程度，从图4-1可以看出，1995年中韩两国在GVC中的位置大致相同，都在比较靠近上游的位置，但两国的发展趋势却不相同，中国的"GVC位置指数"值呈现先下降后小幅回升的U型发展态势，而韩国的"GVC位置指数"值则显示出不断下降的趋势。另外，从时间序列来看中国在GVC中的位置一直高于韩国，表明了中国作为后起国家的追赶势头。

中国在国际分工中的位置可以分为三个阶段：第一阶段1995~1998年，中国的"GVC位置指数"相对较高，居于靠近价值链上游的位置。由于这一时期中国的工业化水平较低，为加快工业化进程，政府实行"出口导向型"经济政策，主要出口原材料或者供他国生产出口

GVC位置指数

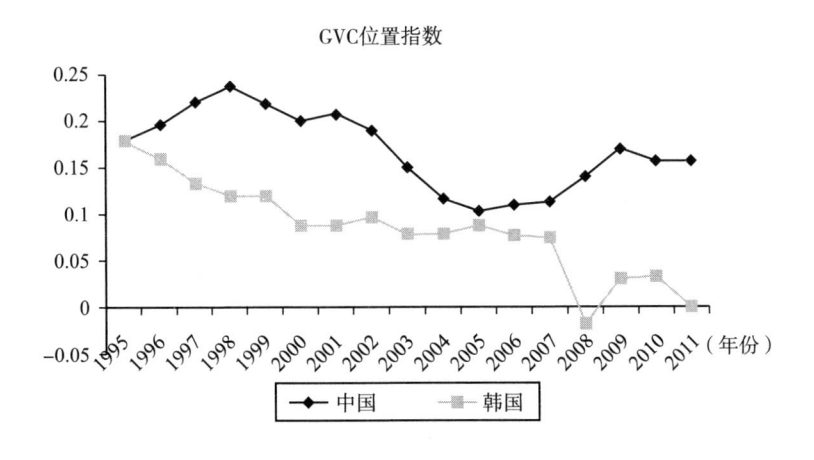

图4-1 1995~2011年中韩两国GVC位置指数变化趋势（图示：中国、韩国）

GVC参与度指数

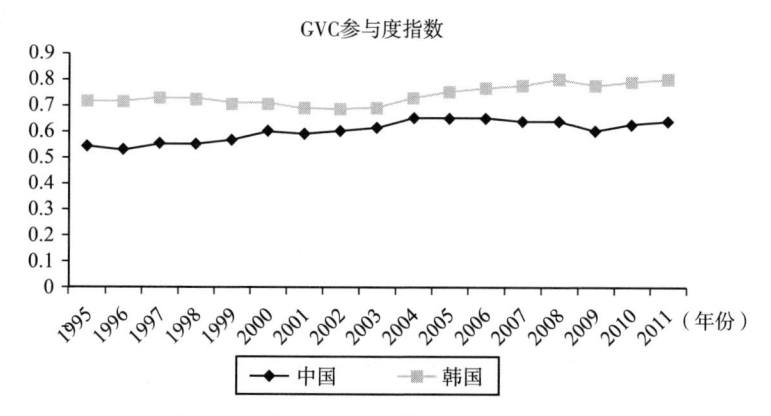

图4-1 中韩两国GVC位置和GVC参与程度

资料来源：根据相关数据计算绘制。

产品而使用的中间投入品，最终产品的比重较低，因此这一特征在以"GVC位置指数"表示的国际分工位置上就显示为中国处于相对较高的位置；第二阶段1998~2005年，1998年开始分工位置大幅下滑，2005年降到最低，此时居于价值链下游的位置。由于1998年亚洲金融危机以后，美国、日本和亚洲"四小龙"等发达经济体进行了大规模的产业转移，中国作为这次产业转移的主要承接地成为最大的受益者，工业化进程加快，技术水平提升，开始大力发展加工贸易，表现为中间产品出口所占比重的不断降低和中间产品进口所占比重的逐渐提高，使得"GVC位置指数"不断减小；第三阶段2005~2011年，2006年之后中国在国际分工中的位置开始缓慢回升，由于加工贸易处于价值链的低端，所获得的贸易利益较少，因此政府在"十一五"期间提出了加工贸易转型升级的发展战略，具体表现为国外增加值（FV）进口的比重逐渐降低，向国外提供的国内增加值（IV）比重逐渐上升。而且由于2007年以后中国的劳动力、资源等生产要素的成本不断上升，使得一部分跨国公司将生产环节转移到要素成本更低的东南亚等国家和地区，使得中间产品贸易的占比又有所降低，反映在以"GVC位置指数"表示的国际分工位置上就表现为中国的位置有所提升，但到2011年仍未恢复到原来的水平。

韩国1995年在GVC中的位置较高，与中国一样处于价值链上游的位置，1995年之后在价值链中的位置不断降低，且降低幅度较大，从

1995年的将近0.2下降为2011年的0左右。这是因为韩国较深入地参与到国际分工中，其出口贸易中的国外增加值（FV）增长的幅度大于间接国内增加值（IV）增长的幅度，因此"GVC位置指数"值不断减小，在国际分工中的位置不断降低。由于韩国经济在经历了几十年的高速增长之后，从1991年开始进入转型调整期，这一时期韩国政府不仅努力提高本国的技术水平和国际竞争力以重振出口贸易，而且大规模地进行对外投资以寻求新的经济增长点[1]，因此导致韩国经济的外向依存度较高。从图4-1中也可以看出，韩国"GVC位置指数"值下降比较明显，2008年由于受金融危机的影响呈现负值，也从侧面说明了韩国对全球价值链具有较强的依赖性，经济危机对韩国经济的影响较大。

在中韩两国GVC参与程度方面，韩国参与国际分工的程度高于中国，其"GVC参与度"指数值在0.8左右，中国的"GVC参与度"指数值在0.6左右，且两国的GVC参与程度均呈平稳上升的趋势，说明两国在国际分工中的作用不断深化。中国参与GVC的程度逐年提高，从1998年开始部分行业进入快速增长期，尤其是2001年加入WTO以后参与国际分工的程度逐渐加深，进一步表明中国不仅大量进口中间产品，对进口中间产品的依赖程度增强，而且出口品中作为别国出口的中间投入品部分也有所增加，中国的进出口贸易更深地融入全球价值链的上下游中，因此参与国际分工的程度不断加强。

韩国的"GVC位置指数"值相对偏低，其原因是根据"GVC位置指数"的构成，一方面韩国凭借其在科技、研发、创新等方面的优势，中间产品在总出口中所占的比重较高，即前向参与度较高；另一方面韩国虽然是工业化程度较高的现代化国家，但其国土面积较小，矿藏资源储量有限，加上韩国经济发展的外向型程度很高，其出口产品生产所需的相当一部分投入需要依赖进口，因此韩国总出口中进口中间产品的比重也较高，即后向参与度也较高。两相抵消，因此韩国的"GVC位置指数"在数值上反而偏低。但"GVC位置指数"在各国自身位置的变动上仍具有较好的研究意义，而对全球价值链地位的评价不能仅依靠"GVC位置指数"，还应当测算其他的相关指标以进行综合分析。

---

[1] 姬超：《韩国经济增长与转型过程及其启示：1961~2011——基于随机前沿模型的要素贡献分解分析》，载于《国际经贸探索》2013年第12期。

4.2.2 中韩两国制造业分行业参与全球价值链的测度

4.2.2.1 全球价值链分工位置的动态变化

图4-2是中国制造业分行业的"GVC位置指数"值，从各行业之间的比较来看，国际分工位置较高的行业包括："C6 木材加工业""C7 造纸和印刷出版业""C11 其他非金属矿制品业""C12 常用金属制品业"等中低技术制造业，其"GVC位置指数"值在0.35左右；国际分工位置较低的行业包括："C3 食品、饮料和烟草业""C4 纺织业""C5 皮革和制鞋业""C16 其他制成品及回收设备制造业"等具有劳动密集型特征的低技术制造业，其"GVC位置指数"值在大部分年份呈现负值；高技术制造业中"C9 化学工业"的GVC位置较高，1998年指数值达到最高为0.37然后逐渐降低，其他年份的指数值均在0.30左右；"C13 机械工业"和"C14 电气和光学设备制造业"的GVC位置较低，指数值在0左右，甚至部分年份出现负值，比如"C14 电气和光学设备

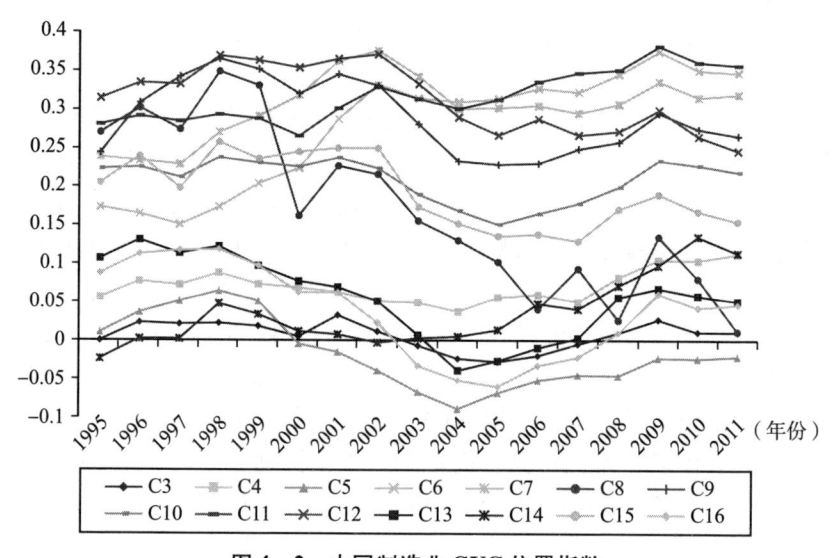

图4-2 中国制造业GVC位置指数

资料来源：根据相关数据计算绘制。

制造业",1998年指数值最高为0.12,然后开始下降,2005年达到最低为-0.06后又开始缓慢回升,2009年达到0.06后又有所下降,2011年的值为0.05并没有恢复到1998年的水平。

从发展趋势来看,"C3 食品、饮料和烟草业""C4 纺织业""C16 其他制成品及回收设备制造业"等低技术制造业的GVC位置虽小幅波动但有一定程度的提升;"C10 橡胶和塑料制品业""C11 其他非金属矿制品业""C12 常用金属制品业"等中技术制造业的GVC位置较为稳定且变动不大;"C9 化学工业""C13 机械工业""C14 电气和光学设备制造业""C15 运输设备制造业"等高技术制造业的GVC位置波动较大,表现出与中国整体"GVC位置指数"值相同的U型发展态势。原因可能是,对于"C4 纺织业""C5 皮革和制鞋业"等劳动密集型低技术制造业由于生产的国际化程度相对较低,加工贸易并不是中国参与国际分工的主要方式(王岚,2014),其间接国内增加值出口的比重高于国外增加值出口的比重。由于上述行业凭借劳动力、资源等低成本优势使国内价值增值实现了较大比例的提高,并且通过对国外较先进技术的引进消化和吸收,能够顺利完成沿全球价值链自发性的工艺升级和产品升级,从而实现向价值链两端的逐渐攀升(聂聆,2016)。而"C9 化学工业""C14 电气和光学设备制造业"等高技术制造业以加工贸易的方式融入发达国家跨国公司主导的全球价值链,并被锁定在组装加工等低端环节,研发创新能力和对高新技术消化吸收能力的不足使得加工组装环节的规模扩张并不必然带来价值链位置的提升。

图4-3为韩国制造业分行业的"GVC位置指数"值,从图中可以看出,第一,1995~2011年韩国在GVC中的位置总体呈现不断下降的趋势,1995年的"GVC位置指数"值普遍高于2011年的"GVC位置指数"值。第二,"C6 木材加工业""C7 造纸和印刷出版业""C10 橡胶和塑料制品业""C11 其他非金属矿制品业"等中低技术制造业在GVC中的位置较高;"C8 焦炭精炼石油及核燃料加工业""C13 机械工业""C15 运输设备制造业"等中高技术制造业在GVC中的位置较低且呈现负值,说明了这些行业的出口贸易中对国外中间投入品的依赖程度高于他国对其国内间接增加值出口的依赖程度。第三,从发展趋势来看,"C3 食品、饮料和烟草业""C4 纺织业""C6 木材加工业"等低技术制造业在GVC中的位置变化不大;"C9 化学工业""C10 橡胶和塑

料制品业""C12 常用金属制品业""C14 电气和光学设备制造业"等中高技术制造业在 GVC 中的位置下降幅度较大,表明了韩国上述行业对 GVC 的贡献有不同程度的降低。其中"C9 化学工业"1995 年的"GVC 位置指数"值为 0.27,2011 年降为 0.009;"C14 电气和光学设备制造业"1995 年的"GVC 位置指数"值为 0.16,2003 年降到最低为 0.002,2011 年指数值略有回升为 0.07。

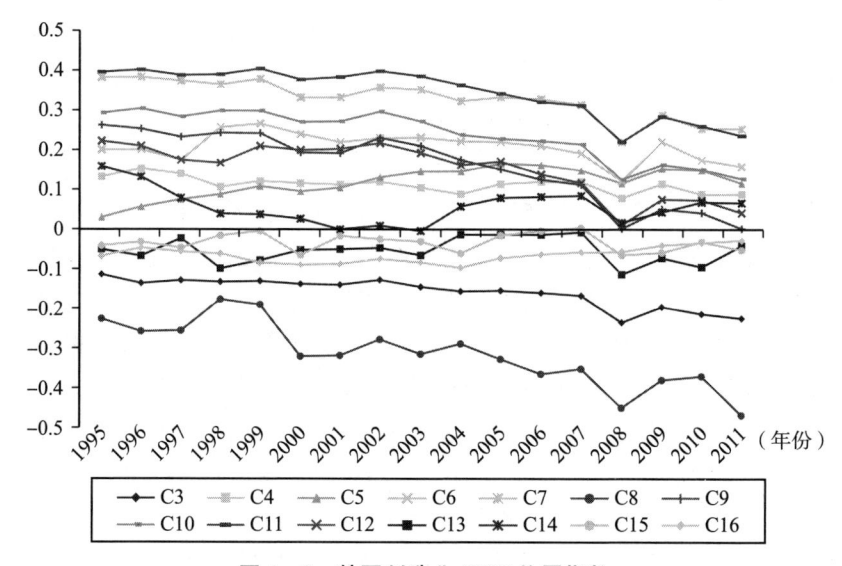

图 4-3 韩国制造业 GVC 位置指数

资料来源:根据相关数据计算绘制。

从中韩两国的比较来看,在高技术制造业中,如"C9 化学工业",1995 年两国的"GVC 位置指数"值几乎相等,分别为 0.245 和 0.267,但从发展趋势来看,中国该行业的分工位置缓慢提高,2011 年指数值上升为 0.265;韩国该行业的分工位置不断下降,2011 年指数值降为 0.009;而在"C14 电气和光学设备制造业"中,1995 年韩国的分工位置略高于中国,两国的"GVC 位置指数"值分别为 0.164 和 0.090,但从发展趋势上看中韩两国该行业的分工位置都有所下降,中国在 2005 年降到最低 -0.058 后又缓慢回升,2011 年其值为 0.049;韩国该行业的发展趋势跟中国大致相同,在 2008 年降到最低 0.018 后,2011 年又上升到 0.068,但是两国都未恢复到 1995 年的水平,由此可以看出中国和韩国这两个行业在全球价值链中的位置都不高。

由于库普曼等（2010）认为判断一国某行业在国际分工中的位置需要对该行业向国外出口的中间品和从别国进口的中间品进行比较。如果一国处于分工的上游环节，其向国外提供的增加值间接出口（IV）就大于出口中使用的国外增加值（FV），一国的增加值间接出口越多或出口中的国外增加值越少，"GVC位置指数"值越大，在国际分工中的位置越高。反之，如果一国处于分工的下游环节，其IV值会小于FV值，此时会大量进口来自别国的中间投入品生产最终产品。中国在"C9化学行业"的出口贸易中IV值大于FV值，且二者的差距不断加大，使得该行业"GVC位置指数"值不断增大，国际分工位置不断提高。而韩国在"C9化学行业"的出口贸易中虽然IV值和FV值都在不断增大，但是IV值和FV值的差额逐渐减小，FV值的增长幅度大于IV值的增长幅度，因此该行业的"GVC位置指数"值不断降低，其国际分工位置也逐渐降低。中韩两国"C14电气和光学设备制造业"的GVC位置均有不同程度的下降，这一现象是由于，该行业出口贸易中IV值所占比重逐渐降低，FV值所占比重却显著上升，使得两国"GVC位置指数"均呈现不同程度的下降趋势，如表4-1所示，两国"GVC位置指数"值的下降与两国出口中的FV值比重显著上升和IV值比重下降相关。

表4-1　　　　中韩两国制造业增加值间接出口（IV）和
出口中的国外增加值（FV）

行业	1995年 IV	1995年 FV	2000年 IV	2000年 FV	2005年 IV	2005年 FV	2008年 IV	2008年 FV	2011年 IV	2011年 FV
C9	1697.027	548.569	7463.160	2157.327	20144.37	8805.549	49641.94	19788.88	71951.07	27926.38
C14	11432.70	7522.02	23508.12	17883.47	88485.23	111537.4	182869.3	173683.7	255375.8	208572.6
C9*	6726.370	2754.808	8328.180	4400.786	16380.01	10028.97	20739.53	20225.96	27695.26	26941.64
C14*	20536.10	11303.08	23408.59	21203.06	46353.39	35462.89	55918.73	52571.19	73990.82	58642.35

注：C9为化学工业；C14为电气和光学设备制造业；*表示韩国。
资料来源：经整理计算所得。

4.2.2.2 全球价值链分工参与程度的动态变化

在测度分析了中韩两国在全球价值链分工中的位置,并对两国三类制造业的分工位置进行比较分析的基础上,利用库普曼等(2010)的"GVC 参与度指数",进一步测算了中韩两国三类制造业参与国际分工的程度,并进行了比较分析,图 4-4 和图 4-5 分别为中韩两国制造业参与 GVC 的程度。

从图 4-4 可以看出,第一,中国制造业各行业参与国际分工的程度存在着明显的差别,参与程度较高的行业为"C10 橡胶和塑料制品业""C12 常用金属制品业""C9 化学工业""C14 电气和光学设备制造业""C15 运输设备制造业"等中高技术制造业;参与程度较低的行业为"C3 食品饮料和烟草业""C4 纺织业""C5 皮革和制鞋业""C16 其他制成品及回收设备制造业"等低技术制造业。第二,从变动趋势来看,"C9 化学工业""C12 常用金属制品业""C14 电气和光学设备制造业""C15 运输设备制造业"等中高技术制造业参与国际分工的程度增幅较大,但是上述行业 GVC 参与程度提高的原因却不相同,其中"C9 化学工业"和"C12 常用金属制品业"的前后向参与度均有所提高,即生产中所使用的国外增加值以及向国外提供的增加值比例都有所增加。而"C14 电气和光学设备制造业""C15 运输设备制造业"是由于后向参与度提高引起的,即生产中所使用的国外增加值的比例增加,使得"GVC 参与度指数"有所提高。GVC 参与程度下降的行业是"C5 皮革和制鞋业",该行业的前后向参与度都有所降低,即出口的中间产品和进口中间投入品都有所减少;而"C4 纺织业"作为传统的劳动密集型行业其国际分工的参与程度比较稳定,发展态势平稳,前向参与度略有升高,后向参与度略有降低,即国内间接增加值出口增加,进口的中间投入品减少,两相抵消几乎没有变化,说明这些行业的产业链条较短,多数加工产品的价值增值不高。

从图 4-5 可以看出,第一,韩国"GVC 参与度指数"总体上呈现比较平稳的态势,与 1995 年相比略有提升,表明在全球生产网络下参与 GVC 的程度有所提高。其中"C8 焦炭、精炼石油及核燃料加工业""C10 橡胶和塑料制品业""C11 其他非金属矿制品业""C12 常用金属

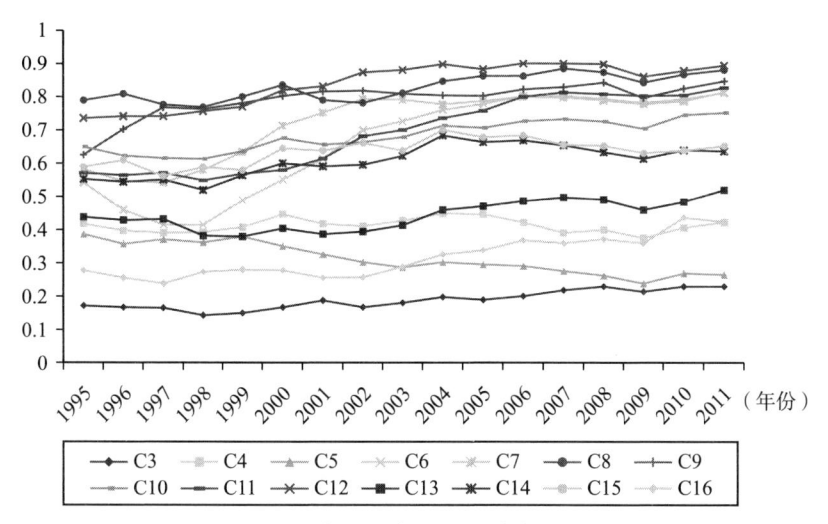

图 4-4　中国制造业 GVC 参与度指数

资料来源：根据相关数据计算绘制。

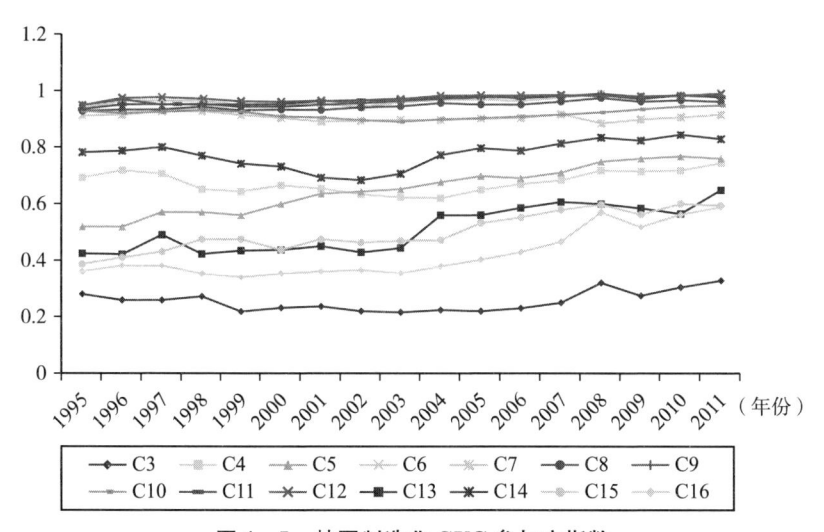

图 4-5　韩国制造业 GVC 参与度指数

资料来源：根据相关数据计算绘制。

制品业"等中技术制造业参与 GVC 的程度较高，在指数值接近 1 的区间比较集中且变化不大；"C3 食品、饮料和烟草业"和"C16 其他制成品及回收设备制造业"等低技术制造业参与 GVC 的程度较低，在 0.2 ~

0.4的区间分布。第二,"C5皮革和制鞋业""C13机械工业""C15运输设备制造业"以及"C16其他制成品及回收设备制造业"等行业的GVC参与程度逐渐加深,其中"C13机械工业"从1995年的0.42上升为2011年的0.65,"C15运输设备制造业"从1995年的0.40上升为2011年的0.60。原因在于上述行业的前后向参与度均有不同程度的提高,也就是生产中所使用的国外增加值和国内间接增加值出口的比例都有所提高。第三,高技术制造业参与GVC的程度行业间差别较大,其中"C9化学工业"的参与程度较高且变动不大,"GVC参与度指数"值接近1,但是前向参与度略有降低后向参与度略有升高,说明该行业出口中的国内增加值有所降低,国外增加值有所增加;"C14电气和光学设备制造业"的GVC参与程度略有波动并小幅提升,从1995年的0.78略微下降为2002年的0.69,后又小幅回升,至2011年上升为0.83,原因在于其后向参与度升高的幅度大于前向参与度降低的幅度;"C13机械工业""C15运输设备制造业"的GVC参与程度较低且上升幅度较大,从1995年的0.40左右上升为2011年的0.60左右,其前后向参与度均有大幅度的升高。

4.3 中韩两国制造业分行业前后向参与度的变化

由于不同国家即使在GVC中的位置相同,其参与国际分工的程度也不相同,比如2008年中韩两国在"C14电气和光学设备制造业"与"C4纺织业"的"GVC位置指数"几乎相等,也就是说2008年中韩两国上述行业在国际分工中的位置大致相当,指数值分别为0.012487、0.018255和0.080749、0.080273,但其参与国际分工的程度却不相同,"GVC参与度指数"值分别为0.639728、0.840143和0.400759、0.716207。反过来说中韩两国的GVC参与程度即使相差不大,其在GVC中的位置也会有很大差距,比如,2011年中韩两国"C15运输设备制造业"的"GVC参与度指数"分别为0.650218和0.595351,但是中国的GVC前向参与度为0.428261,而韩国为0.267414,中国的GVC后向参与度为0.221957,韩国为0.327937,说明了在这一行业中国出口中向国外提供的增加值（IV）较高，更多地被用于下游生产的中间投入品，韩国出口中使用的国外增加值（FV）较高。因此本节进一步测度分析了两国生产中间接增加值出口和进口中间投入品的比重，如表4-2和表4-3所示，深层次分析两国在GVC中位置不同以及参与程度不同的根本原因和关键因素。

表4-2　　　中国分行业前向参与度与后向参与度的变化

行业	1995年 IV/E	1995年 FV/E	2000年 IV/E	2000年 FV/E	2005年 IV/E	2005年 FV/E	2008年 IV/E	2008年 FV/E	2011年 IV/E	2011年 FV/E
C3	0.087906	0.083457	0.085234	0.079442	0.080107	0.109472	0.120782	0.113136	0.121150	0.110604
C4	0.243395	0.175562	0.263546	0.178708	0.259484	0.189745	0.248817	0.151941	0.279208	0.142797
C5	0.200510	0.187297	0.171987	0.177928	0.111259	0.188954	0.106349	0.158728	0.119764	0.143766
C6	0.380937	0.160387	0.417535	0.134257	0.602022	0.173643	0.633582	0.158745	0.648642	0.165270
C7	0.448497	0.143520	0.571981	0.144696	0.606700	0.184495	0.606599	0.181332	0.630351	0.183299
C8	0.582156	0.206114	0.533915	0.300678	0.503382	0.357450	0.458130	0.420643	0.448279	0.431109
C9	0.472554	0.152754	0.621027	0.179516	0.558834	0.244279	0.602861	0.240320	0.614501	0.238506
C10	0.471972	0.179218	0.491015	0.188308	0.457289	0.252524	0.500813	0.231476	0.525939	0.227975
C11	0.466597	0.108087	0.463255	0.119219	0.593416	0.166592	0.650020	0.160984	0.665012	0.165476
C12	0.581833	0.154355	0.657449	0.164500	0.629480	0.249761	0.644426	0.253966	0.626109	0.267945
C13	0.278297	0.147649	0.248740	0.159025	0.218228	0.253188	0.280772	0.215385	0.292823	0.227489
C14	0.335938	0.221027	0.340709	0.259189	0.297994	0.375627	0.328104	0.311624	0.353992	0.289115
C15	0.430187	0.162264	0.481723	0.160111	0.432778	0.249164	0.440955	0.215840	0.428261	0.221957
C16	0.125161	0.153379	0.143737	0.133462	0.176052	0.160167	0.228643	0.143139	0.282056	0.144028

资料来源：经整理计算所得。

表4-3　　　韩国分行业前向参与度与后向参与度的变化

行业	1995年 IV/E	1995年 FV/E	2000年 IV/E	2000年 FV/E	2005年 IV/E	2005年 FV/E	2008年 IV/E	2008年 FV/E	2011年 IV/E	2011年 FV/E
C3	0.072801	0.203161	0.038469	0.188182	0.025500	0.194184	0.025745	0.291164	0.034735	0.295294
C4	0.437476	0.254646	0.411320	0.253002	0.402973	0.249502	0.412583	0.303623	0.431313	0.310158

续表

行业	1995 年 IV/E	1995 年 FV/E	2000 年 IV/E	2000 年 FV/E	2005 年 IV/E	2005 年 FV/E	2008 年 IV/E	2008 年 FV/E	2011 年 IV/E	2011 年 FV/E
C5	0.280807	0.241505	0.364255	0.234509	0.459173	0.231447	0.459469	0.291185	0.458567	0.292420
C6	0.620995	0.317144	0.654395	0.293849	0.636205	0.310641	0.585033	0.391817	0.610766	0.370482
C7	0.741750	0.181122	0.701289	0.214299	0.692801	0.212280	0.606369	0.282193	0.642503	0.273119
C8	0.302778	0.631730	0.234330	0.707260	0.237141	0.720807	0.160847	0.816010	0.143267	0.825342
C9	0.656684	0.268947	0.626391	0.330998	0.600400	0.367606	0.492506	0.480311	0.491611	0.478234
C10	0.672755	0.247306	0.650416	0.258460	0.620333	0.281190	0.553967	0.372817	0.571401	0.375912
C11	0.760837	0.180062	0.762234	0.201016	0.742218	0.239728	0.661043	0.325976	0.668414	0.310979
C12	0.641744	0.305740	0.628016	0.329172	0.616932	0.359002	0.501010	0.486045	0.526853	0.458609
C13	0.181532	0.238630	0.185532	0.251511	0.267477	0.285288	0.223990	0.366605	0.297870	0.351555
C14	0.505336	0.278137	0.387344	0.350849	0.451808	0.345658	0.433033	0.40711	0.464792	0.368377
C15	0.175755	0.220298	0.176161	0.251443	0.256962	0.271231	0.266061	0.342213	0.267414	0.327937
C16	0.146241	0.218168	0.128754	0.229844	0.157460	0.246824	0.245004	0.322132	0.275172	0.312977

资料来源：经整理计算所得。

从整体来看，1995～2011 年中国出口中的国外增加值率呈现明显的上升趋势，特别是从 2002 年开始有较大幅度的提升，2009 年受金融危机的影响略有下降，2011 年又迅速回升到比原来更高的水平。说明 2001 年中国加入 WTO 以后，参与全球生产分割的程度逐渐加深，对进口中间投入品的依赖程度明显提高，加入 WTO 使得中国融入国际生产分工体系的进程不断加快。

分行业来看，第一，大部分制造业行业出口中向国外提供的增加值率大于所使用的国外增加值率，即前向参与度指数大于后向参与度指数。其中"C6 木材加工业""C7 造纸和印刷出版业""C11 其他非金属矿制品业""C12 常用金属制品业"等中低技术制造业的前向参与度远高于后向参与度。这主要是因为中国的自然资源、劳动力资源丰富，中低技术制造业的产业链较短，且位于 GVC 的前端，在其产品的生产过程中所使用的国外增加值含量较少，因而具有比较优势的行业其前向参与度相对较高。第二，高技术制造业中，"C9 化学工业"的前向参与度提高的比重大于后向参与度提高的比重,由于其产品主要作为中间投入品为第三国出口所使用,也就是生产中间接增加值出口的比例大于投入的进口中间品比例,使得该行业的"GVC 位置指数"和"GVC 参与度指数"都有不同程度的提高。"C13 机械工业""C14 电气和光学设备制造业""C15 运输设备制造业"等制造业行业出口中的国外增加值率上升较为显著,向国外提供的增加值率比较平稳且变动不大,因此上述行业在 GVC 中的位置有不同程度的下降,但是其参与 GVC 的程度都有所提高,这说明入世对中国制造业参与 GVC 有重要意义,加入 WTO 加速了中国融入 GVC 的进程,中国参与国际垂直专业化分工的程度逐步加深,对进口中间产品的依赖程度不断提高。第三,"C10 橡胶和塑料制品业""C11 其他非金属矿制品业""C12 常用金属制品业"等中技术制造业的前后向参与度均有不同程度的提高,因此上述行业参与 GVC 的程度都有所加深,但是在 GVC 中的位置三个行业却各有不同,"C10 橡胶和塑料制品业"的位置变动不大,"C11 其他非金属矿制品业"的位置有所上升,"C12 常用金属制品业"的位置有所下降,也说明了上述行业前后向参与度提高的幅度各不相同。第四,"C4 纺织业""C5 皮革和制鞋业""C16 其他制成品及回收设备制造业"等低技术制造业的出口中的国外增加值率呈下降趋势,说明这些行业所需要的国外中间投入品不断减少。其中"C5 皮革和制鞋业"的前向参与度同样有所降低,从 1995 年的 0.2 左右降到 2011 年的 0.1 左右,因此其参与 GVC 的程度和在 GVC 中的位置都有所降低。

从整体来看,韩国制造业大部分行业的前后向参与度指数均高于中国,各行业发展势头平稳,但略有下降趋势,并且大部分行业的前向参与度指数大于后向参与度指数,也就是出口中向国外提供的增加值率大于所使用的国外中间投入品的增加值率。1995~2011 年,前向参与度较高的行业是"C10 橡胶和塑料制品业""C11 其他非金属矿制品业"等中技术制造业;后向参与度较高的行业是"C9 化学工业""C12 常用金属制品业"和"C14 电气和光学设备制造业"等中高技术制造业;前向参与度较低的行业是"C3 食品饮料和烟草业""C16 其他制成品及回收设备制造业""C13 机械工业""C15 运输设备制造业"等低技术和高技术制造业;后向参与度较低的行业是"C3 食品饮料和烟草业""C5 皮革和制鞋业""C7 造纸和印刷出版业""C16 其他制成品及回收设备制造业"等低技术制造业。

从变动趋势来看,大部分制造业行业向国外提供的增加值率不断降低,也就是前向参与度指数不断减小,但是"C5 皮革和制鞋业""C13 机械工业""C15 运输设备制造业""C16 其他制成品及回收设备制造业"等行业的前向参与度指数却有不同程度的增加,这些行业的 GVC 参与程度也有不同程度的提高,但是其"GVC 位置指数"的变化却不相同,"C5 皮革和制鞋业"的"GVC 位置指数"略有升高,其他行业的 GVC 位置变化不大。另外,"C9 化学工业""C14 电气和光学设备制造业"等高技术制造业的前向参与度不断降低,后向参与度不断升高,其中"C14 电气和光学设备制造业"前向参与度从 0.50 下降到 0.46,后向参与度从 0.28 上升到 0.37,说明其参与国际分工的程度变化不大,但是其在 GVC 中的位置却不断降低,具体见表 4-4。

表 4-4 中韩两国选定行业的 GVC 位置指数和 GVC 参与度指数

国家	行业	指标	年份				
			1995	2000	2005	2008	2011
中国	C14	GVC 位置	0.089942	0.062730	-0.05809	0.012487	0.049101
		GVC 参与程度	0.556965	0.599899	0.673621	0.639728	0.643108
	C4	GVC 位置	0.05610	0.069503	0.056804	0.080749	0.112762
		GVC 参与程度	0.418958	0.442254	0.449029	0.400759	0.422005
韩国	C14	GVC 位置	0.163612	0.026658	0.075927	0.018255	0.068088
		GVC 参与程度	0.783473	0.738193	0.797466	0.840143	0.833168
	C4	GVC 位置	0.136036	0.118984	0.115849	0.080273	0.088445
		GVC 参与程度	0.692122	0.664322	0.652475	0.716207	0.741471

注:C4 纺织业;C14 电器和光学设备制造业。
资料来源:经整理计算所得。

从表 4-4 中可以看出,1995~2011 年中国"C14 电气和光学设备制造业"的"GVC 位置指数"下降了 0.04 个百分点,而"GVC 参与度指数"上升了 0.1 个百分点,韩国该行业的"GVC 位置指数"下降了 0.1 个百分点,"GVC 参与度指数"上升了 0.1 个百分点,这说明了该行业中国进口大量电子元器件等零部件产品进行加工组装后再进行出口。"C4 纺织业"是中国的传统优势产业,其"GVC 位置指数"上升了 0.6 个百分点,"GVC 参与度指数"几乎没有变化,韩国该行业的"GVC 位置指数"下降了 0.05 个百分点,"GVC 参与度指数"上升了 0.05 个百分点,说明中国更多的通过提供中间投入品融入全球价值链,从而实现了 GVC 位置的提升。

4.4 本章小结

本章基于增加值贸易的角度,对中韩两国整体及不同技术密集度的制造业行业在全球价值链中的位置和参与程度进行了测算与分析,得出了以下主要结论:

第一,1995~2011 年中国在全球价值链中的位置自 2005 年达到最低后一直在缓慢回升,呈 U 型发展趋势。从制造业内部不同技术密集度的行业来看,中国低技术制造业的 GVC 位置逐渐提高,不断向上游位置靠近;中技术制造业的 GVC 位置较为稳定且变动不大;高技术制造业的 GVC 位置波动程度较大,其变化趋势表现出与中国整体"GVC 位置指数"值相同的 U 型变化态势,但从 2006 年开始呈现出不断向上游攀升的趋势。韩国的国际分工位置则出现不断下降的趋势,且在 2008 年出现负值。从制造业行业内部来看,韩国的中低技术制造业在 GVC 中的位置较高,中高技术制造业在 GVC 中的位置较低且下降的幅度较大,表明韩国上述行业对 GVC 的贡献有不同程度的降低。在部分高技术制造业中,比如"C9 化学工业"中国的分工位置缓慢提高,韩国的分工位置逐渐下降。

第二,1995~2011 年中韩两国制造业参与 GVC 的程度逐年提高,且韩国的参与程度高于中国,尤其是 2001 年中国加入 WTO 以后,两国参与国际分工的程度逐渐加深。从不同的制造业行业来看,中韩两国三类技术制造业的 GVC 参与程度均有所提高,低技术制造业融入国际分工的程度较低,中高技术制造业融入国际分工的程度较高;中国部分中低技术制造业的融入程度上升较快,韩国部分低技术和高技术制造业的参与程度有所提升。

第三,1995~2011 年中国制造业出口中的国外增加值率呈现明显的上升趋势，特别是从 2002 年开始有较大幅度的提升，说明 2001 年中国加入 WTO 以后，参与国际生产分割的程度逐渐加深，对进口中间投入品的依赖程度明显提高。韩国制造业各行业的发展势头平稳但略有下降，并且大部分行业的前向参与度指数大于后向参与度指数，也就是出口中向国外提供的增加值大于所使用的国外中间投入品的增加值，并且大部分行业的前后向参与度指数均高于中国。从制造业内部不同技术密集度的行业来看，中国中低技术制造业的前向参与度远高于后向参与度；高技术制造业中部分行业的前向参与度提高的比重大于后向参与度提高的比重，使得该行业的 GVC 位置和 GVC 参与度都有不同程度的提高。韩国大部分制造业行业向国外提供的增加值率不断降低，使用的国外增加值率略有升高，也就是前向参与度指数不断减小，后向参与度指数略有上升。从制造业内部来看，中高技术制造业的前向参与度不断降低，后向参与度不断升高，即出口中的国外增加值有所增加，国内间接增加值出口有所降低，说明其参与国际分工的程度变化不大，但是其在 GVC 中的位置却不断降低；低技术制造业的前后向参与度均变化不大，说明其参与国际分工的程度和在 GVC 中的位置都比较平稳。

  本章对中韩两国制造业在全球价值链分工中的位置和参与程度进行了测度和分析，并对导致两国在价值链中的位置和参与程度变化的深层次原因进行了剖析，在接下来的章节将对中韩两国的双边贸易额进行价值增值分解，以衡量两国在双边贸易中所获得的利益。

第5章 中韩制造业全球价值链分工利得衡量

上一章对中韩两国在全球价值链分工中的位置和参与程度进行了测度和分析，本章主要是对中韩两国的双边贸易额按照价值增值来源和价值含量流向进行分解，并使用 OECD 的世界投入产出表数据，基于增加值贸易体系的测算方法对中韩双边贸易出口总值中本国真正增值部分和外国增值部分以及两国在不同技术密集度的制造业行业中获利能力的差异进行准确衡量，以还原两国真实的双边贸易格局并测算真实的双边贸易利益，从而能够更加客观、全面地认识中韩两国在双边贸易中利益分配不平衡的深层次原因。

5.1 计算方法和数据来源

5.1.1 双边贸易的价值增值分解

本书使用库普曼、王直等（2010）的分析方法，通过进一步推导，对中韩双边贸易额进行分解研究，测度两国双边贸易中不同来源的价值增值，分析不同来源在出口产品中价值增值的构成比例，衡量中韩两国在双边贸易中的分工格局和获利能力。一国出口中的价值增值可被分解为国内价值增值和国外价值增值两部分，以三国模型为例，表5-1为三国（r、s、t）间投入产出模型。

表 5-1　　　　　　　　　三国间投入产出模型

投入		中间产品			最终产品			总产出
		r 国	s 国	t 国	r 国	s 国	t 国	
中间投入	r 国	Z_{rr}	Z_{rs}	Z_{rt}	Y_{rr}	Y_{rs}	Y_{rt}	X_r
	s 国	Z_{sr}	Z_{ss}	Z_{st}	Y_{sr}	Y_{ss}	Y_{st}	X_s
	t 国	Z_{tr}	Z_{ts}	Z_{tt}	Y_{tr}	Y_{ts}	Y_{tt}	X_t
增加值		VA_r	VA_s	VA_t	—	—	—	
总投入		X_r	X_s	X_t	—	—	—	

资料来源：王直、魏尚进、祝坤福：《总贸易核算法：官方贸易统计与全球价值链度量》，载于《中国社会科学》2015 年第 9 期。

其中，下标 r、s、t 分别代表 r 国、s 国和 t 国，Z_{rs} 和 Y_{rs} 分别代表 r 国产品被 s 国用作中间产品和最终产品的部分，VA_r 和 X_r 分别表示 r 国的增加值和产出，以此类推。根据表 5-1 各国总产出按其流向可表示为如下形式：

$$\begin{bmatrix} Z_{rr} + Z_{rs} + Z_{rt} \\ Z_{sr} + Z_{ss} + Z_{st} \\ Z_{tr} + Z_{ts} + Z_{tt} \end{bmatrix} + \begin{bmatrix} Y_{rr} + Y_{rs} + Y_{rt} \\ Y_{sr} + Y_{ss} + Y_{st} \\ Y_{tr} + Y_{ts} + Y_{tt} \end{bmatrix} = \begin{bmatrix} X_r \\ X_s \\ X_t \end{bmatrix} \quad (5.1)$$

其中，X_r 和 Y_{rs} 均为 N×1 阶列向量，分别表示 r 国总产出和 s 国对 r 国产出的最终需求，定义 $A_{rs} = Z_{rs}(\hat{X}_s)^{-1}$ 为 N×N 阶方阵，表示 s 国生产中所使用的 r 国中间品的直接消耗系数，则有：

$$\begin{bmatrix} A_{rr} & A_{rs} & A_{rt} \\ A_{sr} & A_{ss} & A_{st} \\ A_{tr} & A_{ts} & A_{tt} \end{bmatrix} \begin{bmatrix} X_r \\ X_s \\ X_t \end{bmatrix} + \begin{bmatrix} Y_{rr} + Y_{rs} + Y_{rt} \\ Y_{sr} + Y_{ss} + Y_{st} \\ Y_{tr} + Y_{ts} + Y_{tt} \end{bmatrix} = \begin{bmatrix} X_r \\ X_s \\ X_t \end{bmatrix} \quad (5.2)$$

上式经整理可得由最终消费需求拉动的各国总产出：

$$\begin{bmatrix} X_r \\ X_s \\ X_t \end{bmatrix} = \begin{bmatrix} I - A_{rr} & -A_{rs} & -A_{rt} \\ -A_{sr} & I - A_{ss} & -A_{st} \\ -A_{tr} & -A_{ts} & I - A_{tt} \end{bmatrix}^{-1} \begin{bmatrix} Y_{rr} + Y_{rs} + Y_{rt} \\ Y_{sr} + Y_{ss} + Y_{st} \\ Y_{tr} + Y_{ts} + Y_{tt} \end{bmatrix}$$

$$= \begin{bmatrix} B_{rr} & B_{rs} & B_{rt} \\ B_{sr} & B_{ss} & B_{st} \\ b_{tr} & B_{ts} & B_{tt} \end{bmatrix} \begin{bmatrix} Y_{rr} + Y_{rs} + Y_{rt} \\ Y_{sr} + Y_{ss} + Y_{st} \\ Y_{tr} + Y_{ts} + Y_{tt} \end{bmatrix} \quad (5.3)$$

其中，B_{rs}为$N \times N$阶里昂惕夫逆矩阵，表示s国增加1单位最终消费需求所需要的r国的中间投入。将公式（5.3）右端展开，可将s国总产出X_s分解为：

$$X_s = B_{sr}Y_{rr} + B_{sr}Y_{rs} + B_{sr}Y_{rt} + B_{ss}Y_{sr} + B_{ss}Y_{ss} + B_{ss}Y_{st} + B_{st}Y_{tr} \\ + B_{st}Y_{ts} + B_{st}Y_{tt}$$

因此，r国向s国的中间产品出口可以分解为以下9个部分：

$$Z_{rs} = A_{rs}X_s = A_{rs}B_{sr}Y_{rr} + A_{rs}B_{sr}Y_{rs} + A_{rs}B_{sr}Y_{rt} + A_{rs}B_{ss}Y_{sr} + A_{rs}B_{ss}Y_{ss} \\ + A_{rs}B_{ss}Y_{st} + A_{rs}B_{st}Y_{tr} + A_{rs}B_{st}Y_{ts} + A_{rs}B_{st}Y_{tt} \quad (5.4)$$

定义增加值系数$V_r = VA_r(X_r)^{-1}$，V_r为r国增加值对角矩阵，其对角线上的元素为$1 \times N$矩阵，表示r国的直接增加值系数向量，V_s和V_t类似，完全增加值系数矩阵VB为：

$$VB = \begin{bmatrix} V_r & V_s & V_t \end{bmatrix} \begin{bmatrix} B_{rr} & B_{rs} & B_{rt} \\ B_{sr} & B_{ss} & B_{st} \\ B_{tr} & B_{ts} & B_{tt} \end{bmatrix}$$

$$= [V_rB_{rr} + V_sB_{sr} + V_tB_{tr}, \ V_rB_{rs} + V_sB_{ss} + V_tB_{ts}, \\ V_rB_{rt} + V_sB_{st} + V_tB_{tt}] \quad (5.5)$$

上式的结果向量中，每一个元素都等于1，即任一单位的最终产品都可以被完整地分解为所有国家和所有部门的增加值，这是按价值来源方向并根据产业间后向联系分解为所有国家和所有部门的增加值，也是按价值来源方向并根据产业间后向联系分解最终品的方法。对于r国来说，则有：

$$V_rB_{rr} + V_sB_{sr} + V_tB_{tr} = u \quad u = (1, 1, \cdots, 1)$$

令E_{rs}为r国向s国的总出口，包括中间产品出口和最终产品出口两部分，$E_{rs} = A_{rs}X_s + Y_{rs}$。

则r国的总出口可以表示为：$E_r = E_{rs} + E_{rt} = A_{rs}X_s + A_{rt}X_t + Y_{rs} + Y_{rt}$。

根据增加值出口的定义，r国对s国的增加值出口（VBE_{rs}）可以写为：

$$VBE_{rs} = V_rB_{rr}Y_{rs} + V_rB_{rs}Y_{ss} + V_rB_{rt}Y_{ss} \quad (5.6)$$

其中，$Y_{rs}(N \times 1)$表示s国对r国的最终消费需求。r国对s国的增加值出口可以分解为：s国直接进口的满足其最终消费需求的r国价值增值（$V_rB_{rr}Y_{rs}$）、s国生产国内最终消费品而进口的r国中间投入品包含的r国价值增值（$V_rB_{rs}Y_{ss}$），s国生产最终需求出口品而使用的r

国出口到 t(t≠r, s) 国的 r 国价值增值（$V_rB_{rt}Y_{ss}$）。其中前两项为 r 国对 s 国的直接增加值出口，第 3 项为 r 国对 s 国的间接增加值出口。通过计算可得各国出口中的价值含量矩阵：

$$V B \hat{E} = \begin{bmatrix} V_r & 0 & 0 \\ 0 & V_s & 0 \\ 0 & 0 & V_t \end{bmatrix} \begin{bmatrix} B_{rr} & B_{rs} & B_{rt} \\ B_{sr} & B_{ss} & B_{st} \\ B_{tr} & B_{ts} & B_{tt} \end{bmatrix} \begin{bmatrix} Y_r & 0 & 0 \\ 0 & Y_s & 0 \\ 0 & 0 & Y_t \end{bmatrix}$$

$$= \begin{bmatrix} V_rB_{rr}Y_r & V_rB_{rs}Y_s & V_rB_{rt}Y_t \\ V_sB_{sr}Y_r & V_sB_{ss}Y_s & V_sB_{st}Y_t \\ V_tB_{tr}Y_r & V_tB_{ts}Y_s & V_tB_{tt}Y_t \end{bmatrix} \tag{5.7}$$

r 国对 s 国的总出口可以分解为：

$$E_{rs} = Y_{rs} + A_{rs}X_s = Y_{rs} + A_{rs}Y_{ss} + A_{rs}X_{sr} + \sum_{s \ne t} A_{rs}X_{st} \tag{5.8}$$

其中，Y_{rs} 为 r 国出口到 s 国的最终消费品，即用于满足 s 国最终消费需求的 r 国价值增值；$A_{rs}Y_{ss}$ 为 r 国出口到 s 国的中间产品，即作为中间投入品用于 s 国生产最终消费需求的 r 国价值增值；$A_{rs}Y_{sr}$ 为 r 国出口到 s 国生产返回国内产品的 r 国价值增值；$\sum_{s \ne t} A_{rs}Y_{st}$ 为 s 国生产向第三国出口的产品中所投入使用的 r 国价值增值。

令 $L = (I - A_{rr})^{-1}$ 为 r 国的国内里昂惕夫逆矩阵，则 r 国向 s 国的出口可以分解如下：

$$\begin{aligned} E_{rs} &= A_{rs}X_s + Y_{rs} = (V_rB_{rr})'\#Y_{rs} + (V_sB_{sr})'\#Y_{rs} + (V_tB_{tr})'\#Y_{rs} \\ &\quad + (V_rB_{rr})'\#(A_{rs}X_s) + (V_sB_{sr})'\#(A_{rs}X_s) + (V_tB_{tr})'\#(A_{rs}X_s) \\ &= (V_rB_{rr})'\#Y^{rs} + (V_rL_{rr})'\#(A_{rs}B_{ss}Y_{ss}) + (V_rL_{rr})'\#(A_{rs}B_{sr}Y_{tt}) \\ &\quad + (V_rL_{rr})'\#(A_{rs}B_{ss}Y_{st}) + (V_rL_{rr})'\#(A_{rs}B_{st}Y_{ts}) + (V_rL_{rr})'\# \\ &\quad (A_{rs}B_{ss}Y_{sr}) + (V_rL_{rr})'\#(A_{rs}B_{st}Y_{tr}) + (V_rL_{rr})'\#(A_{rs}B_{sr}Y_{rr}) \\ &\quad + (V_rL_{rr})'\#[A_{rs}B_{sr}(Y_{rs} + Y_{rt})] + (V_rB_{rr} - V_rL_{rr})'\#(A_{rs}X_s) \\ &\quad + (V_sB_{sr})'\#Y_{rs} + (V_sB_{sr})'\#(A_{rs}L_{ss}Y_{ss}) + (V_sB_{sr})'\#(A_{rs}L_{ss}E_s) \\ &\quad + (V_tB_{td})'\#Y_{rs} + (V_tB_{tr})'\#(A_{rs}L_{ss}Y_{ss}) + (V_tB_{tr})'\#(A_{rs}L_{ss}E_s) \end{aligned} \tag{5.9}$$

其中，(5.9) 式各项可以进行如下分解：

$$A_{rs}\hat{B}_{ss}Y_{ss} = \begin{bmatrix} 0 & A_{rs} & A_t \\ A_{sr} & 0 & A_{st} \\ A_{tr} & A_{ts} & 0 \end{bmatrix} \begin{bmatrix} B_{rr} & 0 & 0 \\ 0 & B_{ss} & 0 \\ 0 & 0 & B_{tt} \end{bmatrix} \begin{bmatrix} Y_{rr} & 0 & 0 \\ 0 & Y_{ss} & 0 \\ 0 & 0 & Y_{tt} \end{bmatrix}$$

$$= \begin{bmatrix} 0 & A_{rs}B_{ss}Y_{ss} & A_{rt}B_{tt}Y_{tt} \\ A_{sr}B_{rr}Y_{rr} & 0 & A_{st}B_{tt}Y_{tt} \\ A_{tr}B_{rr}Y_{rr} & A_{ts}B_{ss}Y_{ss} & 0 \end{bmatrix} \quad (5.10)$$

$$A_{rs}B_{st}Y_{tt} = \begin{bmatrix} 0 & A_{rs} & A_{rt} \\ A_{sr} & 0 & A_{st} \\ A_{tr} & A_{ts} & 0 \end{bmatrix} \begin{bmatrix} 0 & B_{ss}Y_{tt} & B_{ts}Y_{ss} \\ B_{rt}Y_{tt} & 0 & B_{tr}Y_{rr} \\ B_{rs}Y_{ss} & B_{sr}Y_{rr} & 0 \end{bmatrix}$$

$$= \begin{bmatrix} 0 & A_{rs}B_{st}Y_{tt} & A_{rt}B_{ts}Y_{ss} \\ A_{sr}B_{rt}Y_{tt} & 0 & A_{st}B_{tr}Y_{rr} \\ A_{tr}B_{rs}Y_{ss} & A_{ts}B_{sr}Y_{rr} & 0 \end{bmatrix} \quad (5.11)$$

$$A_{rs}B_{ss}Y_{st} = \begin{bmatrix} 0 & A_{rs} & A_{rt} \\ A_{sr} & 0 & A_{st} \\ A_{tr} & A_{ts} & 0 \end{bmatrix} \begin{bmatrix} 0 & B_{ss}Y_{st} & B_{tt}Y_{ts} \\ B_{rr}Y_{rt} & 0 & B_{tt}Y_{tr} \\ B_{rr}Y_{rs} & B_{ss}Y_{sr} & 0 \end{bmatrix}$$

$$= \begin{bmatrix} 0 & A_{rs}B_{ss}Y_{st} & A_{rt}B_{tt}Y_{ts} \\ A_{sr}B_{rr}Y_{rt} & 0 & A_{st}B_{tt}Y_{tr} \\ A_{tr}B_{rr}Y_{rs} & A_{ts}B_{ss}Y_{sr} & 0 \end{bmatrix} \quad (5.12)$$

$$A_{rs}B_{ss}Y_{sr} = \begin{bmatrix} 0 & A_{rs} & A_{rt} \\ A_{sr} & 0 & A_{st} \\ A_{tr} & A_{ts} & 0 \end{bmatrix} \begin{bmatrix} 0 & B_{ss}Y_{sr} & B_{tt}Y_{tr} \\ B_{rr}Y_{rs} & 0 & B_{tt}Y_{ts} \\ B_{rr}Y_{rt} & B_{ss}Y_{st} & 0 \end{bmatrix}$$

$$= \begin{bmatrix} 0 & A_{rs}B_{ss}Y_{sr} & A_{rt}B_{tt}Y_{tr} \\ A_{sr}B_{rr}Y_{rs} & 0 & A_{st}B_{tt}Y_{ts} \\ A_{tr}B_{rr}Y_{rt} & A_{ts}B_{ss}Y_{st} & 0 \end{bmatrix} \quad (5.13)$$

$$A_{rs}B_{st}Y_{tr} = \begin{bmatrix} 0 & A_{rs} & A_{rt} \\ A_{sr} & 0 & A_{st} \\ A_{tr} & A_{ts} & 0 \end{bmatrix} \begin{bmatrix} 0 & B_{st}Y_{tr} & B_{ts}Y_{sr} \\ B_{rt}Y_{ts} & 0 & B_{tr}Y_{rs} \\ B_{rs}Y_{st} & B_{sr}Y_{rt} & 0 \end{bmatrix}$$

$$= \begin{bmatrix} 0 & A_{rs}B_{st}Y_{tr} & A_{rt}B_{ts}Y_{sr} \\ A_{sr}B_{rt}Y_{ts} & 0 & A_{st}B_{tr}Y_{rs} \\ A_{tr}B_{rs}Y_{st} & A_{ts}B_{sr}Y_{rt} & 0 \end{bmatrix} \quad (5.14)$$

$$A_{rs}B_{sr}Y_{rr} = \begin{bmatrix} 0 & A_{rs} & A_{rt} \\ A_{sr} & 0 & A_{st} \\ A_{tr} & A_{ts} & 0 \end{bmatrix} \begin{bmatrix} 0 & B_{sr}Y_{rr} & B_{tr}Y_{rr} \\ B_{rs}Y_{ss} & 0 & B_{ts}Y_{ss} \\ B_{rt}Y_{tt} & B_{st}Y_{tt} & 0 \end{bmatrix}$$

$$= \begin{bmatrix} 0 & A_{rs}B_{sr}Y_{rr} & A_{rt}B_{tr}Y_{rr} \\ A_{sr}B_{rs}Y_{ss} & 0 & A_{st}B_{ts}Y_{ss} \\ A_{tr}B_{rt}Y_{tt} & A_{ts}B_{st}Y_{tt} & 0 \end{bmatrix} \quad (5.15)$$

$$A_{rs}B_{sr}Y_{rt} = \begin{bmatrix} 0 & A_{rs} & A_{rt} \\ A_{sr} & 0 & A_{st} \\ A_{tr} & A_{ts} & 0 \end{bmatrix} \begin{bmatrix} 0 & B_{sr}(Y_{rs}+Y_{rt}) & B_{sr}(Y_{rs}+Y_{rt}) \\ B_{rs}(Y_{st}+Y_{sr}) & 0 & B_{ts}(Y_{st}+Y_{sr}) \\ B_{rt}(Y_{ts}+Y_{tr}) & B_{st}(Y_{ts}+Y_{tr}) & 0 \end{bmatrix}$$

$$= \begin{bmatrix} 0 & A_{rs}B_{sr}(Y_{rs}+Y_{rt}) & A_{rt}B_{sr}(Y_{rs}+Y_{rt}) \\ A_{sr}B_{rs}(Y_{st}+Y_{sr}) & 0 & A_{st}B_{ts}(Y_{st}+Y_{sr}) \\ A_{tr}B_{rt}(Y_{ts}+Y_{tr}) & A_{ts}B_{st}(Y_{ts}+Y_{tr}) & 0 \end{bmatrix}$$
$$(5.16)$$

因此，在将中间品完全分解的基础上，根据出口品的价值含量来源和最终吸收地，可以将双边总出口分解为16个增加值和重复计算部分，等式右边第1~5项表示 r 国对 s 国出口中的 r 国价值增值，第6~8项是返回 r 国并被本国吸收的 r 国价值增值，第11、12、14、15项表示 r 国对 s 国出口中的 s 国价值增值，第9、10、13、16项表示纯重复计算部分，各部分的关系如图5-1所示。

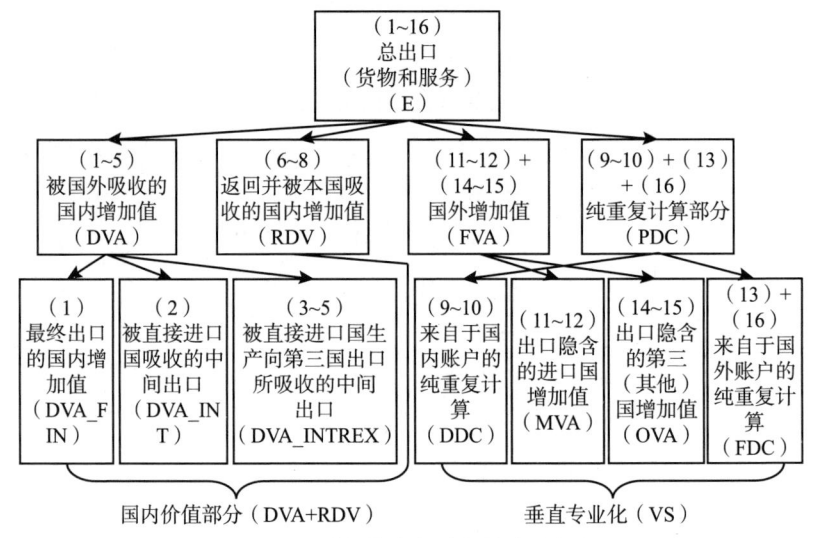

图5-1 增加值各部分经济含义框架

资料来源：王直、魏尚进、祝坤福：《总贸易核算法：官方贸易统计与全球价值链度量》，载于《中国社会科学》2015年第9期。

因此，r 国对 s 国的总出口可以用四部分表示为：

$$E_{rs} = DVA_{rs} + FVA_{rs} + RDV_{rs} + PDC_{rs} \quad (5.17)$$

其中，DVA 为被 s 国吸收的 r 国国内增加值；RDV 为出口但最终回到 r 国并被本国吸收的 r 国增加值；FVA 为用于生产 r 国出口的 s 国增加值；PDC 为 r 国出口中的纯重复计算部分，(5.17) 式可以进一步分解为：

$$DVA_{rs} = DVA\_FIN_{rs} + DVA\_INT_{rs} + DVA\_INTrex_{rs} \quad (5.18)$$

$$FVA_{rs} = FVA\_FIN_{rs} + FVA\_INT_{rs} \quad (5.19)$$

$$PDC_{rs} = DDC_{rs} + FDC_{rs} = DDC\_FIN_{rs} + DDC\_INT_{rs} + MDC_{rs} + ODC_{rs} \quad (5.20)$$

其中，DVA 又可以进一步根据被吸收渠道分解为：本国出口中最终产品形式的国内增加值 DVA_FIN；被直接进口国吸收的中间产品形式的国内增加值 DVA_INT；被直接进口国再出口并被第三国吸收的中间产品形式的国内增加值 DVA_INTrex。同样 FVA 也可以进一步分解为：本国出口中最终产品形式的国外增加值 FVA_FIN；本国出口中中间产品形式的国外增加值 FVA_INT。PDC 包括国内价值重复计算部分 DDC 和国外价值重复计算部分 FDC，以及直接进口国重复计算部分 MDC 和第三国重复计算部分 ODC。

5.1.2　数据来源

本章数据测算使用的投入产出表为 OECD 等机构联合开发的世界投入产出数据库中的世界投入产出表，共包含 40 个国家或地区以及世界其他经济体（ROW），涉及 14 个制造业行业，世界投入产出表时间上连续，时间跨度为 1995~2011 年。测算所使用的贸易数据和产出数据也可以从相应年份的世界投入产出表中获取，本章数据通过使用 MAT-LAB（2014a）编码测算。

5.2 中韩总值贸易与增加值贸易的比较

5.2.1 中韩总值贸易比较

自1992年中韩两国建交以来,两国间的经贸往来不断加强,双边贸易规模不断扩大,中国已成为韩国第一大贸易伙伴国。从图5-2可以看出,中韩贸易总体上保持了快速发展的势头,仅在1998年和2009年出现过短暂回落,其主要原因是1997年爆发的亚洲金融危机和2008年爆发的全球金融危机对中韩双边贸易影响较大。从两国出口情况来看,1995~2011年中国对韩国出口总值从76.14亿美元增长到1118.80亿美元,韩国对中国出口总值从137.25亿美元增长到1575.12亿美元,分别增长了14.69倍和11.48倍,中韩贸易整体规模显著扩大[①]。韩国对中国出口总值的增长幅度明显高于中国对韩国出口总值的增长幅度,这也说明韩国一直保持了中国主要贸易伙伴国的地位,而对韩国来说中国的贸易地位和对中国的贸易依赖程度都有显著的提高,至2007年中国已成为韩国第一大贸易伙伴国和第一大进出口市场。

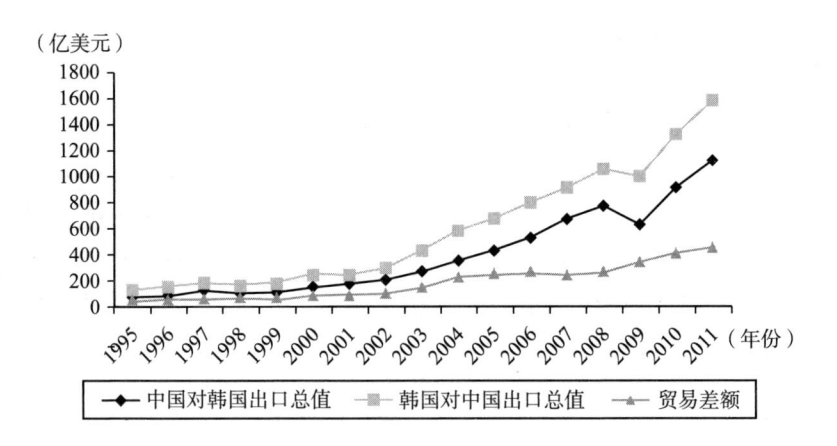

---

① 资料来源:经计算所得。

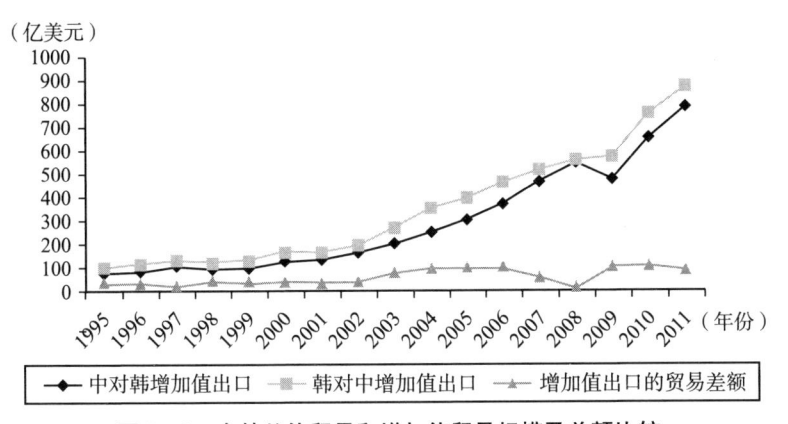

图 5-2 中韩总值贸易和增加值贸易规模及差额比较

资料来源：根据相关数据计算绘制。

5.2.2 中韩增加值贸易比较

根据公式（5.6）可得中韩两国增加值贸易额，1995~2011年增加值出口与总值出口的趋势相同，但是从数值上可以看出，如图5-2所示，两国的增加值出口贸易额均小于总值出口贸易额，但其增加的幅度明显上升，反映出两国之间的中间产品跨境往复逐渐增多，加工贸易成为两国双边贸易的主要方式。由于增加值出口只核算了一国出口中直接或间接包含在其他国家最终消费需求中的本国价值增值，也就是被其他国家吸收的国内价值增值，而总值出口的核算不仅包含了增加值出口，还包含了本国出口后又返回国内的增加值折返和进口的用于生产的他国中间投入品，即本国增加值折返和其他国家增加值出口，因而增加值出口能更加真实地反映中韩两国在双边贸易中所获得的实际利益。表5-2为中韩两国增加值出口占总值出口的比重。

表5-2　　　　　中韩两国增加值出口占总值出口的比重　　　　单位：亿美元；%

年份	中对韩增加值出口	增加值出口占出口比重	韩对中增加值出口	增加值出口占出口比重
1995	62.6956	0.8234	90.8436	0.6619
1996	74.4471	0.8382	102.2771	0.6668

续表

年份	中对韩增加值出口	增加值出口占出口比重	韩对中增加值出口	增加值出口占出口比重
1997	112.2658	0.8475	122.1915	0.6450
1998	77.8973	0.8514	117.5996	0.6565
1999	99.4647	0.8415	126.7599	0.6614
2000	125.1827	0.8081	158.7971	0.6230
2001	128.2387	0.8062	158.7663	0.6306
2002	162.5371	0.7909	199.5956	0.6533
2003	203.5099	0.7495	268.9622	0.6260
2004	250.5567	0.7041	350.2228	0.5995
2005	303.4719	0.7036	390.9679	0.5788
2006	368.7936	0.6965	455.6986	0.5714
2007	466.4717	0.7003	513.7337	0.5648
2008	540.6475	0.6941	548.0896	0.5217
2009	469.7734	0.7308	565.6858	0.5733
2010	653.6701	0.7141	756.6500	0.5680
2011	788.4199	0.7047	873.0344	0.5543

资料来源：经整理计算所得。

从表5-2可以看出，韩国对中国出口中的增加值远远高于中国对韩国出口中的增加值，这在一定程度上说明了两国参与全球价值链分工的位置不同，所获得的收益也不同，韩国主要从事高附加值的中间产品生产，中国主要从事低附加值的最终产品的加工组装生产，因此韩国在国际分工中所获得的价值要高于中国。中国在对韩出口中实际由本国创造的价值增值偏低，获得的利益不多，而韩国从出口价值中获得的增加值和利益较多。不论是中国的增加值出口还是韩国的增加值出口其变动趋势都随着中韩贸易的发展而逐年递减，至2008年金融危机时降到最低，后又缓慢回升。2011年，韩国的增加值出口占总值出口的比例是55.43%，中国的增加值出口占总值出口的比例是70.47%，说明中国的增加值出口比重大于韩国的增加值出口比重，也就是说中国的中间投入品进口较多，加工贸易占比较大。

5.3　中韩双边贸易分解

5.3.1　中韩双边贸易额的价值增值分解

根据公式（5.8），本书将中韩双边贸易额按最终吸收地不同分解为被国外吸收的国内增加值（DVA）、出口但最终回到国内并被本国吸收的国内增加值（RDV）、用于生产本国出口的国外增加值（FVA）、本国出口中的纯重复计算部分（PDC）四项。其中，DVA又可以进一步根据被吸收渠道分解为：本国出口中最终产品形式的国内增加值DVA_FIN；被直接进口国吸收的中间产品形式的国内增加值DVA_INT；被直接进口国再出口并被第三国吸收的中间产品形式的国内增加值DVA_INTrex。同样FVA也可以进一步分解为：本国出口中最终产品形式的国外增加值FVA_FIN；本国出口中中间产品形式的国外增加值FVA_INT。PDC包括国内价值重复计算部分DDC和国外价值重复计算部分PDC。表5-3和表5-4分别给出了1995~2011年中国对韩国出口和韩国对中国出口的价值增值分解结果。

表5-3的分解结果显示：第一，1995~2011年中国对韩国出口中，DVA从62.70亿美元，增加到788.42亿美元，增加了12.57倍，国内增加值不断提高；2009年之前DVA中比例最高的细项为DVA_INT，其次为DVA_FIN，DVA_INTrex的比重最低，2009年之后DVA_INTrex的比重显著提高，到2011年达到256.92亿美元，DVA_FIN和DVA_INT比重略低，说明中韩双边贸易中间接出口到第三国的贸易量明显上升，中国对韩国出口中以被直接吸收和再次用于出口的中间产品为主。第二，中国对韩国出口中的FVA，从7.01亿美元增加到128.58亿美元，FVA_INT所占比重一直高于FVA_FIN所占比重，反映了中国的加工贸易仍占主要地位。第三，RDV从1.74亿美元增加到72.38亿美元，折返的增加值比例显著升高，表明在双边贸易中重复进出口的程度较高，同时也体现出中国经济的快速发展使得国内的市场规模不断扩大，消费

表 5-3　中国对韩国出口的价值增值分解

单位：亿美元

年份	TEXP	DVA	DVA_FIN	DVA_INT	DVA_INTrex	RDV	FVA	FVA_FIN	FVA_INT	PDC
1995	76.1425	62.6956	15.1440	29.2696	18.2820	1.7439	7.0054	2.5190	4.4865	4.6975
1996	88.8136	74.4471	19.9988	34.4418	20.0065	2.0976	7.7643	2.9616	4.8027	4.5045
1997	132.4736	112.2658	36.4560	47.2429	28.5669	3.2591	10.7060	4.4942	6.2118	6.2426
1998	91.4940	77.8973	25.2638	27.1969	25.4366	2.9888	5.6221	2.5787	3.0434	4.9856
1999	118.2022	99.4647	34.0003	37.6371	27.8273	3.1922	9.2692	4.1186	5.1506	6.2762
2000	154.9018	125.1827	43.8581	48.2701	33.0545	4.2272	15.6351	7.0319	8.6032	9.8567
2001	159.0635	128.2387	47.9408	48.4633	31.8346	4.9522	16.3431	7.7754	8.5677	9.5295
2002	205.5153	162.5371	58.9509	65.8202	37.7660	6.8066	23.3494	10.7684	12.5809	12.8223
2003	271.5253	203.5099	70.2345	82.5698	50.7056	10.4909	35.4677	15.9694	19.4982	22.0568
2004	355.8346	250.5567	84.9879	93.2153	72.3535	14.7286	52.1802	24.1489	28.0314	38.3690
2005	431.2914	303.4719	100.6931	118.2814	84.4973	16.3995	64.6915	29.0483	35.6432	46.7285
2006	529.5199	368.7936	125.2465	138.3414	105.2056	21.3817	79.2872	35.6578	43.6295	60.0574
2007	666.0566	466.4717	152.9717	174.3731	139.1268	27.4003	94.7729	41.5490	53.2239	77.4117
2008	778.9300	540.6475	164.6215	191.2491	184.7770	41.4723	98.1996	41.4165	56.7831	98.6106
2009	642.8639	469.7734	157.7915	156.0239	155.9580	41.6916	66.1200	31.8900	34.2299	65.2790
2010	915.3785	653.6701	212.5878	211.4448	229.6375	57.8091	101.5101	48.4396	53.0706	102.3892
2011	1118.7967	788.4199	256.2239	256.9214	275.2746	72.3826	128.5841	60.0592	68.5249	129.4100

注：TEXP 为出口总值；_FIN 表示最终产品；_INT 表示被直接吸收的中间品；_INTrex 表示被第三国吸收的中间品。
资料来源：经整理计算所得。

第5章　中韩制造业全球价值链分工利得衡量

表 5-4　韩国对中国出口的价值增值分解

单位：亿美元

年份	TEXP	DVA	DVA_FIN	DVA_INT	DVA_INTrex	RDV	FVA	FVA_FIN	FVA_INT	PDC
1995	137.2544	90.8436	17.6916	55.5527	17.5993	0.7768	26.0515	5.0677	20.9839	10.5354
1996	153.3827	102.2771	20.6219	63.9364	17.7187	0.8804	32.0288	6.4490	25.5798	10.4792
1997	189.4431	122.1915	19.1359	79.0327	24.0230	1.1832	44.2550	6.6982	37.5568	14.8488
1998	179.1397	117.6096	19.2608	75.3350	23.0038	0.6068	42.0393	7.1003	34.9390	13.4333
1999	191.6634	126.7599	20.3056	81.0837	25.3707	0.9236	44.4483	7.6844	36.7639	14.2414
2000	254.8994	158.7972	29.4079	95.8863	33.5029	1.4101	64.8228	11.9407	52.8821	22.4072
2001	251.7809	158.7663	35.0226	92.0347	31.7090	1.3485	64.7858	14.3601	50.4257	20.7530
2002	305.5277	199.5956	55.0447	105.7414	38.8095	1.9122	71.7567	22.1651	49.5917	23.5704
2003	429.6688	268.9622	74.3648	138.1722	56.4252	2.8258	102.2516	31.8517	70.3999	39.8789
2004	584.2252	350.2228	76.3885	187.3043	86.0246	4.1017	136.2532	35.0081	101.2451	66.6130
2005	675.5085	390.9679	90.1899	211.3745	103.2049	5.1122	147.3463	34.5166	112.8297	86.7650
2006	797.4935	455.6986	91.2253	240.3976	125.1111	6.0095	177.6197	41.1819	136.4378	107.5362
2007	909.6097	513.7337	91.2253	274.0658	148.4427	6.7171	203.0370	42.4044	160.6326	129.8705
2008	1050.4843	548.0896	112.0821	276.6464	159.3611	5.7370	300.3893	67.9730	232.4163	165.6770
2009	986.6501	565.6858	117.5924	314.6415	133.4519	4.5855	275.7137	63.5742	212.1396	115.1766
2010	1332.0660	756.6500	155.8477	409.9905	190.8119	7.0922	363.1991	82.6402	280.5589	166.6711
2011	1575.1191	873.0344	165.5282	486.0799	221.4262	7.7408	473.4714	91.571	381.9004	198.3720

注：TEXP 为出口总值；_FIN 表示最终产品；_INT 表示被直接吸收的中间品；_INTrex 表示被第三国吸收的中间品。

资料来源：经整理计算所得。

需求和消费能力增长迅速，因此被本国消费吸收的增加值份额也快速上升。第四，PDC份额逐年增大，也就是说中韩两国的中间品贸易逐渐增多，随着全球生产价值体系的逐步形成，两国参与国际生产分工的程度不断深化，韩国的跨国公司通过直接投资将更多的生产加工环节转移到中国。

从表5-4的分解结果可以看出：第一，在1995~2011年韩国对中国出口中，DVA从90.84亿美元增加到873.03亿美元，但其在出口总值中所占的比重低于中国；DVA_INT所占比重高于DVA_FIN和DVA_INTrex所占比重，2011年为486.08亿美元，而DVA_FIN的比重小于DVA_INTrex的比重，2011年分别为165.53亿美元和221.43亿美元，也就是说韩国出口中的DVA以隐含于被其他国家吸收的中间品为主。第二，韩国对中国出口中FVA的总体趋势与中国相同，但是对比表5-3可知，韩国出口中FVA和FVA_FIN的比重都高于中国，表明韩国对中国出口中的FVA主要隐含于中间产品中，这从另一侧面反映了中韩两国在全球生产链中位置的差异，中国更多的利用进口零部件从事最终产品加工组装的生产活动，只是参与全球价值链中低端的跨国生产分工。第三，韩国出口中PDC份额在出口总值中所占比重高于中国且逐年增加，体现了韩国较早的融入全球生产分工体系且参与程度较深。

通过上述分析可以发现，在中韩双边贸易中，中国对韩国出口中的中国价值大于韩国对中国出口中的韩国价值，这说明中国在双边贸易中的获利能力有所增强，但两国在全球价值链中所处的位置和参与程度均不相同，韩国处于技术资本密集型的品牌研发环节，其附加价值较高，中国处于资源密集型的加工组装环节，其附加价值较低，因此大力培育中国在中间品加工组装环节的技术含量是提升价值链地位切实可行的途径。

5.3.2　中韩双边贸易价值增值来源构成分解

根据公式（5.7），按照价值增值来源不同，本书将1995~2011年中韩双边贸易额按增加值不同来源分解为41个国家和地区，并按照各来源国家和地区在出口价值增值中的贡献进行排序，表5-5和表5-6分别显示了这一时期中国对韩国最终产品和中间产品出口中排名前十的国家和地区价值增值贡献份额的大小。

表 5-5　中国对韩国出口中价值来源增值排序

项目		1995年	1997年	1999年	2001年	2002年	2003年	2004年	2005年	2006年	2007年	2008年	2009年	2010年	2011年
最终产品		中国	中国	中国	中国	中国	中国	中国	中国	中国	中国	中国	中国	中国	中国
		日本	日本	日本	ROW	ROW	ROW	ROW	ROW	ROW	ROW	ROW	ROW	ROW	ROW
		ROW	ROW	ROW	日本	日本	日本	日本	日本	日本	日本	美国	美国	美国	美国
		美国	美国	美国	美国	中国台湾	美国	美国	美国	美国	美国	日本	日本	日本	日本
		韩国	中国台湾	中国台湾	中国台湾	美国	韩国	中国台湾	韩国	韩国	韩国	韩国	韩国	韩国	韩国
		中国台湾	韩国	韩国	韩国	韩国	韩国	韩国	中国台湾	中国台湾	中国台湾	中国台湾	中国台湾	中国台湾	中国台湾
		德国	德国	德国	德国	德国	德国	德国	德国	德国	德国	德国	德国	澳大利亚	澳大利亚
		澳大利亚	澳大利亚	英国	英国	英国	英国	澳大利亚	澳大利亚	澳大利亚	澳大利亚	澳大利亚	澳大利亚	德国	德国
		英国	英国	澳大利亚	澳大利亚	意大利	澳大利亚	意大利	俄罗斯	俄罗斯	英国	俄罗斯	俄罗斯	俄罗斯	俄罗斯
		意大利	印度尼西亚	法国	意大利	澳大利亚	意大利	英国	英国	英国	澳大利亚	巴西	巴西	巴西	巴西

续表

项目		1995年	1997年	1999年	2001年	2002年	2003年	2004年	2005年	2006年	2007年	2008年	2009年	2010年	2011年
中间产品		中国	中国	中国	中国	中国	中国	中国	中国	中国	中国	中国	中国	中国	中国
		日本	日本	ROW	ROW	ROW	ROW	ROW	ROW	ROW	ROW	ROW	ROW	ROW	ROW
		ROW	ROW	日本	日本	日本	日本	日本	日本	日本	日本	美国	美国	美国	美国
		美国	美国	美国	美国	美国	美国	美国	美国	美国	美国	日本	日本	日本	日本
		韩国	韩国	韩国	中国台湾	中国台湾	中国台湾	韩国	韩国	韩国	韩国	澳大利亚	澳大利亚	澳大利亚	澳大利亚
		中国台湾	中国台湾	德国	韩国	韩国	韩国	中国台湾	中国台湾	中国台湾	中国台湾	韩国	韩国	韩国	韩国
		德国	澳大利亚	英国	德国	德国	德国	德国	德国	德国	德国	德国	中国台湾	中国台湾	德国
		澳大利亚	德国	澳大利亚	澳大利亚	澳大利亚	澳大利亚	澳大利亚	澳大利亚	澳大利亚	澳大利亚	中国台湾	德国	德国	俄罗斯
		英国	英国	法国	英国	英国	英国	俄罗斯	俄罗斯	俄罗斯	俄罗斯	俄罗斯	俄罗斯	俄罗斯	中国台湾
		印度尼西亚	印度尼西亚		法国	俄罗斯	俄罗斯	英国	加拿大	英国	英国	巴西	巴西	巴西	巴西

注：ROW 为世界其他国家和地区。
资料来源：经整理计算所得。

第5章 中韩制造业全球价值链分工利得衡量

表5-6 韩国对中国出口中价值来源增值排序

项目		1995年	1997年	1999年	2001年	2002年	2003年	2004年	2005年	2006年	2007年	2008年	2009年	2010年	2011年
最终产品		韩国	韩国	韩国	韩国	韩国	韩国	韩国	韩国	韩国	韩国	韩国	韩国	韩国	韩国
		日本	美国	美国	ROW	ROW	ROW	ROW	ROW	ROW	ROW	ROW	ROW	ROW	ROW
		美国	日本	日本	美国	美国	日本	日本	日本	日本	中国	中国	中国	中国	中国
		ROW	ROW	ROW	日本	日本	美国	美国	美国	美国	日本	日本	日本	日本	日本
		中国	中国	中国	中国	中国	中国	中国	中国	美国	美国	美国	美国	美国	美国
		德国	德国	德国	德国	德国	德国	德国	德国	德国	德国	德国	德国	澳大利亚	澳大利亚
		澳大利亚	澳大利亚	澳大利亚	中国台湾	中国台湾	中国台湾	中国台湾	中国台湾	中国台湾	中国台湾	澳大利亚	中国台湾	德国	德国
		英国	英国	中国台湾	澳大利亚	澳大利亚	澳大利亚	澳大利亚	澳大利亚	澳大利亚	澳大利亚	中国台湾	澳大利亚	中国台湾	中国台湾
		加拿大	印度尼西亚	英国	英国	英国	英国	英国	英国	英国	俄罗斯	俄罗斯	法国	俄罗斯	俄罗斯
		意大利	加拿大	法国	法国	法国	法国	法国	法国	俄罗斯	英国	法国	俄罗斯	印度尼西亚	印度尼西亚

续表

项目		1995年	1997年	1999年	2001年	2002年	2003年	2004年	2005年	2006年	2007年	2008年	2009年	2010年	2011年
中间产品		韩国	韩国	韩国	韩国	韩国	韩国	韩国	韩国	韩国	韩国	韩国	韩国	韩国	韩国
		ROW	ROW	ROW	ROW	ROW	ROW	ROW	ROW	ROW	ROW	ROW	ROW	ROW	ROW
		日本	美国	日本	日本	日本	日本	日本	日本	日本	中国	中国	中国	中国	中国
		美国	日本	美国	美国	美国	美国	美国	美国	美国	日本	日本	日本	日本	日本
		中国	中国	中国	中国	中国	中国	中国	中国	中国	美国	美国	美国	美国	美国
		德国	澳大利亚	澳大利亚	澳大利亚	澳大利亚	德国	德国	德国	德国	德国	德国	德国	澳大利亚	澳大利亚
		澳大利亚	印度尼西亚	印度尼西亚	印度尼西亚	印度尼西亚	澳大利亚	澳大利亚	澳大利亚	印度尼西亚	澳大利亚	澳大利亚	澳大利亚	俄罗斯	印度尼西亚
		加拿大	德国	德国	德国	德国	印度尼西亚	印度尼西亚	印度尼西亚	中国台湾	俄罗斯	俄罗斯	中国台湾	德国	俄罗斯
		印度尼西亚	英国	英国	俄罗斯	中国台湾	中国台湾	中国台湾	中国台湾	俄罗斯	中国台湾	印度尼西亚	俄罗斯	印度尼西亚	德国
		英国	加拿大	加拿大	英国	俄罗斯	英国	英国	俄罗斯		印度尼西亚	中国台湾	印度尼西亚	中国台湾	中国台湾

注：ROW为世界其他国家和地区。
资料来源：经整理计算所得。

对比分析表 5-5 和表 5-6 可以看出：第一，在中韩双边贸易中，出口国价值，即本国价值占出口额的绝大部分，如表 5-5、表 5-6 第三行所示。第二，2008 年以前中国对韩国出口中日本价值份额最高，2008 年开始美国价值大于日本价值。在韩国对中国出口中，2007 年之前日本价值和美国价值份额较高，2007 年之后中国超过美、日成为价值贡献最大的国家。第三，中国对韩国最终产品和中间产品出口中价值含量来源主要是日本和美国；韩国对中国最终产品出口中价值含量来源主要是中国、日本和美国，中间产品出口中价值含量来源主要是中国和日本。并且韩国对中国的出口中含有较多的中国价值，这也从侧面反映出中国处于全球价值链加工组装环节的现实。第四，德国、英国、澳大利亚以及中国台湾等国家和地区的排序比较靠前，说明这几个国家和地区对中韩双边贸易的价值增值做出了较大的贡献，是重要的价值含量来源并且较早地参与到中韩贸易中来。第五，随着中韩两国融入国际生产分工体系的程度日益加深，最近几年俄罗斯、巴西、印度尼西亚等国开始较多地参与到中韩贸易中，所占比重不断增加，各国的贸易联系日益紧密。

5.3.3 分行业中韩双边贸易额的价值增值分解

为进一步分析中韩双边贸易中不同技术密集度的制造业行业价值增值的最终流向，本书基于产业部门间的后向联系分别计算了 1995 年、2001 年、2008 年和 2011 年中韩两国制造业不同行业 DVA（国内增加值）、FVA（国外增加值）、RDV（返回国内的增加值）和 PDC（纯重复计算部分）占当年总出口的份额，并按照第四章的分类方法将制造业[①]划分为高、中、低技术制造业三大类，高技术制造业包括 C9、C13、C14、C15，中技术制造业包括 C8、C10、C11、C12，低技术制造业包括 C3、C4、C5、C6、C7、C16，下文所涉及的各行业均以编号代替。表 5-7 和表 5-8 分别是不同制造业行业中韩贸易额的分解情况。

---

① C3 食品饮料和烟草业；C4 纺织业；C5 皮革和制鞋业；C6 木材加工业；C7 造纸和印刷出版业；C8 焦炭、精炼石油及核燃料加工业；C9 化学工业；C10 橡胶和塑料制品业；C11 其他非金属矿制品业；C12 常用金属制品业；C13 机械工业；C14 电气和光学设备制造业；C15 运输设备制造业；C16 其他制成品及回收设备制造业。

表 5-7　中国制造业对韩国出口价值增值分解

单位：%

行业	1995 年 DVA	1995 年 FVA	1995 年 RDV	1995 年 PDC	2001 年 DVA	2001 年 FVA	2001 年 RDV	2001 年 PDC	2008 年 DVA	2008 年 FVA	2008 年 RDV	2008 年 PDC	2011 年 DVA	2011 年 FVA	2011 年 RDV	2011 年 PDC
C3	4.96	0.42	0.03	0.05	3.64	0.29	0	0	2.91	0.35	0.01	0.01	2.47	0.30	0.02	0.02
C4	21.01	2.42	1.22	3.21	8.66	1.2	0.48	0.97	6.94	1.33	0.15	0.48	4.20	0.60	0.15	0.23
C5	2.11	0.39	0.05	0.15	0.66	0.12	0.02	0.03	1.02	0.23	0	0.01	1.10	0.18	0	0
C6	1.09	0.18	0.01	0.04	0.37	0.04	0	0.01	0.34	0.06	0	0.02	0.28	0.04	0.02	0.02
C7	0.50	0.06	0.02	0.03	0.27	0.03	0.01	0.02	0.23	0.04	0.01	0.02	0.21	0.03	0.02	0.02
C8	0.17	0.03	0	0.02	1.2	0.28	0.06	0.14	0.46	0.18	0.03	0.11	0.61	0.30	0.08	0.26
C9	2.06	0.24	0.09	0.18	3.31	0.42	0.28	0.37	3.63	0.74	0.40	0.75	4.75	0.87	0.84	1.15
C10	0.90	0.15	0.02	0.06	0.64	0.09	0.02	0.05	0.83	0.19	0.04	0.13	0.99	0.17	0.10	0.19
C11	1.62	0.16	0.02	0.04	0.89	0.09	0.03	0.03	1.13	0.18	0.05	0.08	1.13	0.17	0.10	0.10
C12	7.87	1.00	0.19	0.05	4.84	0.55	0.28	0.47	9.36	1.78	0.76	1.92	7.87	1.44	1.00	2.12
C13	0.98	0.14	0.02	0.04	0.95	0.15	0.02	0.04	1.72	0.49	0.05	0.13	2.97	0.70	0.16	0.27
C14	9.80	1.75	0.17	1.13	13.01	2.87	0.63	1.97	16.79	6.57	1.44	5.65	17.52	4.60	2.52	4.79
C15	0.39	0.06	0	0.01	0.64	0.1	0	0.02	1.13	0.30	0.02	0.09	2.31	0.38	0.10	0.35
C16	0.54	0.09	0	0.01	0.49	0.07	0	0	0.56	0.10	0	0	0.52	0.08	0	0

资料来源：经整理计算所得。

第5章 中韩制造业全球价值链分工利得衡量

表 5-8　韩国制造业对中国出口价值增值分解

单位：%

行业	1995年 DVA	1995年 FVA	1995年 RDV	1995年 PDC	2001年 DVA	2001年 FVA	2001年 RDV	2001年 PDC	2008年 DVA	2008年 FVA	2008年 RDV	2008年 PDC	2011年 DVA	2011年 FVA	2011年 RDV	2011年 PDC
C3	0.78	0.20	0	2.44	0.36	0.09	0	0.89	0.34	0.08	0	0.40	0.39	0.16	0	0.15
C4	19.03	3.59	0.25	1.14	8.1	1.63	0.1	0.53	2.73	0.39	0.05	0.24	1.10	0.28	0.01	0.10
C5	3.06	0.59	0.02	0.07	1.98	0.4	0.01	0.03	0.77	0.13	0	0.01	0.26	0.07	0	0
C6	0.27	0.10	0	0.17	0.06	0.02	0	0.09	0	0	0	0.04	0	0	0	0.02
C7	3.49	0.60	0.02	0.57	1.55	0.3	0.01	1.19	0.50	0.09	0	1.03	0.22	0.06	0	1.81
C8	1.66	2.32	0.01	1.31	2.43	4.66	0.01	1.16	1.24	2.22	0.01	2.25	1.43	5.05	0.01	2.30
C9	14.28	4.00	0.10	0.20	9.82	3.73	0.08	0.18	11.43	4.38	0.13	0.39	9.11	5.97	0.08	0.51
C10	1.52	0.37	0.01	0	0.89	0.23	0	0.02	1.23	0.30	0.01	0.03	1.17	0.47	0.01	0.05
C11	0	0	0	0.64	0.34	0.08	0	0.49	0.22	0.06	0	0.94	0.15	0.06	0	0.79
C12	6.65	2.29	0.05	0.07	4.89	1.82	0.04	0.1	5.62	2.12	0.07	0.45	3.82	2.38	0.03	0.58
C13	4.39	1.35	0	0.84	3.75	1.2	0	1.74	4.37	1.46	0.02	5.43	5.92	2.70	0.03	4.22
C14	8.88	2.58	0.06	0.10	4.97	6.23	0.13	0.27	28.04	8.94	0.37	1.30	26.00	10.10	0.27	1.64
C15	1.11	0.28	0	0	0.76	0.23	0	0	2.42	0.73	0.02	0.04	2.87	1.21	0.01	0.05
C16	0.03	0	0	0	0.17	0.05	0	0	0.08	0.02	0	0	0.03	0.01	0	0

资料来源：经整理计算所得。

对比表5-7中选定年份的制造业各行业不同价值增值所占当年总出口的比重可以发现：第一，中国制造业出口贸易中国内价值增值（DVA）所占比重最高，其次是国外价值增值（FVA），然后是纯重复计算部分（PDC），返回国内的价值增值（RDV）所占比重最低，而且大部分制造业行业各部分的贡献率逐渐增加。第二，从横截面来看1995年各部分价值增值占比最高的行业为中国的传统优势产业"C4纺织业"，2001年"C14电气和光学设备制造业"的DVA占比已经超过"C4纺织业"，成为以后各年份各部分价值增值占比最高的行业，2005年"C9化学工业""C12常用金属制品业"等行业的各部分价值增值占比迅速升高，成为各部分贡献率较高的行业。第三，从发展趋势看，"C9化学工业""C12常用金属制品业""C13机械工业""C14电气和光学设备制造业"等中高技术制造业各部分价值增值占比不断提高；"C3食品、饮料和烟草业""C4纺织业""C5皮革和制鞋业"等低技术制造业各部分价值增值占比不断降低。说明了在中高技术制造业中国参与全球生产分割的程度不断加深，在中韩双边贸易中的获利能力不断增强，不仅进口大量的中间品而且部分出口品也作为第三国出口的中间投入品；而在具有传统比较优势的低技术制造业，中国的低成本优势正在逐渐消失，低技术行业已不是中国参与国际生产的主要行业。第四，由于一国只有存在多次跨境往复的中间产品贸易时才会出现出口产品中的纯重复计算部分，因此PDC比例的上升表明跨国生产分工的深化。由于从2006年开始"C9化学工业"中FVA比例逐年下降，PDC比例逐年增加，因此该行业的出口品中被他国进口用于生产出口产品的比例逐渐增加，使得该行业逐步向价值链上游位置攀升。

从表5-8中可以看出，第一，韩国制造业出口中国内价值增值（DVA）所占比重最高，其次是国外价值增值（FVA），然后是纯重复计算部分（PDC），返回国内的价值增值（RDV）比重最低，但是制造业大部分行业各部分的贡献率逐渐降低。第二，从横截面来看，1995年DVA和RDV占比最高的行业为"C4纺织业"，FVA占比最高的行业为"C9化学工业"，PDC占比最高的行业为"C3食品、饮料和烟草业"；2011年DVA、FVA以及RDV占比最高的行业为"C14电气和光学设备制造业"，PDC占比最高的行业为"C13机械工业"。第三，从发展趋势看，"C13机械工业""C14电气和光学设备制造业""C15运输设备制造业"等高技术制造业的各部分价值增值占比不断增加;"C3 食品、饮料和烟草业""C4 纺织业""C5 皮革和制鞋业""C7 造纸和印刷出版业"等低技术制造业的占比不断降低。说明了高技术制造业融入国际分工的程度不断加深,获利能力不断提高;低技术制造业在国际分工中的重要性逐渐降低。第四,虽然"C9 化学工业"在各部分价值增值中的贡献率都处于较高的位置,但是其在 DVA 中的占比呈现逐渐降低的趋势,在 FVA 和 PDC 中的占比呈现逐渐升高的趋势,说明在该行业出口贸易中向国外提供的韩国国内的增加值逐渐减少,所使用的国外增加值逐渐增多,也就是说出口中含有大量的进口中间投入品,因此该行业在国际分工中的位置呈现出明显的降低趋势。

对比表 5-7 和表 5-8,可以看出在技术密集度不同的制造业行业的出口中韩国 DVA 含量高于中国,但整体趋势逐渐降低,只有少数高技术制造业中的 DVA 含量有所增加,而中国出口中 DVA 含量比例逐渐增大,尤其是中高技术制造业行业如"C9 化学工业""C13 机械工业""C14 电气和光学设备制造业""C15 运输设备制造业"都有不同程度的增长,并于 2010 年开始大于韩国;韩国制造业的 FVA 含量远远高于中国,虽然两国都呈增长趋势,但是韩国制造业的 FVA 含量呈现波浪形增长,中国制造业的 FVA 含量在 2000 年略有下降后呈持续上升的态势;制造业中返回国内的部分(RDV),中国含量远远高于韩国;重复计算部分(PDC),中国在 2000 年有所降低之后持续上升,并在 2011年超过韩国。

综上所述,由于中韩双边贸易中部分高技术制造业的 DVA 比例同时提高,意味着两国在双边贸易中的获利能力同时增强,贸易利益在两国之间的分配格局呈现一定的竞争关系。又由于中国的 FVA 比例逐渐下降,PDC 比例逐渐增加,说明部分高技术制造业行业的出口品被他国进口用于生产出口产品的比例不断提升,这也意味着中国正在逐步向价值链的上游移动①。由于中韩两国在全球价值链中处于不同的分工地位,并由此形成了不平衡的贸易利益分配格局,而这种不平衡的分配格局使得中国获得的价值增值份额较低。而在部分技术密集型行业中国对韩国出口产品中的技术含量逐步上升,因此提升中国对韩国高技术产品

---

① 由于一国出口中的纯重复计算部分(PDC),只有存在多国间来回往复的中间品贸易时才出现,因此 PDC 比例的上升表明跨国生产分工的深化(王直等,2015)。

的出口获利能力是改善中国不利贸易利益分配格局的关键所在。

5.4 本章小结

本章使用世界投入产出表对 1995~2011 年中韩双边贸易额按最终吸收地和价值含量来源进行了分解，得到了如下结论：第一，在中韩双边贸易中，以中间产品贸易为主，最终产品贸易为辅，中国出口的中间产品主要被直接吸收和用于再次出口，韩国出口的中间产品主要被其他国家吸收。第二，中国对韩国出口的主要价值来源是美国、日本、澳大利亚和中国台湾，韩国对中国出口的主要价值来源是中国、美国和日本，其中含有的中国价值较多。第三，中韩两国在不同制造业行业的价值链分工中呈现不同的分工和利益格局，韩国处于中间产品生产的高附加值环节，中国处于最终产品组装的低附加值环节。在部分高技术制造业行业两国在双边贸易中的获利能力同时增强，表现出较强的贸易竞争性。第四，随着国际生产分工体系的日益深化，更多的国家参与到中韩双边贸易中来，贸易利益的分配要在越来越多的国家之间进行。

本章通过对中韩双边贸易价值含量的解构和分析，更深入地考察了中国制造业以及不同技术密集度的制造业行业在全球价值链中的地位和在双边贸易中的真实利得，由于中国制造业处于价值链的低端，在利益分配格局中处于不利局面，且价值增值能力不高是制约中国制造业价值链地位提升的关键因素。

第6章 中韩 FTA 促进中国制造业全球价值链地位提升的实证分析

6.1　实证问题与主要假设

6.1.1　主要实证问题

本章将对理论研究结论进行实证分析，根据上文通过数理模型推导得出的自贸协定实施影响的主要结论，结合本书关于中韩 FTA 对中国全球价值链地位提升影响的研究主题，上文的结论可以重新表述为以下两点：(1) 中韩 FTA 的实施有利于提高中国制造业企业在全球价值链中的位置；(2) 中韩 FTA 的实施有利于提高中国制造业企业在全球价值链中的增值能力。同时，理论部分也包含了上述结论的内在机理：优化中国要素结构和改善中国契约环境质量是实施中韩 FTA 提高中国制造业全球价值链地位的两个重要渠道。具体来说，中韩 FTA 的实施一方面促进了韩方高级要素的流入，对中国要素结构的优化升级具有直接效应和间接效应，通过要素结构的优化，促进中国制造业企业生产投入结构的升级，为全球价值链地位的提升提供了要素基础。在直接效应方面，中韩 FTA 的实施降低了进口高级生产要素的跨国流动费用，从而降低了中国制造业企业使用高级生产要素的成本；在间接效应方面，韩方高级要素的流入，也能够通过竞争激励、模仿学习等途径，促进中国国内中间品厂商加大研发创新投入，提高高级中间投入的本土供给能力；另一方面中韩 FTA 的实施有利于中国契约制度环境的改善，能够激励契约有效执行，提高违约行为的经济成本，进而降低中国制造业企业生产组织的交易成本，为全球价值链升级提供了制度保障。中韩 FTA 的实施能够改进涉及中韩双边贸易方面的关税及非关税措施、海关通关手续、出入境检验检疫流程等制度安排，也能够通过以开放促进改革，进一步优化中国国内市场营商环境，提高国内契约环境质量。由于高技术、高复杂度产品的生产涉及的工艺环节较多，必然面临大量契约的有效执行问题，生产组织依赖于制度环境能否保障契约的有效执行，契约环境的改善有利于提高中国制造业企业使用高级生产要素的效率，促进中国在高技术、高复杂度行业形成国际竞争优势，努恩（2007）、列夫琴科（2007）、科斯蒂诺（2008）等的研究都已表明契约制度质量高的经济体在高复杂度行业更具比较优势。因此中韩 FTA 的实施能够促进国内体制、机制的改革，对重塑中国制造业比较优势，提高全球价值链地位具有重要的现实意义。

本章主要基于上述两点结论及其内在机理，针对中韩 FTA 对中国制造业全球价值链地位提升的影响展开实证检验。本章分两部分展开：第一部分直接检验中韩 FTA 实施对中国制造业全球价值链地位的影响；第二部分则基于中介变量检验框架，对中韩 FTA 实施影响中国制造业全球价值链地位的内在机理进行检验。

要对中韩 FTA 实施对中国制造业全球价值链地位的影响展开实证检验，就必须在全球价值链地位指标基础之上，进一步确认全球价值链地位提升对应的检验指标。全球价值链地位是一个复合的概念，全球价值链地位涉及在全球价值链中所处的位置，即所负责的增值环节，也涉及在所嵌入位置上的获利能力以及全球价值链参与程度等。同样的参与程度，处于价值链的不同位置会有不同的状态。如果在全球价值链中缺乏主动地位，就难以避免全球价值链的主导型跨国公司对相应生产环节的寻租行为。上文中理论分析部分引入的序贯生产模型就反映了这一点，虽然南方发展中经济体企业通过外包参与了生产链条上的部分环节，但是根据安特拉斯等（2013）的研究，嵌入全球价值链的发展中经济体企业的经营自主性受到了明显的限制：

第一，参与跨国公司组织的生产链条要求生产企业应当进行关系专属型投资，进行关系专属型投资后企业生产的中间品一般只适合作为该跨国公司最终产品生产的中间投入，对其他需求方的价值近乎为零从而难以转到市场上进行销售，所以会面临较大的风险及机会成本。而如果负责生产环节的企业不进行关系专属型投资，虽然会降低上述风险和机会成本，但企业的生产利润会下滑，而且会影响跨国公司最终产品的质量，因此可能会被跨国公司从中间品采购链条中剔除。第二，跨国公司通过一系列契约与其生产链条的各环节企业确立中间品供需关系，在完全契约条件下，通过契约即可规定跨国公司与中间品供给企业各自的权利与责任，但是现实中很难满足完全契约条件，在不完全契约条件下，事先签订契约时无法充分考虑并在契约中体现全部可能的情况，往往需要进行再谈判再分配，在事后对契约重新进行磋商时，就可能会出现签约一方凭借有利地位进一步蚕食另一方利益的"敲竹杠"行为（Costinot，2009）。而且即便假设此类事后敲竹杠行为不存在，契约的有效执行还要依赖于契约制度环境的保障，只有在法律法规较为健全完善、诉讼质量较高且诉讼审判周期较短等条件满足的情况下（王永进，2015）才能系统性的保障契约的有效执行，保障契约签订双方尤其是相对弱势一方的权益。而发展中经济体企业相对于跨国公司，在技术、资金、法务处理等方面都较为弱势。第三，参与跨国公司最终产品生产链条的发展中经济体企业在生产的上下游都受到跨国公司的制约，处于两头受制的局面。发展中经济体企业需要按跨国公司规定的生产要求从特定上游企业采购生产所需投入品，根据安特拉斯等（2013）在序贯替代的情况下，跨国公司更倾向于内部化相对上游的生产环节，因此在下游环节的发展中经济体企业需要按照要求直接从跨国公司采购生产投入品，如果跨国公司提高投入品价格，就会推动下游企业生产成本的提高，挤压其利润。发展中经济体企业生产的产品也往往需要按照跨国公司的要求交由下游企业进一步加工处理，因此按照上文分析，在进行关系专属型投资的情况下，发展中经济体企业将产成品交由下游企业是唯一的选择，其利润空间可能相对有限。也有企业参与的是最终产品的生产装配环节，如中国制造业中的加工代工企业，仅能获取最终产品利润中极为有限的部分，主要利润被跨国公司在设计研发及营销售后等环节获取。较为典型的例子是美国苹果公司的智能手机 iPhone，根据苹果公司公布的供应商信息①，苹果公司的18家组装工厂有14家位于中国，近几年来iPhone手机全部在中国大陆生产，根据戴德里克对苹果手机价值构成进行解构的结果发现，中国获得的利润仅是其价值的约2%，而美国获得了约75%。

上述分析表明，全球价值链地位的提升与在全球价值链中的位置和在全球价值链中的获利能力之间存在着紧密的联系，而全球价值链参与程度与全球价值链地位之间却不一定存在正向相关关系。当今发达国家跨国公司往往只从事价值链中的少部分高附加值的关键环节，如设计研发、营销售后等，而将大量附加值较低的加工组装等环节转移至发展中国家，跨国公司通过不同的治理模式控制全球价值链的跨境运转，参与程度虽然较低，但却从全球价值链中获取了大量的利润。而与之相反发展中国家虽然承接了大量的产业转移，加工贸易的方式为全球价值链的典型参与模式，实现了较高的全球价值链参与程度，但在全球价值链中的位置往往偏低，甚至长期处于"低端锁定"的状态（刘志彪等，2007）。

综上所述，全球价值链地位提升的关键在于价值链中位置的提升以及获利能力的增强。因此本章对全球价值链地位提升影响的研究将主要涉及全球价值链中的位置及在全球价值链中的增值能力两个指标。这也是上文理论分析中关于自贸协定实施对全球价值链地位影响与通过增加值贸易方法对中国制造业在全球价值链中有关状态的测算指标之间的"最大公约数"。

6.1.2　主要假设

基于此本章建立以全球价值链位置和全球价值链增值能力作为被解释变量的计量分析模型，对中韩FTA对中国制造业价值链地位提升的影响进行实证检验。以考察中韩FTA所带来的关税水平减让等贸易自由化行为对中国制造业在价值链中位置的提升、增值能力的增强以及要素结构的优化是否有正向的影响；基于本书关于中韩FTA在一定程度上可以看成是中韩贸易领域契约环境优化的观点，本章将在计量模型中

---

① 苹果官方网站，http://www.apple.com/supplier-responsibility。

分析对契约依赖程度不同的制造业行业是否有不同的影响。

假设1：中韩FTA的实施对提升中国制造业价值链位置有显著影响。

假设2：中韩FTA的实施对提高中国制造业价值链增值能力有显著影响。

假设3：不同行业对契约的依赖程度不同，中韩FTA的实施对契约依赖程度越高的制造业行业影响越显著。

假设4：优化中国要素结构和改善中国契约制度环境是实施中韩FTA提高中国制造业全球价值链地位的两个重要渠道。

进行实证检验的一个不容回避的问题是中韩FTA于2015年6月1日签署，实施时间相对较晚且实施时间较短，而本书所能搜集到的数据特别是适用于全球价值链现状的增加值贸易数据都不能达到中韩FTA签署的时间阶段。因此本章的实证分析采取在历史数据回归进行系数估计之后用代入中韩FTA的相应贸易自由化水平进行反事实模拟的实证方案。

6.2 中韩FTA影响价值链地位提升的实证检验

6.2.1 模型设定

本章计量模型的设定根据安特拉斯等（2013）构造的跨国序贯生产函数：

$$Q = (\int_0^1 I(i) \phi_i^\sigma q_i^\sigma di)^{\frac{1}{\sigma}}$$

这样不仅保持了理论模型和实证模型思想的一致性，另外该生产函数还能够反映全球价值链的生产组织及要素投入特征，刻画了全球价值链背景下要素投入、生产组织与产出之间的关系，上文在序贯生产模型部分对跨国公司与生产m阶段供应商之间收益划分$\beta(m)$讨价还价博弈的求解对应的就是全球价值链的增值能力，而对跨国公司生产环节内部一体化与外包临界点m_c^*和m_s^*的求解反映的是全球价值链的位置。部分相关研究也采用了类似的实证建模思想，如简晓斌（2014）基于柯布道格拉斯生产函数进行了关于全球价值链计量模型的构建，实际上柯布道格拉斯生产函数是本书采用的 CES 生产函数的一种特例。参照安特拉斯等（2013）序贯生产函数所涉及的主要因素，本章构建计量模型如下：

$$\ln Y_{i,t} = \beta_0 + \beta_1 \ln Tariff_{i,t} + \beta_2 Controls_{i,t} + \varepsilon_{i,t}$$

其中，$Y_{i,t}$ 为被解释变量，是制造业价值链地位提升状况的变量，包括制造业价值链位置的提高 $GVCposi_{i,t}$ 和增值能力的增强 $GVCgain_{i,t}$；i 表示行业，t 表示年份；$\ln Tariff_{i,t}$ 表示关税水平；$\ln Qd_{i,t-1}$ 表示行业的契约依赖程度；$Controls_{i,t-1}$ 为控制变量；$\varepsilon_{i,t}$ 为虚拟变量。控制变量 Controls 的集合为：

$$Controls = \gamma_1 FDI_{i,t} + \gamma_2 OFDI_{i,t} + \gamma_3 GVCpart_{i,t} + \gamma_4 R\&D_{i,t} + \gamma_5 Rate_{i,t}$$
$$+ \gamma_6 Geopoli_{i,t} + \gamma_7 Tariff_{i,t} * Qd_{i,t} + \gamma_8 Tariff_{i,t} * Factor_{i,t}$$
$$+ \gamma_9 Tariff_{i,t} * Cone_{i,t}$$

其中，$FDI_{i,t}$ 为外商直接投资，分为韩国对中国的直接投资 FDI_k 和除了韩国以外其他国家对中国的直接投资 FDI_o；$OFDI_{i,t}$ 为对外直接投资，分为对韩国的直接投资 $OFDI_k$ 和对其他国家的直接投资 $OFDI_o$；$GVCposi_{i,t}$ 和 $GVCpart_{i,t}$ 分别为全球价值链的嵌入位置和全球价值链的参与程度；$R\&D_{i,t}$ 为研发投入；$Rate_{i,t}$ 为汇率水平；$Geopoli_{i,t}$ 为政治关系指标；$Tariff_{i,t} * Qd_{i,t}$ 为契约依赖程度与中韩贸易自由化变量的交乘项；$Tariff_{i,t} * Factor_{i,t}$ 为要素结构与中韩贸易自由化变量的交乘项；$Tariff_{i,t} * Cone_{it}$ 为契约环境质量与中韩贸易自由化变量的交乘项。

6.2.2　变量说明与测度方式

1. 被解释变量

（1）全球价值链分工位置（GVCposi）。对全球价值链分工位置的衡量，目前主要的计算方法就是在对一国总出口进行增加值分解的基础上，根据库普曼等（2010）提出的"GVC 位置指数"来测度一国某行业在全球价值链中的嵌入位置，具体测算方法如下：

$$GVC\_Position_{ir} = \ln\left(1 + \frac{IV_{ir}}{E_{ir}}\right) - \ln\left(1 + \frac{FV_{ir}}{E_{ir}}\right)$$

其中，IV_{ir} 表示包含于别国出口中的本国间接价值增值，即 r 国 i 行业出口的中间品经一国加工后又出口给第三国的价值增值；FV_{ir} 表示 r 国总出口中包含的国外价值增值，即 r 国 i 行业出口的最终产品价值中包含的国外进口中间品的价值；E_{ir} 表示 r 国 i 行业以增加值统计的出口额。

数据测算使用了 OECD 等机构联合开发的世界投入产出数据库中的世界投入产出表，共包含 40 个国家或地区以及世界其他经济体（ROW），涉及 14 个制造业行业，世界投入产出表时间上连续，时间跨度为 1995~2011 年。

（2）增值能力（GVCgain）。对中国制造业在全球价值链中的增值能力的测度，本书借鉴库普曼等（2010）的方法结合行业层面的贸易增加值分解来计算，具体公式为：

$$GVC\_gain_{ir} = (dv_{ir} + ivos_{ir} + iv_{ir})/ex_{ir}$$

其中，dv_{ir} 表示 r 国 i 行业自身出口中的增加值；ivo_{ir} 表示 r 国 i 行业经过本国国内产业循环后对本国其他行业出口的增加值；iv_{ir} 表示 r 国 i 行业在其他国家各行业出口中的增加值，数据来源同上。这实际上是后向关联视角下的增加值出口比重。

2. 解释变量

（1）中韩自由贸易水平（$Tariff_{i,t}$）。由于中韩 FTA 的重要内容之一就是两国产品的关税减让和非关税壁垒的削减，而且此次减让和削减的幅度较大，覆盖的范围较广。虽然中韩 FTA 涉及的范围较广，但关税是其中较为核心的内容而且关税水平较易量化，因此将进口韩方产品的关税水平作为中韩自由贸易水平的代理变量。关税水平的测度是根据产品层面细分制造业行业对进口产品关税进行了汇总，参考盛斌（2002）从产品层面到行业层面的归纳，以海关税则为基础进行了类似的汇总和行业层面关税水平的平均。并根据中韩关税减让表概括性的估计了中韩 FTA 实施以后行业层面的关税水平。

（2）行业契约依赖程度指标（$Qd_{i,t-1}$）。对行业契约密集度的测度本书借鉴努恩（2007）以及王永进（2015）的方法，计算公式为：$z_i = \sum_j \theta_{ij} R_j^{neither}$，其中 $\theta \equiv \frac{u_{ij}}{u_i}$，$u_{ij}$ 表示行业 i 所使用的行业 j 的中间投入品数量；$u_i = \sum_j u_{ij}$ 表示行业 i 所使用的其他行业的中间投入品的总和。$R_j^{neither}$ 表示行业 j 中既不是"机构交易"产品（organized exchanges）也

没有"参考价格"(reference price)的产品所占的比重，该比重越高表明行业 j 对契约的依赖程度越高。

(3) 要素结构（Factor）。由于目前世界投入产出数据库的经济社会账户中最新的要素数据只更新到 2009 年，所以本书将 WIOD 经济社会账户的要素数据与通过各年份《中国统计年鉴》《中国劳动统计年鉴》等所整理的中国要素统计数据进行了整合和推算，构造了生产要素的结构性指标，用高级生产要素和低级生产要素的比值来表示要素结构。

(4) 契约环境质量（Cone）。本书使用世界银行发布的营商环境报告的历史数据①为基础构造契约环境质量变量。但营商环境报告的数据需要进行如下处理：营商环境报告中涉及指标较多，但部分指标存在缺失，本书选用的是出现频次较高的指标，如开设商业活动（starting a business）、执行合同（enforcing contracts）、破产处理（resolving insolvency）等，这些指标有可能是更受投资者关注的契约环境条件，通过计算这些指标的算术平均并获取中国各年份的排名作为契约环境质量的代理变量。

3. 控制变量

(1) 外商直接投资（$FDI_{i,t}$）和对外直接投资（$OFDI_{i,t}$）。对中国的外商直接投资分为韩国对中国的外商直接投资 FDI_k 和除了韩国以外的其他国家对中国的外商直接投资 FDI_o；中国对外国的直接投资分为中国对韩国的直接投资 $OFDI_k$ 和中国对除了韩国以外的其他国家的直接投资 $OFDI_o$。本书使用中国各行业的外商直接投资和对外直接投资额衡量。

(2) 全球价值链参与程度（$GVCpart_{i,t}$）。全球价值链参与程度是根据库普曼等（Koopman et al.，2010）提出的"GVC 参与度指数"来测度一国某行业参与全球价值链的程度，其计算公式为：

$$GVC\_Participation_{ir} = \frac{IV_{ir}}{E_{ir}} + \frac{FV_{ir}}{E_{ir}}$$

其中，$\frac{IV_{ir}}{E_{ir}}$ 为"GVC 前向参与度指数"，表示 r 国 i 行业出口的中间

---

① http://www.doingbusiness.org/Custom-Query. 其中能够系统性查询到的中国数据最早年份为 2004 年，报告的是 2003 年的情况。

产品被另一国进口用于生产最终产品并出口到第三国的程度,该指数越高表明在全球价值链上 r 国处于价值链的上游环节;$\frac{FV_{ir}}{E_{ir}}$ 为"GVC 后向参与度指数",表示 r 国 i 行业出口中所使用的国外增加值的程度,即一国出口中的国外增加值率,该指数越高表明在全球价值链上 r 国处于价值链的下游环节,因此"GVC 参与度"指数值越大说明一国参与国际分工的程度越高[1]。

(3) 研发投入($R\&D_{i,t}$)。研发是企业进行自主创新提高其核心竞争力的重要环节,研发水平是企业科技创新能力的基础,企业的研发投入越高,其科技创新能力越强,企业的技术水平和产品复杂度的提高速度就越快。对研发投入的测度鉴于数据的可获得性,本书使用中国各年份研发投入作为代理变量。

(4) 汇率水平($Rate_{i,t}$)。由于汇率波动对企业的进入退出行为有一定的影响,而且研究发现汇率升值对企业的退出行为具有显著的促进作用(Baggs et al.,2009;Baldwin & Yan,2010)。关于汇率的选择,虽然中韩已开启了人民币直接结算,但其在中韩双边贸易结算中的占比仍相当有限,本书的汇率水平使用人民币兑换美元的年平均汇率。

(5) 政治关系指标($Geopoli_{i,t}$)。由于缺乏成熟的政治关系模型作为依据,难以对中韩政治关系指标进行框架性的量化,本书搜集了实证考察期内每年中韩两国国家领导人、中央政府部长级、地方省级(省级对应为韩方的道及特别市[2])官员访问次数作为中韩双边政治关系的代理变量,基于此对中韩两国的政治关系发展进行了主观评价。

(6) 在回归模型中还引入了三个交乘项,分别是 $Tariff_{i,t} * Factor_{i,t}$ 要素结构与中韩贸易自由化变量的交乘项,用以检验要素结构高级化是否更有利于发挥中韩 FTA 的积极作用;$Tariff_{i,t} * Cone_{it}$ 契约环境质量与中韩贸易自由化变量的交乘项,用以检验契约环境质量的提高是否更有利于发挥中韩 FTA 的积极作用;$Tariff_{i,t} * Qd_{i,t}$ 为契约依赖程度与中韩贸易自由化变量的交乘项,用以检验中韩 FTA 实施是否对契约依赖程度高的行业全球价值链地位提升的影响更大。

---

[1] 刘琳:《中国参与全球价值链的测度与分析——基于附加值贸易的考察》,载于《世界经济研究》2015 年第 6 期。

[2] 韩国目前有首尔特别市和 9 个道。

6.2.3 数据来源与处理

基于增加值方法测算的全球价值链参与程度、全球价值链嵌入位置、进口渗透率等数据为 OECD 等机构联合开发的世界投入产出数据库中的世界投入产出表，共包含 40 个国家或地区以及世界其他经济体（ROW），时间跨度为 1995～2011 年。对外直接投资、外商直接投资、研发投入、汇率水平等数据来自相应年份的《中国统计年鉴》。本书根据中国制造业的发展现状和 OECD 产业研发密集度分类将 14 个制造业行业①划分为高、中、低技术制造业三大类②，高技术制造业包括 C9、C13、C14、C15，中技术制造业包括 C8、C10、C11、C12，低技术制造业包括 C3、C4、C5、C6、C7、C16；鉴于能够从行业层面系统性获取中国对外直接投资数据的年份为 2003 年，而世界投入产出表的最新年份为 2011 年，因此，本书实证考察的时间跨度为 2003～2011 年，本书所整理的面板数据样本为一个时间维度小于个体维度的短面板。

6.3 计量结果与稳健性检验

6.3.1 基准模型回归结果及分析

本节遵循"从小到大"的计量建模思路，在主要解释变量的基础上，增量考察可能的控制变量，把企业数据加总到行业层面进行研究，因为现在全球价值链数据只能到行业层面，并参考异方差、自相关检验、信息准则、VIF 等检验结果，选择面板固定效应模型作为基准模型，基准计量模型建模过程和相应回归结果如表 6-1 所示，其中 pos

---

① C3 食品饮料和烟草业；C4 纺织业；C5 皮革和制鞋业；C6 木材加工业；C7 造纸和印刷出版业；C8 焦炭、精炼石油及核燃料加工业；C9 化学工业；C10 橡胶和塑料制品业；C11 其他非金属矿制品业；C12 常用金属制品业；C13 机械工业；C14 电气和光学设备制造业；C15 运输设备制造业；C16 其他制成品及回收设备制造业。

② 这一划分与本书计算的制造业行业契约依赖度也基本吻合。

第6章 中韩FTA促进中国制造业全球价值链地位提升的实证分析

代表被解释变量为全球价值链位置,gain代表被解释变量为全球价值链增值能力。以全球价值链位置作为解释变量说明"从小到大"的建模过程。另外,本书对主要变量都进行了取对数处理。

表6-1　　　　　　　　　　基准模型回归结果

变量	(1) pos	(2) pos	(3) pos	(4) pos	(5) pos	(6) pos	(7) gain
tariff	-0.129** (-2.35)	-0.132* (-1.71)	-0.127* (-1.60)	-0.127** (-2.57)	-0.144*** (-2.81)	-0.168*** (-3.27)	-2.223*** (-7.07)
qd	0.556*** (3.03)	0.321 (0.27)	0.543* (1.62)	0.547** (2.56)	0.570** (2.17)	0.621** (2.25)	0.781*** (7.25)
factor	2.139*** (5.52)	2.337*** (5.13)	2.241*** 5.56	2.293*** (5.02)	2.017*** (5.81)	2.408*** (5.99)	5.157*** (11.23)
cone	1.368 (1.02)	1.269* (1.54)	1.321* (1.62)	1.447* (1.51)	1.273* (1.70)	1.473** (1.95)	1.939* (1.54)
gvcpart	0.298** (2.02)	0.748* (1.96)	0.793** (2.05)	0.791** (2.03)	0.759* (1.95)	0.734 (0.73)	0.333 (1.27)
fdi		0.747 (1.22)	1.049 (1.45)	1.043 (1.43)	1.008 (1.38)	0.983 (1.28)	0.929 (1.33)
ofdi			1.571*** (3.79)	1.550** (2.77)	1.588** (2.32)	1.739** (2.05)	2.156*** (4.13)
rd				0.244* (1.69)	0.164** (1.93)	0.439** (2.33)	0.599*** (4.57)
rate					-0.0746 (-1.22)	-0.0603 (-0.98)	-0.0654* (-1.51)
geopoli						0.359** (1.93)	0.388** (1.86)
tariff*qd						-0.497** (-1.83)	-0.554*** (-7.69)
tariff*fact						-0.379*** (-5.36)	-0.335*** (-4.98)
tariff*cone						-0.624** (-2.21)	-0.591** (-1.94)

续表

变量	(1) pos	(2) pos	(3) pos	(4) pos	(5) pos	(6) pos	(7) gain
_cons	-3.925** (-2.42)	-11.08* (-1.82)	-24.40 (-1.36)	-24.26 (-1.34)	-24.14 (-1.34)	-25.45 (-1.24)	-17.33 (-1.05)
行业固定效应	是	是	是	是	是	是	是
时间固定效应	是	是	是	是	是	是	是

注：括号内的数值为 t 统计值；***、**、* 分别表示1%、5%和10%的显著性水平。

从表6-1对基准模型的回归结果可以发现，第一，中韩FTA实施后以关税水平衡量的双边贸易自由化变量 tariff 的系数均显著为负，如表6-1中第（6）列和第（7）列所示，以关税水平的降低为代表的中韩双边贸易自由化有利于中国制造业全球价值链位置的提升和增值能力的增强。从第（1）列到第（6）列的建模过程来看，在逐步增加控制变量之后，回归系数的显著性、符号、系数大小都没有发生明显变化，说明这一回归结果较为稳健，基本验证了假设1和假设2。值得注意的是，贸易自由化对全球价值链增值能力的影响系数大于对全球价值链位置的影响系数，说明和位置的提升相比，贸易自由化更易提高中国制造业在全球价值链所在环节的获利能力，这也与上文理论模型中贸易自由化有利于提高生产环节 m 的供应商收益份额 $(1-\beta(m))$ 相吻合。提高所在环节的收益有利于厂商加速资本积累，为价值链位置的提升提供更充裕的投资基础。

第二，契约依赖程度 qd、要素结构 factor 和契约环境质量 cone 三个变量的系数为正且较为显著，在考察期内契约依赖程度、要素结构和契约环境质量对中国制造业价值链位置的提升、增值能力的增强有明显影响。而且这三个变量与贸易自由化变量各自的交乘项都显著为负，以交乘项的边际效应解释，说明中韩FTA实施所形成的价值链地位提升作用对契约依赖程度越高的制造业行业影响越为显著，基本验证了假设3。要素结构和契约环境质量的交乘项也说明，要素结构越优化、契约环境越好，越有利于中韩FTA实施所带来的全球价值链地位提升作用的发挥。

第三，全球价值链参与程度 gvcpart 变量的系数也为正，但并不显著。参与全球价值链的程度与全球价值链地位之间并不存在正相关关系，前人关于中国制造业国际分工地位的相关研究也得出了"低端锁定""悲惨增长""出力不讨好"[①] 等结论，如卢福财和胡平波（2008）、刘志彪和张杰（2009）、王岚（2014）等。在当今国际分工格局下，在全球价值链中占据主动地位的发达经济体占据了资源环境代价较低的研发设计和营销售后等高附加值环节，攫取了大部分收益，而发展中经济体价值链收益较少的同时却付出了大量的要素投入和较大的资源环境代价。

第四，在其他控制变量方面：（1）外商直接投资 fdi 的系数虽然为正，但并不显著，外商直接投资虽然是推动中国制造业嵌入全球价值链的重要方式，也促进了中国制造业一定程度的升级，但是外商直接投资企业的控制权归属于跨国公司，使其相应的嵌入环节缺乏主动地位，更易陷入"低端锁定"局面难以有效升级；而且近年来随着中国制造业生产成本的不断上升，部分外商企业正将其在中国的生产环节转移至生产成本更低的国家，给中国制造业的全球价值链地位带来了更大的风险和不确定性。（2）对外直接投资 ofdi 与研发投入 rd 的估计系数均为正。对外直接投资和研发投入都是获取核心关键技术产权的重要方式，因此有助于制造业全球价值链地位的提升，而研发投入是通过自主创新实现制造业做大做强的根本路径。（3）汇率 rate 的系数为负，其中值得注意的是，如表 6-1 中第（6）列和第（7）列所示，汇率对全球价值链位置的影响不显著，而对全球价值链增值能力的影响显著，现实中汇率的波动往往会对国际贸易的收益造成明显影响，全球价值链增值能力要通过国际贸易实现，因此对其影响较为直接，而对价值链地位的影响则不直接。（4）两国的政治关系 geopoli 具有正向影响，说明两国的对外贸易活动难免受到地缘政治的影响，敏感的朝鲜半岛局势经常对周边国家的经贸关系造成冲击，稳定的政治关系才能促进两国经济贸易的长足发展。

---

① 刘世锦：《关于我国增长模式转型的若干问题》，载于《管理世界》2006 年第 2 期。

6.3.2 对基准模型的进一步处理

在基准模型回归的基础上，根据在数据来源、模型设定等方面可能存在的问题，本书对个体效应、时间效应、回归系数可变性等进行了考察处理，并作为对基准模型的稳健性检验。表6-2是相应的回归结果，LSDV中的个体效应i，双向固定效应模型中的时间效应year，变系数模型中的个体交乘项系数等略去。

表6-2　　　　　　　跨模型回归结果

变量	(1) FE	(2) LSDV	(3) Two-way FE	(4) PCSE	(5) Variable Cofficient
tariff	-0.168*** (-3.27)	-0.168*** (2.77)	-0.165*** (-3.01)	-0.123*** (-2.72)	-0.075* (-1.53)
qd	0.621** (2.25)	0.621* (1.43)	(-)	2.082 (0.72)	3.117** (2.31)
factor	2.408*** (5.99)	2.408*** (2.98)	2.183*** (5.25)	1.773*** (6.25)	8.917*** (4.42)
cone	1.473** (1.95)	1.473* (1.66)	1.256** (2.54)	0.222** (2.13)	3.376 (0.303)
gvcpart	0.734 (0.73)	0.734 (0.36)	0.686* (1.39)	-2.552 (-0.19)	5.734** (1.88)
fdi	0.983 (1.28)	0.983 (0.85)	0.942 (1.14)	0.001* (1.66)	0.347 (0.25)
ofdi	1.739** (2.05)	1.739* (1.79)	1.905*** (4.11)	0.646*** (7.52)	11.238*** (3.09)
rd	0.439** (2.33)	0.439* (1.53)	(-)	0.0711* (1.42)	0.0112*** (8.13)
rate	-0.0603 (-0.98)	-0.0603 (-0.52)	(-)	-0.387 (-0.12)	-0.099 (-1.29)
geopoli	0.359** (1.93)	0.359** (1.47)	0.276** (1.81)	0.359*** (5.15)	1.823*** (3.93)

续表

变量	（1） FE	（2） LSDV	（3） Two-way FE	（4） PCSE	（5） Variable Cofficient
tariff * qd	-0.497** (-1.83)	-0.497 (-1.31)	-0.741*** (-3.29)	-1.068* (-2.23)	-0.023** (-2.27)
tariff * fact	-0.379*** (-5.36)	-0.379*** (-4.08)	-0.154*** (-4.65)	-0.967*** (-3.82)	-5.912 (-0.06)
tariff * cone	-0.624** (-2.21)	-0.624* (-1.54)	-0.206** (-2.42)	-5.039 (-0.59)	-7.738* (-1.45)
_cons	-25.45 (-1.24)	-25.45 (-0.79)	-8.37 (-0.05)	-17.66 (-0.03)	-0.007 (-1.06)
行业固定效应	是	是	是	是	是
时间固定效应	是	是	是	是	是

注：括号内的数值为 t 统计值；***、**、* 分别表示 1%、5% 和 10% 的显著性水平。

第一，数据维度缺失。由于小部分变量无法系统全面的获取相关数据，如行业契约依赖程度、高级要素与低级要素的比重等变量，这是由于数据自身属性（契约环境质量）或数据来源的可获得性（研发投入）造成的。上述变量虽然随时间变动，但是却不随个体变动，即使同一年份不同行业面临相同的研发投入数值，但研发投入的影响系数可能存在跨行业的差别，导致相应系数的直接估计可能会存在偏差。相应的处理方法有面板可变系数模型、面板随机系数模型，面板似不相关回归等，由于估计参数提供的自由度有限，难以适用于面板随机系数、面板似不相关回归等模型，所以使用面板变系数模型进行进一步考察和处理。

第二，个体效应和时间效应。由于面板数据涉及了个体和时间维度，因此可能存在个体效应或时间效应。对于个体效应，建立了 LSDV 模型进行考察，根据固定效应回归模型的原理可知，LSDV 回归与固定效应回归系数应当一致，但由于 LSDV 使用的是聚类稳健标准差（本书以个体作为聚类），在 t 值方面存在差异。结果略去了个体效应的系数，同时 LSDV 较为显著的个体效应支持了基准模型结果。对于时间效应，通过引入年份虚拟变量构造双向固定效应（Two-way FE）模型，但对双向固定效应所得回归系数的联合显著性进行检验得到的检验结果为接受原假设，即不存在明显的时间效应。且模型 F 值对于结果为接受，即相应双向固定效应模型并不适用于本书实证。

表 6-2 中第（5）列是面板可变系数模型的回归结果，其主要解释变量的回归显著性和系数大小都与基准固定效应模型存在明显差异，面板可变系数模型的回归系数并不显著且整个模型的 F 值为接受原假设。所以这一回归结果显示在面板总体层面支持本章使用基准固定效应模型，在后文进行行业子样本检验时，由于总样本行业分离可能会引致子样本行业特征的去混同，将再使用面板可变系数模型进行进一步检验。

第三，组间异方差、自相关等问题。虽然使用的是面板数据，但该面板数据的个体维度和时间维度较为接近，因此相比个体维度明显大于时间维度的短面板数据，更有可能存在组间异方差、组间同期相关等问题，因此进一步使用面板校正误差（PCSE, Panel-Corrected Standard Error）模型，对数据进行回归作为参照。其回归结果与基准模型存在差异，因此通过结果对比应该选用固定效应模型。

按照目前研究中较为常用的稳健性检验的做法，本书在保持模型不变的前提下，更换被解释变量指标，再进行回归。目前关于全球价值链位置的测量指标除了全球价值链地位指数之外，还有另外一种衡量方式为安特拉斯等（2012）发展的上游度指标[①]（upstreamness）。而对于全球价值链增值能力，本书之前使用的是后向关联视角下的增加值出口比重，本书将其替换为前向关联视角下的增加值出口比重。稳健性检验的结果如表 6-3 所示。

表 6-3　　　　　　　　稳健性检验

变量	（1） pos （upstreamness）	（2） gain （forwad-linkage）
tariff	-1.33 (-0.22)	-14.71 *** (-8.03)

[①] Antràs, P., and Chor, D., 2012: Fally T et al. Measuring the Upstreamness of Production and Trade Flows, American Economic Review, Vol. 102, No. 3.

续表

变量	(1) pos (upstreamness)	(2) gain (forwad-linkage)
qd	0.62 *** (-3.25)	5.35 * (-1.47)
factor	1.75 *** -4.91	12.74 *** -3.80
cone	0.41 (-0.38)	2.56 ** (-1.91)
gvcpart	(1.46) (0.96)	-0.23 -1.01
fdi	1.35 0.80	-0.15 * -1.52
ofdi	2.38 * 1.57	0.88 ** 1.85
rd	0.97 *** (3.05)	3.05 * (1.49)
rate	-1.30 -0.21	-3.65 ** (-2.55)
geopoli	2.75 (0.93)	10.19 *** (3.57)
tariff * qd	1.08 -0.30	-0.07 -0.25
tariff * fact	-0.39 *** (-4.29)	-2.54 *** (-8.64)
tariff * cone	0.94 0.62	-3.32 *** (-5.68)
_cons	-28.80 -0.18	-30.50 (-0.21)
行业固定效应	是	是
时间固定效应	是	是

注：括号内的数值为 t 统计值；***、**、* 分别表示 1%、5% 和 10% 的显著性水平。

从表6-3汇报的稳健性结果来看，以全球价值链位置和全球价值链增值能力分别作为被解释变量的两个回归，大部分回归系数的符号和显著性都没有发生剧烈的变动，体现了一定的稳健性。但是在全球价值链位置的回归中（表6-3中第（1）列），反映贸易自由化的变量系数虽仍然为正，但是不再显著，造成该系数不显著的主要原因可能是本书稳健性回归中上游度指标的选取，上游度指标所对应的位置含义可能与全球价值链的位置不同，已有部分研究认为上游度指标不应当解读为全球价值链位置，而应当给这一指标赋予其他现实含义，持有此类观点的学者，如程大中（2015）就认为上游度指标反映的不是价值链中的上下游位置，而应当将其理解为"价值链和产业链的融合程度"。上游度指标和全球价值链位置是当前主要的两个位置测度指标，所以本书将其作为稳健性回归替代被解释变量，如果后续研究中能够提出更好地反映全球价值链位置的其他指标，将其用于稳健性检验可能就不再会出现上述不显著的意外情况。

表6-2和表6-3中不同模型的回归结果和更换被解释变量的回归结果说明本书的计量模型体现了较好的稳健性。

6.3.3　反事实模拟分析

由于中韩FTA于2015年6月1日签署，实施时间较短，能够获得的数据较少，而且上文回归的数据来源也没有更新至这一时间段，因此本书参考毛其淋（2013）等的做法，利用上文回归系数，使用中韩FTA实施以后的关税水平进行反事实推演。上一节通过计量回归细致的考察了关税减让和契约依赖程度对制造业价值链地位提升、增值能力增强的统计显著性影响，考察中韩FTA实施影响制造业价值链地位、增值能力和要素结构的幅度。在反事实模拟的过程中，计量模型和相关变量跟原来一样，只是将关税水平设定为中韩FTA中的关税水平。由于本书在回归中对被解释变量和主要解释变量都取了对数，根据对数求导原理，本书反事实模拟实际上考察的是贸易自由化变量（关税）变动的百分比所造成的全球价值链位置和增值变动百分比，反事实模拟的结果如表6-4所示。

表 6-4　　　　　　　　　反事实模拟结果　　　　　　　　单位：%

关税下降	10	20	50	70
全球价值链位置	-1.68	-3.36	-8.40	-11.76
全球价值链增值能力	-22.23	-44.46	-111.15	-155.61

根据表 6-4 反事实模拟的结果可以看出：第一，中韩 FTA 实施所带来的贸易自由化幅度越大，对中国制造业在全球价值链中的位置和所在位置的增值能力的影响就越大。第二，中韩 FTA 实施对中国制造业全球价值链增值能力的影响要明显大于对中国制造业全球价值链位置的影响。

6.4　影响机理检验

本节将对理论分析中提出的中韩 FTA 对中国制造业全球价值链地位提升的内在传导机理进行检验，即检验本章开始部分提出的假设 4：优化中国要素结构和改善中国契约制度环境是实施中韩 FTA 提高中国制造业全球价值链地位的两个重要渠道。

本节采用中介变量法对这一内在机理进行检验。根据百伦（Baron，1986）的研究，如果解释变量 X 通过变量 M 对被解释变量 Y 产生影响，则将 M 定义为中介变量。如果从回归中移除中介变量以后，解释变量对被解释变量的影响不再显著，则中介变量属于完全中介；如果移除中介变量以后，解释变量对被解释变量的回归系数仍然显著，则中介变量属于部分中介。可分别用以下三个方程说明变量之间的关系：$Y = cX + e_1$，$M = aX + e_2$，$Y = c'X + bM + e_3$。只有在 X 与 Y 显著相关的前提下（即回归系数 c 显著），才可继续考虑 M 的中介效应。如果 M 的中介效应存在，则其大小为 $c - c'$ 或者 ab。现在较有代表性的是由温忠麟（2004）提出的中介效应检验流程，如图 6-1 所示。

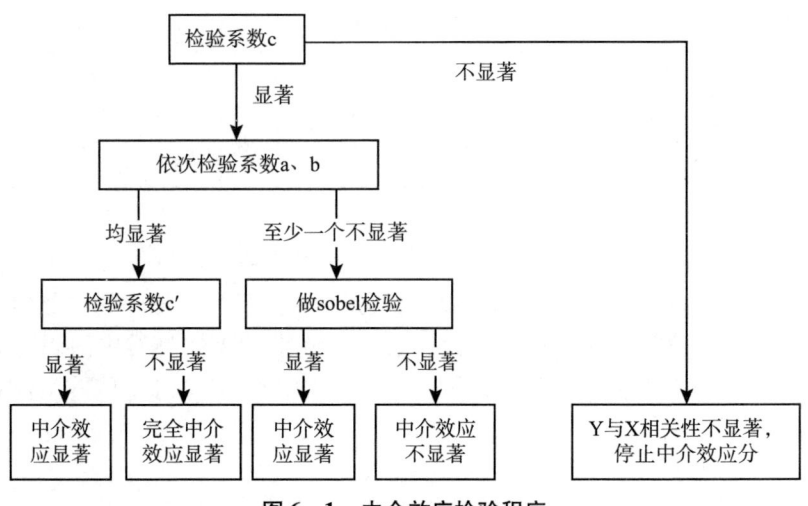

```
检验系数c ──不显著──┐
    │                │
   显著              │
    ↓                │
依次检验系数a、b      │
    │                │
 均显著  至少一个不显著 │
    ↓        ↓        │
检验系数c'  做sobel检验 │
  ↓   ↓     ↓   ↓    │
 显著 不显著 显著 不显著 │
  ↓   ↓     ↓   ↓    ↓
 中介 完全中介 中介 中介  Y与X相关性不显著,
 效应 效应    效应 效应  停止中介效应分
 显著 显著    显著 不显著
```

图 6-1　中介效应检验程序

资料来源：根据巴伦（Baron，1986）整理绘制。

当第二步回归中出现系数不显著时，需要进行 Sobel 检验，构造计量模型 $s_{ab}=\sqrt{\hat{a}^2 s_b^2 + \hat{b}^2 s_a^2}$，其中 $\hat{a}$、$\hat{b}$ 分别为系数 a、b 的拟合值，s_a、s_b 分别为 $\hat{a}$、$\hat{b}$ 的标准误。在此基础上求得统计量 $z=\dfrac{\hat{a}\hat{b}}{s_{ab}}$，$z \sim N(0,1)$。将计算得到的 Z 值与相应的临界值进行比较，如果 Z 的绝对值大于临界值，则中介效应显著；如果小于临界值，则中介效应不显著。本节检验涉及两个中介变量，在解释变量对中介变量回归时还应当引入两个中介变量的交乘项 factor * cone，如图 6-2 所示：

```
            factor
          ↗        ↘
     cone * factor
   ↗      ↘          ↘
tariff ─────────────→ gvc postion(gvc gain)
   ↘                  ↗
            cone
```

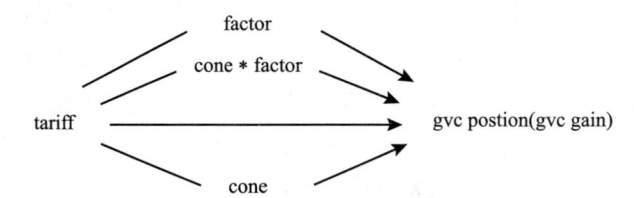

图 6-2　中介效应的主要变量及检验路径

资料来源：经整理绘制。

中介效应的检验结果如表 6-5 和表 6-6 所示。

表 6-5　　　　　　　　　　　中介效用检验结果

变量		第一步	第二步		第三步	Sobel 检验
		pos	tariff	pos	pos	
第一步	tariff	-0.131 ** (-2.11)				
第二步	factor		-2.737 * (-1.61)	1.818 *** (7.23)		
	cone		-5.168 *** (-6.09)	0.229 ** (2.51)		
	factor * cone		-8.168 * (-1.44)	2.01 *** (7.89)		
第三步	tariff				-0.154 *** (-3.00)	没有触发

注：括号内的数值为 t 统计值；***、**、* 分别表示 1%、5% 和 10% 的显著性水平。

表 6-6　　　　　　　　　　　中介效用检验结果

变量		第一步	第二步		第三步	Sobel 检验
		gain	tariff	gain	gain	
第一步	tariff	-1.715 *** (-5.55)				
第二步	factor		-2.737 * (-1.61)	4.503 *** (10.44)		
	cone		-5.168 *** (-6.09)	1.038 * (1.66)		
	factor * cone		-8.168 * (-1.44)	9.287 *** (15.31)		
第三步	tariff				-2.223 *** (-7.07)	没有触发

注：括号内的数值为 t 统计值；***、**、* 分别表示 1%、5% 和 10% 的显著性水平。

表 6-5 和表 6-6 第二步中的第一列回归系数相同，因为都是因变量对中介变量的回归系数。表 6-5 汇报的是中韩 FTA 实施对中国制造

业全球价值链位置影响的中介效应检验结果；表 6-6 汇报的是中韩 FTA 实施对中国制造业全球价值链增值能力影响的中介效应检验结果。因为在第二步回归中系数都显著，无须进行 Sobel 检验。对比图 6-1 的步骤，中介效应检验说明，要素密集度和契约环境质量都体现的是显著的部分中介效应。优化中国要素结构和改善中国契约制度环境是中韩 FTA 实施提高中国制造业全球价值链地位的两个重要渠道的假设通过了检验。

6.5 本章小结

本章对理论分析关于中韩 FTA 实施对中国制造业全球价值链地位提升影响的结论及其内在机理进行了实证检验。将实证所要检验的全球价值链地位界定为全球价值链中的位置和增值能力，在前文理论模型基础上构建了计量模型。实证检验分为两个部分：第一部分直接检验中韩 FTA 实施对中国制造业全球价值链地位的影响。在对样本进行基准检验之后，又进行了反事实模拟分析，以弥补目前中韩 FTA 实施时间较短，实施后数据较为缺乏的不足。第二部分则基于中介变量检验框架，对中韩 FTA 实施影响中国制造业全球价值链地位的内在机理进行检验，实证检验结果与假设基本一致。本章得出的主要结论如下：

第一，中韩 FTA 的实施有利于中国制造业全球价值链位置的提升和增值能力的增强。而且中韩 FTA 的实施对中国制造业全球价值链增值能力增强的作用更大，而对全球价值链位置提升的作用则相对较小。

第二，契约依赖程度、要素结构和契约环境质量对中国制造业价值链位置的提升、增值能力的增强有明显影响。这三个变量与贸易自由化变量的交乘项都显著为负，说明中韩 FTA 实施所形成的价值链地位提升作用对契约依赖程度越高的制造业行业的影响越显著，要素结构越优化、契约环境越好，越有利于中韩 FTA 实施所带来的全球价值链地位提升作用的发挥。

第三，全球价值链参与程度和外商直接投资系数的影响大致不显著；而对外直接投资和研发的影响均显著为正；汇率的系数为负，对全球价值链增值能力的影响较为直接，而对价值链位置的影响则不显著；两国的政治关系具有显著正向影响，敏感的朝鲜半岛局势经常对周边国家经贸关系造成冲击，稳定的政治关系才能促进两国经济贸易的长远发展。

第四，对内在机理的中介效应检验结果说明，要素结构和契约制度质量是中韩 FTA 实施影响中国制造业全球价值链地位的部分中介，优化中国要素结构和改善中国契约制度环境是实施中韩 FTA 提高中国制造业全球价值链地位的两个重要渠道。

第 7 章 研究结论与政策建议

由于不同国家和地区要素禀赋的差异,决定了全球价值链的分工利益存在着非均衡性,本书试图在全球价值链理论、增加值贸易理论和契约理论的框架下,以中韩 FTA 实施后大幅度提高贸易自由化水平以及契约制度环境的优化为背景,分析中韩 FTA 实施对中国制造业全球价值链地位提升的影响路径及其内在机理。并进一步利用世界投入产出数据库中的世界投入产出表数据对研究结论进行了实证检验,以考察中韩 FTA 实施对中国制造业在全球价值链中的位置和增值能力的影响机理。本章主要是对全文进行归纳总结,在理论推论和实证检验所得结论的前提下提出相关的政策建议,并指出了本书研究的局限性和不足之处,以及对将来进一步研究的方向进行了展望。

7.1 主要结论

由于中韩两国在东亚地区的经济和政治发展中占有重要地位,中韩 FTA 的实施会对东亚地区的经济贸易产生重要的影响,本书在分析了中韩两国在全球价值链中的位置和参与程度以及所获得的分工利益的基础上,进一步提出了中国制造业价值链地位提升的路径机制,并得出了以下主要结论:

第一,关于中韩两国全球价值链分工位置的衡量。中国在全球价值链中的位置呈 U 型发展趋势,2005 年降到最低后一直在缓慢回升;而韩国的价值链位置则出现不断下降的趋势。从制造业内部不同技术密集度的行业来看,中国低技术制造业的分工位置逐渐提高,不断向上游位置靠近;中技术制造业的分工位置较为稳定且变动不大;高技术制造业的分工位置波动较为剧烈，呈现出与中国整体"GVC 位置指数"值相同的 U 型变化趋势。韩国中低技术制造业的分工位置较高，中高技术制造业在国际分工中的位置较低且下降幅度较大，特别在部分高技术制造业中，中国的分工位置不断提高，韩国的分工位置逐渐下降。

第二，关于中韩两国价值链参与程度的衡量。中韩两国制造业参与国际分工的程度逐年提高，且韩国的参与程度高于中国，尤其是 2001 年中国加入 WTO 以后，两国参与国际分工的程度逐渐加深。从不同技术密集度的制造业行业来看，中韩两国三类技术密集度制造业的"GVC 参与度指数"均有所提高，低技术制造业融入国际分工的程度较低，中高技术制造业融入国际分工的程度较高；中国部分中低技术制造业的融入程度上升较快，韩国部分低技术和高技术制造业的参与程度有所提升。另外，中国制造业出口中的国外增加值率呈现明显的上升趋势，特别是从 2002 年开始有较大幅度的提升，说明 2001 年中国加入 WTO 以后，中国参与全球生产网络的程度逐渐加深，对进口中间投入品的依赖程度明显增强。韩国制造业大部分行业的出口中向国外提供的增加值大于所使用的国外中间投入品的增加值，并且大部分行业的前后向参与度指数均高于中国，这也从另一方面说明了韩国参与国际分工的程度高于中国。

第三，关于中韩双边贸易增加值分解和分工利得的衡量。在中韩双边贸易中，以中间产品贸易为主，最终产品贸易为辅，中国出口的中间产品主要被直接吸收和用于再次出口，韩国出口的中间产品主要被其他国家吸收；中国对韩国出口的主要价值来源是美国、日本、中国台湾和澳大利亚，韩国对中国出口的主要价值来源是中国、美国和日本，其中含有的中国价值较多；中韩两国在不同技术密集度的制造业行业的价值链分工中呈现不同的利益分配格局，韩国处于中间产品生产的高附加值环节，中国处于最终产品组装的低附加值环节。特别是在部分高技术制造业两国在双边贸易中的获利能力同时增强，表现出较强的贸易竞争性；随着国际生产分工体系的日益深化，更多的国家参与到中韩双边贸易中来，贸易利益的分配要在越来越多的国家之间进行。

第四，关于中韩 FTA 对中国制造业价值链地位提升的影响机制。中韩 FTA 的实施消除了关税等制度性障碍、简化了海关程序、提高了政府部门的工作效率和相关法律法规的实施质量，使得对外贸易的契约环境进一步优化，从而使得中国国内的契约环境进一步改善，同时促进了生产要素的跨国流动，特别是技术、知识、创新等高级生产要素的流入。因此，其内在的影响机理可以表述为，优化中国国家要素结构和改善契约制度环境是实施中韩 FTA 提高中国制造业全球价值链地位的两个重要渠道。中韩 FTA 的实施对中国制造业企业的生产和全球价值链地位提升的积极影响表现在以下两个方面：一是能够提高中国制造业企业的生产和最优产出水平，以及优化企业生产的要素投入结构；二是可以通过提高需求弹性进而提高发展中国家企业在全球价值链中的位置以及在全球价值链生产环节增值分配中的份额，也就是能够促进全球价值链增值能力的提升。

第五，中韩 FTA 的实施有利于中国制造业企业全球价值链位置的提升和增值能力的增强。中韩 FTA 的实施对制造业企业全球价值链增值能力增强的作用更大，而对全球价值链位置提升的作用则相对较小；契约依赖程度、国家要素结构和契约环境质量对中国制造业价值链位置的提升、增值能力的增强有明显影响。这三个变量与贸易自由化变量的交乘项都显著为负，说明中韩 FTA 实施所形成的价值链地位提升作用对契约依赖程度越高的制造业行业的影响越显著；全球价值链参与程度和外商直接投资系数的影响大致不显著，而对外直接投资和研发的影响均显著为正；汇率的系数为负，对全球价值链增值能力的影响较为直接，而对价值链位置的影响则不显著。两国的政治关系具有显著的正向影响，敏感的朝鲜半岛局势经常对周边国家的经贸关系造成冲击，稳定的政治关系才能促进两国经济贸易的长远发展；对内在机理的中介效应检验结果说明，要素结构和契约制度质量是中韩 FTA 实施影响中国制造业全球价值链地位的部分中介，优化中国要素结构和改善契约制度环境是实施中韩 FTA 提高中国制造业全球价值链地位的两个重要渠道。

7.2 政策建议

根据上述研究结论，从提高中国在全球价值链中的位置和在中韩双边贸易中获利能力的角度，本书提出如下政策建议：

第一，继续推进贸易自由化进程。中韩 FTA 的实施降低了中间产品的交易成本，促进了国家间的经贸往来，而良好的契约实施质量是两国贸易与投资活动的基础，只有继续深化贸易自由化改革，优化法律法规等制度实施的契约环境，才能使自由贸易区设立所产生的经济效益进一步转化为企业的竞争优势。中韩 FTA 实施带来的关税减让对中国制造业企业价值链地位的提升表现出显著的正向影响，通过对要素流动和要素供给的影响，改善了国家要素结构，优化了国内资源配置，从而促进了高级生产要素的流入和向具有比较优势产业部门的转移。同时，良好的契约环境能够提高要素和资源的配置和利用效率，促进企业生产效率的提高，因此继续降低关税、减少非关税壁垒以及完善法律法规等制度环境，进一步推进和深化贸易自由化改革是中国对外贸易政策的必然选择。

第二，积极借助中韩 FTA 带来的韩方优势。中国的加工贸易模式以"大进大出，两头在外"为特征，使中国定位于劳动密集型加工组装的低端环节，处于被俘获的被动地位，容易在价值链中形成路径依赖和低端锁定的现象。因此中国制造业企业要实现向价值链高端的攀升，一是可以从中间产品和最终产品的角度，将部分行业从最终产品的生产环节转向中间产品的生产环节，比如从最终产品的加工组装转向零部件的生产；二是由简单的加工组装环节向研发设计、品牌营销等环节延伸。韩国在知识、创新、设计等领域具有一定的优势，在半导体、集成电路等产业具有世界先进水平，因此在中韩双边贸易中，中国应加强与韩国技术领域的合作，在引进技术或资本密集型产品的基础上学习韩国高技术产业的技术和经验，提高中国出口产品的附加价值和贸易竞争力。

第三，加大自主研发创新力度。从本书的研究结论可以看出研发投入对中国制造业价值链地位的提升有显著影响，但是中国的制造业企业对研发投入的重要性没有足够重视，企业自主研发创新的动力和意识比较薄弱；另外，保障企业进行自主创新的外部环境，也就是相应的契约制度环境还不够完善，企业自主创新的能力和积极性都不高。因此，一方面需要政府政策引导鼓励企业进行自主创新活动，并优化改善与之相适应的制度环境质量，鼓励企业创造具有知识产权的品牌，不断提高其国际竞争力；另一方面应该支持企业加大研发投入力度，不断提升研发能力和自主创新能力，只有通过自主研发创新能力的提高进而不断增强企业自身的实力,才能在借助韩方优势的同时,更有效率的运用高级生产要素,形成创新要素集聚、优化要素结构,从而增强其在全球价值链中获取价值的能力,并在以后的自由贸易谈判中获得更大的主动权。

第四,修复两国双边政治关系。由于中韩贸易受政策因素波动的影响较大,两国的国内政策和对外贸易政策都存在一定的差异,因此,中韩FTA的实施难免要受到地缘政治风险等因素的影响。中韩FTA虽然给两国的贸易和投资带来了一定的程序简化等营商便利和法律法规等制度性保障,但不能忽视政治风险所带来的不确定性和不良影响。特别是近期韩国政府一意孤行部署"萨德"反导系统,使得中韩关系持续紧张,给两国的政治、经济、文化交流与合作带来明显的影响。由于国家间政治关系的稳定是经济领域合作顺利的基本前提,萨德部署给韩国带来的麻烦和引发的问题越来越多,韩国的经济损失也越来越大,因此韩国政府应当认清当前形势,尊重中韩两国人民的意愿,积极主动修复中韩双边关系,避免两国关系尤其是经济关系受到更严重的影响。

7.3 研究不足与展望

推动中国制造业向价值链两端攀升和控制性地位的获取,是促进中国由"制造业大国"向"制造业强国"转变所面临的长期、复杂、艰巨的任务,因此在这样的使命和背景下,本书基于全球价值链理论和增加值贸易理论框架,分析探讨了中韩两国在国际分工中的位置、参与程度和贸易利益以及中韩FTA的实施对中国制造业价值链分工地位提升的影响,并得出了一些有益的结论。当然,本书还存在许多不足和进一步拓展的空间,需要在后续研究中不断加以完善。

第一,贸易自由化和契约实施质量等指标的合理测度方面。对贸易自由化指标的测度,中韩FTA的实施不仅包括关税减免还包括非关税壁垒的撤销,由于对配额、许可证等非关税壁垒测度所需数据的获得和量化比较困难,本书在实证分析中只使用了进口关税数据来测度贸易自由化的水平。但是非关税壁垒的削减对贸易自由化水平也有一定程度的影响,这部分数据的缺失可能会使分析结果的准确性和完整性存在偏差,因此在将来的研究中如果能够获得非关税壁垒的相关数据,对贸易自由化水平的测度会更加全面完整，本书的研究结论也将会更加准确；对契约实施质量和契约环境的测度，由于国内外对契约实施质量的测度大多采用世界银行网站《中国营商环境报告》的数据（Nunn，2007[①]；王永进，2010[②]），以诉讼时间、诉讼费用来表示契约的执行质量，这样对契约实施质量的衡量也存在一定的偏差，由于法律法规执行的准确性和一致性以及政府部门的工作效率都是契约环境的组成部分，因此仅以诉讼时间和诉讼费用来衡量契约环境，难免对计量结果有一定的影响。因此对契约实施质量的指标进行合理的选择和量化，也是将来进一步研究的方向，对制度性问题的研究也会更加准确合理。

第二，实证检验样本数据的选择方面。由于中韩 FTA 于 2015 年 6 月 1 日签署，实施的时间较短，能够获取的数据较少，本书采用世界投入产出表数据作为实证检验的样本数据，最新数据为 2011 年的数据。另外由于近几年国际贸易的格局和形势已经发生了明显的变化，特别是中韩 FTA 实施带来的一系列改变和存在的问题，使得现有数据样本并不能直接反映中韩双边贸易的相关变化，还需要时间积累数据，这也是有待未来进行突破的地方。

第三，地缘政治风险的影响方面。在要素分工为主要形式的国际分工大背景下，政治风险是阻碍要素跨国流动的重要因素之一，中韩 FTA 的实施为高级要素的流动提供了便利，但突发的政治风险也会成为要素流动的障碍。由于政治风险的发生如政权的更迭、政局的动荡以及突发的社会事件等具有不确定性及不可预见性，中韩 FTA 的实施也不可避免地受到政治风险的影响，并且政治风险的影响因素难以量化，由于地缘政治而导致的复杂多变的国际经济环境和中韩两国关系的不确定性，会直接影响中韩双边贸易的深化和发展。因此，在未来的研究中，政治风险的量化及数据的获得，可以作为进一步研究的角度以及对当前研究结论的进一步深化。

[①] Nunn, N. Relationship – Specificity, Incomplete Contracts and the Pattern of Trade [J]. The Quarterly Journal of Economics, 2007, 122 (2): 69 – 600.

[②] 王永进：《契约、关系与国际贸易》，上海人民出版社 2015 年版。

附　　录

附表1　　　　　中韩两国增加值出口和总值出口　　　　单位：亿美元

年份	中对韩增加值出口	中对韩总值出口	韩对中增加值出口	韩对中总值出口
1995	62.695638	76.142462	90.843598	137.254352
1996	74.447099	88.813614	102.277072	153.382722
1997	112.265797	132.473587	122.191510	189.443097
1998	77.897344	91.493953	117.599602	179.139697
1999	99.464683	118.202197	126.759946	191.663376
2000	125.182708	154.901786	158.797151	254.899354
2001	128.238678	159.063518	158.766296	251.780901
2002	162.537109	205.515350	199.595584	305.527740
2003	203.509948	271.525319	268.962170	429.668803
2004	250.556740	355.834566	350.222785	584.225237
2005	303.471926	431.291407	390.967910	675.508540
2006	368.793592	529.519924	455.698647	797.493499
2007	466.471701	666.056618	513.733727	909.609746
2008	540.647521	778.930045	548.089591	1050.484347
2009	469.773410	642.863968	565.685752	986.650136
2010	653.670091	915.378537	756.650045	1332.065980
2011	788.419940	1118.796738	873.034370	1575.119078

附表 2　中国全球价值链位置指数

年份	C3	C4	C5	C6	C7	C8	C9	C10	C11	C12	C13	C14
1995	0.004098	0.056099	0.011067	0.174008	0.236415	0.271385	0.244844	0.221752	0.28031	0.315042	0.107813	0.089942
1996	0.024166	0.07544	0.036113	0.167997	0.23325	0.29676	0.307727	0.224714	0.290985	0.334546	0.13259	0.112019
1997	0.021446	0.071749	0.050846	0.150552	0.228887	0.273823	0.34302	0.211191	0.286208	0.331797	0.112075	0.117257
1998	0.021792	0.087042	0.061872	0.174293	0.269929	0.346803	0.366581	0.235498	0.292778	0.365083	0.118976	0.118434
1999	0.018644	0.072561	0.052791	0.201467	0.288367	0.329506	0.35196	0.22951	0.288502	0.362341	0.096927	0.099715
2000	0.005351	0.069503	−0.00506	0.222942	0.317198	0.164937	0.317956	0.226927	0.268032	0.352988	0.074556	0.06273
2001	0.031226	0.061991	−0.01279	0.286722	0.361811	0.227089	0.346278	0.236838	0.301186	0.366164	0.06739	0.065111
2002	0.013183	0.049476	−0.04156	0.33137	0.375622	0.218353	0.331174	0.223818	0.329579	0.37134	0.048174	0.025562
2003	−0.0058	0.046731	−0.06678	0.315094	0.343861	0.154912	0.281503	0.189759	0.311417	0.332048	0.009313	−0.03019
2004	−0.02469	0.038618	−0.08941	0.308775	0.302173	0.128132	0.231461	0.166166	0.300204	0.288705	−0.04142	−0.05024
2005	−0.02682	0.056804	−0.06758	0.311154	0.304865	0.10211	0.225382	0.151416	0.311793	0.265309	−0.02829	−0.05809
2006	−0.02024	0.05704	−0.05264	0.326391	0.306159	0.04009	0.227795	0.163665	0.336449	0.285362	−0.00785	−0.03439
2007	−0.00369	0.048905	−0.04502	0.321988	0.292108	0.096628	0.247884	0.178459	0.345786	0.26776	0.004484	−0.0232
2008	0.006846	0.080749	−0.04626	0.343438	0.307477	0.026046	0.256421	0.197794	0.35152	0.27108	0.052402	0.012487
2009	0.026094	0.105321	−0.02154	0.3755193	0.335218	0.13877	0.294567	0.235053	0.383515	0.298553	0.069432	0.060043
2010	0.011294	0.104135	−0.02142	0.351747	0.315946	0.077209	0.271916	0.225621	0.359246	0.263412	0.057901	0.043643
2011	0.00945	0.112762	−0.02121	0.346999	0.320489	0.011927	0.26512	0.217243	0.356703	0.248792	0.051858	0.049101

附表 3　韩国全球价值链位置指数

年份	C3	C4	C5	C6	C7	C8	C9	C10	C11	C12	C13	C14
1995	-0.11468	0.136036	0.031166	0.207575	0.388426	-0.22514	0.266631	0.293486	0.400222	0.22899	-0.04719	0.163612
1996	-0.12971	0.156855	0.055294	0.20658	0.389491	-0.25608	0.258587	0.307617	0.404302	0.214874	-0.06452	0.135658
1997	-0.13047	0.141301	0.07549	0.17497	0.382863	-0.2524	0.238726	0.287251	0.391696	0.177701	-0.02388	0.086526
1998	-0.13104	0.109818	0.089864	0.257904	0.369508	-0.17975	0.24527	0.297996	0.390721	0.175165	-0.09146	0.045683
1999	-0.12928	0.119834	0.11281	0.267794	0.382894	-0.19117	0.248849	0.3012	0.408998	0.210913	-0.07877	0.041758
2000	-0.13468	0.118984	0.099935	0.245814	0.337219	-0.32436	0.200434	0.271138	0.383414	0.202805	-0.05416	0.026658
2001	-0.13861	0.112261	0.106469	0.22552	0.337968	-0.32431	0.196781	0.27155	0.384383	0.209836	-0.0473	0.006659
2002	-0.12923	0.12045	0.131969	0.227572	0.364126	-0.28137	0.238684	0.293014	0.399253	0.223167	-0.04568	0.018747
2003	-0.13971	0.108974	0.146311	0.232916	0.353088	-0.31395	0.215672	0.270016	0.387982	0.199397	-0.0636	0.002417
2004	-0.15397	0.086149	0.147053	0.225869	0.328924	-0.29156	0.180069	0.243229	0.362492	0.166547	-0.01395	0.052734
2005	-0.15228	0.115849	0.16968	0.221863	0.333882	-0.32999	0.157192	0.234842	0.340267	0.17378	-0.01395	0.075927
2006	-0.15777	0.121363	0.160941	0.212967	0.33065	-0.36191	0.13088	0.225909	0.320787	0.140469	-0.01175	0.08168
2007	-0.16729	0.117674	0.151528	0.19816	0.318788	-0.34832	0.122664	0.217605	0.310498	0.119729	-0.00807	0.085913
2008	-0.23013	0.080273	0.122513	0.129995	0.225404	-0.44749	0.008205	0.123946	0.225297	0.01002	-0.11021	0.018255
2009	-0.19457	0.115895	0.157138	0.223509	0.289505	-0.3787	0.060838	0.165992	0.286997	0.081547	-0.07169	0.046936
2010	-0.21004	0.090179	0.149407	0.177246	0.25599	-0.36736	0.042532	0.150078	0.264597	0.076173	-0.09475	0.074774
2011	-0.22459	0.088445	0.120939	0.161548	0.254752	-0.46788	0.009009	0.132851	0.2411	0.045726	-0.04053	0.068088

附表 4 中国全球价值链参与程度指数

年份	C3	C4	C5	C6	C7	C8	C9	C10	C11	C12	C13	C14
1995	0.171363	0.418958	0.387807	0.541324	0.592016	0.78827	0.625309	0.65119	0.574684	0.736187	0.425947	0.556965
1996	0.167366	0.401134	0.359361	0.460412	0.549302	0.809732	0.697753	0.625378	0.567425	0.738877	0.423807	0.550984
1997	0.164222	0.392072	0.369794	0.412406	0.543688	0.772918	0.768564	0.618069	0.575143	0.74344	0.426102	0.554737
1998	0.145767	0.390158	0.358868	0.41625	0.578844	0.764128	0.771986	0.615251	0.551538	0.757721	0.386523	0.528234
1999	0.150008	0.404759	0.374403	0.486091	0.63614	0.80034	0.781664	0.634795	0.569698	0.773499	0.384114	0.563728
2000	0.164675	0.442254	0.349915	0.551793	0.716677	0.834593	0.800543	0.679323	0.582474	0.821948	0.407764	0.599898
2001	0.183218	0.415293	0.325913	0.615685	0.756304	0.792336	0.815388	0.659557	0.617275	0.831728	0.392445	0.592099
2002	0.168033	0.411962	0.304776	0.705477	0.794387	0.781753	0.817864	0.661925	0.682543	0.867144	0.400071	0.596338
2003	0.180873	0.42581	0.290653	0.723994	0.793183	0.809308	0.8057	0.677527	0.699317	0.878991	0.416295	0.616026
2004	0.193346	0.451485	0.304588	0.761214	0.784249	0.847962	0.799207	0.720245	0.736107	0.896669	0.459331	0.681666
2005	0.189579	0.449029	0.300213	0.775664	0.791195	0.860832	0.803113	0.709813	0.760008	0.87924	0.471417	0.673621
2006	0.199435	0.424625	0.294556	0.804579	0.811509	0.861759	0.82451	0.730351	0.808904	0.900051	0.485698	0.673097
2007	0.21467	0.387504	0.279403	0.801962	0.796286	0.887818	0.832921	0.736319	0.817228	0.894226	0.498301	0.663372
2008	0.233918	0.400759	0.265076	0.792327	0.787931	0.878773	0.843181	0.732289	0.811004	0.898393	0.496157	0.639728
2009	0.216562	0.376366	0.23683	0.783132	0.776595	0.846252	0.801836	0.709162	0.801648	0.859008	0.459613	0.614759
2010	0.228184	0.405392	0.267928	0.794731	0.787812	0.872742	0.828135	0.7481	0.806001	0.872019	0.485381	0.644005
2011	0.231754	0.422005	0.26353	0.813912	0.81365	0.879389	0.853008	0.753914	0.830488	0.894054	0.520312	0.643108

附表 5　韩国全球价值链参与程度指数

年份	C3	C4	C5	C6	C7	C8	C9	C10	C11	C12	C13	C14
1995	0.275962	0.692122	0.522312	0.938139	0.922872	0.934508	0.925632	0.920061	0.940898	0.947484	0.420162	0.783473
1996	0.258866	0.71242	0.523092	0.945533	0.915677	0.929008	0.928403	0.930956	0.953206	0.963604	0.41273	0.781522
1997	0.259783	0.705513	0.573265	0.94342	0.920955	0.943007	0.937665	0.925453	0.955056	0.968366	0.495098	0.80196
1998	0.266259	0.652862	0.571109	0.931533	0.942423	0.94138	0.944735	0.928307	0.948106	0.973157	0.418951	0.778418
1999	0.217456	0.647057	0.561457	0.938497	0.915736	0.927242	0.948317	0.91371	0.953421	0.959501	0.428953	0.748744
2000	0.226651	0.664322	0.598763	0.948244	0.915588	0.94159	0.95739	0.908876	0.96325	0.957188	0.437043	0.738193
2001	0.23308	0.652599	0.629044	0.94935	0.888444	0.935865	0.950727	0.904165	0.970453	0.954451	0.440537	0.706297
2002	0.218673	0.631417	0.640433	0.943166	0.898186	0.95125	0.950096	0.900433	0.970297	0.952624	0.431976	0.694593
2003	0.215974	0.624573	0.648934	0.94606	0.906143	0.958961	0.953955	0.893469	0.97671	0.971158	0.443324	0.704092
2004	0.220754	0.621049	0.67693	0.959867	0.900173	0.961015	0.960611	0.89993	0.98122	0.978877	0.552156	0.769825
2005	0.219684	0.652475	0.69062	0.946846	0.905081	0.957948	0.968006	0.901523	0.981946	0.975934	0.552765	0.797466
2006	0.223339	0.669223	0.689128	0.947054	0.907845	0.963339	0.966773	0.908324	0.983675	0.984345	0.572033	0.796279
2007	0.243788	0.680947	0.702774	0.963081	0.914098	0.96196	0.968609	0.915336	0.984562	0.984956	0.601735	0.820386
2008	0.316909	0.716207	0.750654	0.97685	0.888562	0.976857	0.972817	0.926784	0.987019	0.987056	0.590596	0.840143
2009	0.282326	0.716286	0.748671	0.974404	0.903449	0.964249	0.967261	0.933096	0.976649	0.980905	0.578683	0.831167
2010	0.302307	0.718089	0.763664	0.979395	0.906308	0.963329	0.971175	0.942679	0.97827	0.982112	0.561461	0.843532
2011	0.330029	0.741471	0.750987	0.981248	0.915622	0.968609	0.969845	0.947314	0.979393	0.985462	0.649426	0.833168

附表 6

中国使用国外增加值比重

年份	C3	C4	C5	C6	C7	C8	C9	C10	C11	C12	C13	C14
1995	0.083457	0.175562	0.187297	0.160387	0.14352	0.206114	0.152754	0.179218	0.108087	0.154355	0.147649	0.221027
1996	0.070589	0.155303	0.158382	0.127113	0.126665	0.197928	0.142956	0.165817	0.098249	0.142481	0.131678	0.204127
1997	0.070508	0.153147	0.15478	0.115576	0.126922	0.197814	0.149165	0.171318	0.104563	0.146219	0.145146	0.202564
1998	0.061194	0.143101	0.142959	0.103107	0.116445	0.144785	0.134761	0.154362	0.090333	0.12992	0.122361	0.189347
1999	0.064983	0.158776	0.155872	0.118251	0.129332	0.171552	0.148569	0.166879	0.100783	0.138224	0.134331	0.218007
2000	0.079442	0.178708	0.177928	0.134257	0.144696	0.300678	0.179516	0.188308	0.119219	0.1645	0.159025	0.259189
2001	0.074567	0.170227	0.170391	0.121623	0.131521	0.238319	0.166374	0.17304	0.113042	0.159503	0.155931	0.253871
2002	0.076871	0.176154	0.176334	0.130638	0.137828	0.239625	0.17774	0.182635	0.122223	0.170418	0.171136	0.281578
2003	0.093599	0.18457	0.183555	0.149176	0.158813	0.296072	0.20669	0.212123	0.141187	0.202677	0.202522	0.327757
2004	0.110209	0.202077	0.20377	0.169136	0.183379	0.332877	0.238346	0.247379	0.164234	0.240704	0.255127	0.374507
2005	0.109472	0.189745	0.188954	0.173643	0.184495	0.35745	0.244279	0.252524	0.166592	0.249761	0.253188	0.375627
2006	0.110849	0.177747	0.17747	0.175452	0.192228	0.402201	0.252095	0.253709	0.170392	0.244527	0.247727	0.35953
2007	0.109376	0.164567	0.165349	0.17736	0.195378	0.374203	0.241795	0.246402	0.167473	0.254523	0.246349	0.347134
2008	0.113136	0.151941	0.158728	0.158745	0.181332	0.420643	0.24032	0.231476	0.160984	0.253966	0.215385	0.311624
2009	0.093822	0.12567	0.130457	0.133533	0.157761	0.32454	0.196065	0.196111	0.13545	0.217683	0.187129	0.268142
2010	0.107801	0.140131	0.146106	0.154109	0.17552	0.380948	0.22299	0.219697	0.153665	0.247965	0.206724	0.293159
2011	0.110604	0.142797	0.143766	0.16527	0.183299	0.431109	0.238506	0.227975	0.165476	0.267945	0.227489	0.289115

附表7　韩国使用国外增加值比重

年份	C3	C4	C5	C6	C7	C8	C9	C10	C11	C12	C13	C14
1995	0.203161	0.254646	0.241505	0.317144	0.181122	0.63173	0.268947	0.247306	0.180062	0.30574	0.23863	0.278137
1996	0.202582	0.250063	0.226677	0.321183	0.177466	0.650998	0.275937	0.241836	0.182107	0.323211	0.245267	0.296572
1997	0.203498	0.257342	0.238092	0.343285	0.184262	0.65623	0.294336	0.254074	0.191801	0.352659	0.262446	0.340407
1998	0.207264	0.253671	0.227831	0.277794	0.20245	0.602512	0.292704	0.247598	0.18969	0.356712	0.264745	0.357483
1999	0.180297	0.244321	0.208566	0.273688	0.182124	0.603097	0.291678	0.239097	0.178865	0.324277	0.262285	0.34568
2000	0.188182	0.253002	0.234509	0.293849	0.214299	0.70726	0.330998	0.25846	0.201016	0.329172	0.251511	0.350849
2001	0.1938	0.251931	0.24461	0.309092	0.202469	0.703898	0.330668	0.256128	0.203242	0.322804	0.249122	0.348643
2002	0.180914	0.236566	0.233229	0.304857	0.188143	0.681867	0.299843	0.239256	0.19255	0.31226	0.243753	0.334668
2003	0.185257	0.240855	0.227747	0.302255	0.199173	0.709831	0.318321	0.252592	0.203196	0.337958	0.260497	0.350412
2004	0.195693	0.254109	0.240229	0.313505	0.213729	0.694822	0.347386	0.274493	0.223363	0.365694	0.284976	0.348405
2005	0.194184	0.249502	0.231447	0.310641	0.21228	0.720807	0.367606	0.28119	0.239728	0.359002	0.285288	0.345658
2006	0.199184	0.253725	0.2366	0.317211	0.215719	0.746894	0.386452	0.290602	0.254587	0.387543	0.293571	0.341071
2007	0.215514	0.261695	0.249196	0.335227	0.226751	0.736334	0.393383	0.299693	0.26245	0.403238	0.306117	0.349654
2008	0.291164	0.303623	0.291185	0.391817	0.282193	0.81601	0.480311	0.372817	0.325976	0.486045	0.366605	0.40711
2009	0.251831	0.27953	0.266577	0.321689	0.243039	0.759458	0.438514	0.345109	0.276206	0.429716	0.335538	0.382368
2010	0.271606	0.297807	0.278795	0.358021	0.268167	0.750796	0.454	0.361138	0.293266	0.434295	0.341358	0.368635
2011	0.295294	0.310158	0.29242	0.370482	0.273119	0.825342	0.478234	0.375912	0.310979	0.458609	0.351555	0.368377

增加值贸易分解和全球价值链相关指标的 Octave/Matlab 代码

```
prelion = zeros(1435);% computing the value added matrix and liontief matrix
dr = zeros(1435);
v = zeros(1,1435);
v = v + 1;
for i = 1:1435% pseudo random numbers
for j = 1:1435
        if initial(i,j) = = 0;
            initial(i,j) = 0.0001 * rand(1,1);
          end;
end;
end;
for i = 1:1435% refresh the total output
    initial(i,1642) = 0;
    for j = 1:1640
       initial(i,1642) = initial(i,1642) + initial(i,j);
    end;
    if initial(i,1642) < 1
        initial(i,1642) = 1;
    end;
end;
for j = 1:1435;
    for i = 1:1435;

    dr(i,j) = initial(i,j)/initial(j,1642);

    v(j) = v(j) - dr(i,j);
    end;
```

```
    % if initial(j,1641) = =0
       % v(j) =0;
       % end;
end;
diagv = diag(v);
prelion = eye(1435) - dr;
liontief = inv(prelion);% liontief inverse matrix

y = zeros(1435,41);% computing final use
for j =1:41
for i =1:5
    y(:,j) =y(:,j) + initial(:,1435 +(j -1) *5 + i);
end;
end;

com9res1 = zeros(35,41);% the 1st term of export decomposition
com9res1rstr = zeros(1435,41);
fcom9res1 = zeros(35,1435);% full decomposition of export
fcom9res1rstr = zeros(1435,1435);

for s =1:41
    vs = zeros(35);
    for m =1:35
    vs(m,m) = diagv((s -1) *35 +m,(s -1) *35 +m);
    end;
    bss = zeros(35);
        for m =1:35
            for n =1:35
                bss(m,n) = liontief((s -1) *35 +m,(s -1) *35 +n);
            end;
```

```
        end;
    com9res1r = zeros(35,41);
    fcom9res1r = zeros(35,1435);
     for r =1:41
         ysr = zeros(35,1);
         for j =1:35
         ysr(j,1) =y((s -1) *35 +j,r);
         end;
         ysrdiag = diag(ysr);
         com9res1r(:,r) = vs*bss*ysr;
         com9res1rstr((s -1) *35 +1:(s -1) *35 +35,r) =
         com9res1r(:,r);
         fcom9res1r(:,(r -1) *35 +1:(r -1) *35 +35) = vs *
         bss*ysrdiag;
         fcom9res1rstr((s -1) *35 +1:(s -1) *35 +35,(r -
         1) *35 +1:(r -1) *35 +35) = fcom9res1r(:,(r -1) *
         35 +1:(r -1) *35 +35);
         if r ~ = s
         com9res1(:,s) = com9res1(:,s) +com9res1r(:,r);
         fcom9res1(:,(s - 1) *35 +1:(s - 1) *35 +35) =
fcom9res1(:,(s -1) *35 +1:(s -1) *35 +35) + fcom9res1r
(:,(r -1) *35 +1:(r -1) *35 +35);
         end;
     end;
end;
% 1st term of import decomposition
fim91 = zeros(35,1435);
im91 = zeros(1,1435);
for s =1:41
    for r =1:41
  if r ~ = s
```

```
fim91(:,(s-1)*35+1:(s-1)*35+35) = fim91(:,(s-1)*
35+1:(s-1)*35+35) + fcom9res1rstr((r-1)*35+1:(r-
1)*35+35,(s-1)*35+1:(s-1)*35+35);
   end;
      end;
end;
im91 = ones(1,35)*fim91;

com9res2 = zeros(35,41);% the 2nd term
com9res2rstr = zeros(1435,41);
fcom9res2 = zeros(35,1435);% the 2nd term
fcom9res2rstr = zeros(1435,1435);
for s =1:41
    vs = zeros(35);
    for m =1:35
    vs(m,m) = diagv((s-1)*35+m,(s-1)*35+m);
    end;
    com9res2r = zeros(35,41);
    fcom9res2r = zeros(35,1435);
    for r =1:41
        bsr = zeros(35);
        for m =1:35
            for n =1:35
        bsr(m,n) = liontief((s-1)*35+m,(r-1)*35+n);
            end;
        end;
        yrr = zeros(35,1);
        for j =1:35
        yrr(j,1) = y((r-1)*35+j,r);
        yrrdiag = diag(yrr);
        end;
        com9res2r(:,r) = vs*bsr*yrr;
```

```
            com9res2rstr((s-1)*35+1:(s-1)*35+35,r) =
            com9res2r(:,r);
            fcom9res2r(:,(r-1)*35+1:(r-1)*35+35) = vs *
            bsr*yrrdiag;
fcom9res2rstr((s-1)*35+1:(s-1)*35+35,(r-1)*35+
1:(r-1)*35+35) = fcom9res2r(:,(r-1)*35+1:(r-1)*
35+35);
            if r~=s
            com9res2(:,s) = com9res2(:,s) + com9res2r(:,r);

fcom9res2(:,(s-1)*35+1:(s-1)*35+35) = fcom9res2(:,
(s-1)*35+1:(s-1)*35+35) + fcom9res2r(:,(r-1)*35+
1:(r-1)*35+35);
            end;
        end;
end;

fim92 = zeros(35,1435);
for s =1:41
    for r =1:41
        if r~=s

fim92(:,(s-1)*35+1:(s-1)*35+35) = fim92(:,(s-1)*
35+1:(s-1)*35+35) + fcom9res2rstr((r-1)*35+1:(r-
1)*35+35,(s-1)*35+1:(s-1)*35+35);
        end;
    end;
end;

com9res3 = zeros(35,41);% the 3th term
com9res3rstr = zeros(1435,41);
fcom9res3 = zeros(35,1435);% the 3th term
```

```
fcom9res3rstr = zeros(1435,1435);
for s = 1:41
    vs = zeros(35);
    for m = 1:35
    vs(m,m) = diagv((s-1)*35+m,(s-1)*35+m);
    end;
com9res3r = zeros(35,41);
fcom9res3r = zeros(35,1435);
for r = 1:41
    bsr = zeros(35);
    for m = 1:35
    for n = 1:35
    bsr(m,n) = liontief((s-1)*35+m,(r-1)*35+n);
    end;
    end;
    com9res3t = zeros(35,41);
    fcom9res3t = zeros(35,1435);
    for t = 1:41
        yrt = zeros(35,1);
        yrtdiag = zeros(35);
        for j = 1:35
        yrt(j,1) = y((r-1)*35+j,t);
        end;
        yrtdiag = diag(yrt);
        com9res3t(:,t) = vs*bsr*yrt;
        fcom9res3t(:,(t-1)*35+1:(t-1)*35+35) = vs*
        bsr*yrtdiag;
        if t~=r&&t~=s    % unsure
            com9res3r(:,r) = com9res3r(:,r) + com9res3t
            (:,t);
```

```
fcom9res3r(:,(r-1)*35+1:(r-1)*35+35) = fcom9res3r
(:,(r-1)*35+1:(r-1)*35+35)+fcom9res3t(:,(t-1)*
35+1:(t-1)*35+35);
        end;
    end;
    com9res3rstr((s-1)*35+1:(s-1)*35+35,r) =
    com9res3r(:,r);

fcom9res3rstr((s-1)*35+1:(s-1)*35+35,(r-1)*35+
1:(r-1)*35+35) = fcom9res3r(:,(r-1)*35+1:(r-1)*
35+35);
    if r~=s
    com9res3(:,s) = com9res3(:,s)+com9res3r(:,r);

fcom9res3(:,(s-1)*35+1:(s-1)*35+35) = fcom9res3(:,
(s-1)*35+1:(s-1)*35+35)+fcom9res3r(:,(r-1)*35+
1:(r-1)*35+35);
        end;
end;
end;

fim93 = zeros(35,1435);% 3rd import decomposition
for s=1:41
    for r=1:41
    if r~=s

fim93(:,(s-1)*35+1:(s-1)*35+35) = fim93(:,(s-1)*
35+1:(s-1)*35+35)+fcom9res3rstr((r-1)*35+1:(r-
1)*35+35,(s-1)*35+1:(s-1)*35+35);
    end;
    end;
end;
```

```
com9res4 = zeros(35,41);% the 4th term
com9res4rstr = zeros(1435,41);
fcom9res4 = zeros(35,1435);% the 4th term
fcom9res4rstr = zeros(1435,1435);
for s =1:41
    vs = zeros(35);
    for m =1:35
    vs(m,m) = diagv((s -1) *35 +m,(s -1) *35 +m);
    end;
    com9res4r = zeros(35,41);
    fcom9res4r = zeros(35,1435);
    for r =1:41
        bsr = zeros(35);
        for m =1:35
            for n =1:35
        bsr(m,n) = liontief((s -1) *35 +m,(r -1) *35 +n);
            end;
        end;
        yrs = zeros(35,1);
        for j =1:35
        yrs(j,1) = y((r -1) *35 +j,s);
        end;
        yrsdiag = diag(yrs);
        com9res4r(:,r) = vs *bsr *yrs;
        com9res4rstr((s -1) *35 +1:(s -1) *35 +35,r) =
        com9res4r(:,r);
        fcom9res4r(:,(r -1) *35 +1:(r -1) *35 +35) = vs *
        bsr *yrsdiag;

fcom9res4rstr((s -1) *35 +1:(s -1) *35 +35,(r -1) *35 +
1:(r -1) *35 +35) = fcom9res4r(:,(r -1) *35 +1:(r -1) *
35 +35);
```

```
            if r~=s
                com9res4(:,s) = com9res4(:,s) + com9res4r(:,r);

fcom9res4(:,(s-1)*35+1:(s-1)*35+35) = fcom9res4(:,
(s-1)*35+1:(s-1)*35+35) + fcom9res4r(:,(r-1)*35+
1:(r-1)*35+35);
            end;
        end;
end;


fim94 = zeros(35,1435);% the 4th import decomposition
for s=1:41
    for r=1:41
        if r~=s

fim94(:,(s-1)*35+1:(s-1)*35+35) = fim94(:,(s-1)*
35+1:(s-1)*35+35) + fcom9res4rstr((r-1)*35+1:(r-
1)*35+35,(s-1)*35+1:(s-1)*35+35);
            end;
        end;
end;



com9res5 = zeros(35,41);% the 5th term
com9res5rstr = zeros(1435,41);
fcom9res5 = zeros(35,1435);% the 5th term
fcom9res5rstr = zeros(1435,1435);
for s=1:41
    vs = zeros(35);
    for m=1:35
        vs(m,m) = diagv((s-1)*35+m,(s-1)*35+m);
    end;
```

```
com9res5r = zeros(35,41);
fcom9res5r = zeros(35,1435);
for r =1:41
    bsr = zeros(35);
    for m =1:35
    for n =1:35
    bsr(m,n) = liontief((s -1) * 35 +m,(r -1) * 35 +n);
    end;
    end;
    ars = zeros(35);
    for m =1:35
    for n =1:35
        ars(m,n) = dr((r -1) * 35 +m,(s -1) * 35 +n);
    end;
    end;
    ass = zeros(35);
    preiass = zeros(35);
    iass = zeros(35);
    for m =1:35
        for n =1:35
            ass(m,n) = dr((s -1) * 35 +m,(s -1) * 35 +n);
        end;
    end;
    preiass = eye(35) - ass;
    iass = inv(preiass);
    yss = zeros(35,1);
     for j =1:35
       yss(j,1) =y((s -1) * 35 +j,s);
     end;
     yssdiag = diag(yss);
    com9res5r(:,r) = vs * bsr * ars * iass * yss;
    com9res5rstr((s -1) * 35 +1:(s -1) * 35 + 35,r) =
```

```
    com9res5r(:,r);
    fcom9res5r(:,(r-1)*35+1:(r-1)*35+35) = vs*bsr*
ars*iass*yssdiag;

fcom9res5rstr((s-1)*35+1:(s-1)*35+35,(r-1)*35+
1:(r-1)*35+35) = fcom9res5r(:,(r-1)*35+1:(r-1)*
35+35);
    if r~=s
    com9res5(:,s) = com9res5(:,s)+com9res5r(:,r);

fcom9res5(:,(s-1)*35+1:(s-1)*35+35) = fcom9res5(:,
(s-1)*35+1:(s-1)*35+35)+fcom9res5r(:,(r-1)*35+
1:(r-1)*35+35);
    end;
end;
end;

fim95 = zeros(35,1435);% 5th import decomposition
for s =1:41
    for r =1:41
        if r~=s
            fim95(:,(s-1)*35+1:(s-1)*35+35) =
fim95(:,(s-1)*35+1:(s-1)*35+35)+fcom9res5rstr((r-
1)*35+1:(r-1)*35+35,(s-1)*35+1:(s-1)*35+35);
        end;
    end;
end;


com9res6 = zeros(35,41);% the 6th term
com9res6rstr = zeros(1435,41);
fcom9res6 = zeros(35,1435);% the 6th term
```

```
fcom9res6rstr = zeros(1435,1435);
for s =1:41
     vs = zeros(35);
    for m =1:35
    vs(m,m) = diagv((s -1) *35 +m,(s -1) *35 +m);
    end;
    com9res6r = zeros(35,41);
    fcom9res6r = zeros(35,1435);
for r =1:41
    bsr = zeros(35);
    for m =1:35
    for n =1:35
    bsr(m,n) = liontief((s -1) *35 +m,(r -1) *35 +n);
    end;
    end;
    ars = zeros(35);
    for m =1:35
    for n =1:35
        ars(m,n) = dr((r -1) *35 +m,(s -1) *35 +n);
    end;
    end;
    ass = zeros(35);
    preiass = zeros(35);
    iass = zeros(35);
    for m =1:35
        for n =1:35
            ass(m,n) = dr((s -1) *35 +m,(s -1) *35 +n);
        end;
    end;
    preiass = eye(35) -ass;
    iass = inv(preiass);
    es = zeros(35,1);
```

```
esdiag = zeros(35);
 for j =1:35
    es(j,1) = ex((s -1)*35 +j,1);
    end;
 esdiag = diag(es);
 com9res6r(:,r) = vs*bsr*ars*iass*es;
 com9res6rstr((s -1)*35 +1:(s -1)*35 +35,r) =
 com9res6r(:,r);
 fcom9res6r(:,(r -1)*35 +1:(r -1)*35 +35) = vs*bsr*
 ars*iass*esdiag;

fcom9res6rstr((s -1)*35 +1:(s -1)*35 +35,(r -1)*35 +
1:(r -1)*35 +35) = fcom9res6r(:,(r -1)*35 +1:(r -1)*
35 +35);
    if r ~ = s
    com9res6(:,s) = com9res6(:,s) + com9res6r(:,r);

fcom9res6(:,(s -1)*35 +1:(s -1)*35 +35) = fcom9res6(:,
(s -1)*35 +1:(s -1)*35 +35) + fcom9res6r(:,(r -1)*35 +
1:(r -1)*35 +35);
    end;
end;
end;


fim96 = zeros(35,1435);% 5th import decomposition
for s =1:41
    for r =1:41
        if r ~ = s
            fim96(:,(s -1)*35 +1:(s -1)*35 +35) =
fim96(:,(s -1)*35 +1:(s -1)*35 +35) + fcom9res6rstr((r -
1)*35 +1:(r -1)*35 +35,(s -1)*35 +1:(s -1)*35 +35);
        end;
```

```
            end;
end;


com9res7 = zeros(35,41);% the 7th term
com9res7rstt = zeros(1435,41);
fcom9res7 = zeros(35,1435);% the 7th term
fcom9res7rstt = zeros(1435,1435);
fsoucom9bisector7 = zeros(1435,58835);
for s =1:41
com9res7t = zeros(35,41);
fcom9res7t = zeros(35,1435);
for t =1:41
    vt = zeros(35);
    for m =1:35
    vt(m,m) = diagv((t -1) *35 +m,(t -1) *35 +m);
    end;
    bts = zeros(35);
    for m =1:35
    for n =1:35
    bts(m,n) = liontief((t -1) *35 +m,(s -1) *35 +n);
    end;
    end;
    com9res7r = zeros(35,41);
    fcom9res7r = zeros(35,1435);
    for r =1:41
       ysr = zeros(35,1);
       for j =1:35
       ysr(j,1) = y((s -1) *35 +j,r);
       end;
       ysrdiag = diag(ysr);
       com9res7r(:,r) = vt *bts *ysr;
```

```
        fcom9res7r(:,(r-1)*35+1:(r-1)*35+35)=vt*
        bts*ysrdiag;

fsoucom9bisector7((t-1)*35+1:(t-1)*35+35,(s-1)*
1435+(r-1)*35+1:(s-1)*1435+(r-1)*35+35)=vt*
bts*ysrdiag;
        if r~=s
            com9res7t(:,t)=com9res7t(:,t)+com9res7r
            (:,r);

fcom9res7t(:,(t-1)*35+1:(t-1)*35+35)=fcom9res7t
(:,(t-1)*35+1:(t-1)*35+35)+fcom9res7r(:,(r-1)*
35+1:(r-1)*35+35);
        end;
    end;
    com9res7rstt((s-1)*35+1:(s-1)*35+35,t)=
    com9res7t(:,t);

fcom9res7rstt((s-1)*35+1:(s-1)*35+35,(t-1)*35+
1:(t-1)*35+35)=fcom9res7t(:,(t-1)*35+1:(t-1)*
35+35);
    if t~=s
    com9res7(:,s)=com9res7(:,s)+com9res7t(:,t);

fcom9res7(:,(s-1)*35+1:(s-1)*35+35)=fcom9res7(:,
(s-1)*35+1:(s-1)*35+35)+fcom9res7t(:,(t-1)*35+
1:(t-1)*35+35);
    end;
end;
end;
fim97=zeros(35,1435);% 7th import decomposition
for s=1:41
```

```matlab
for t =1:41
    if t ~ = s

fim97(:,(s -1)*35 +1:(s -1)*35 +35) = fim97(:,(s -1)*35 +1:(s -1)*35 +35) + fcom9res7rstt((t -1)*35 +1:(t -1)*35 +35,(s -1)*35 +1:(s -1)*35 +35);
end;
    end;
end;

com9res8 = zeros(35,41);% the 8th term
com9res8rstt = zeros(1435,41);
fcom9res8 = zeros(35,1435);% the 8th term
fcom9res8rstt = zeros(1435,1435);
fsoucom9bisector8 = zeros(1435,58835);
for s =1:41
    com9res8t = zeros(35,41);
    fcom9res8t = zeros(35,1435);
for t =1:41
    vt = zeros(35);
    for m =1:35
    vt(m,m) = diagv((t -1)*35 +m,(t -1)*35 +m);
    end;
    bts = zeros(35);
    for m =1:35
    for n =1:35
    bts(m,n) = liontief((t -1)*35 +m,(s -1)*35 +n);
    end;
    end;
    com9res8r = zeros(35,41);
    fcom9res8r = zeros(35,1435);
    for r =1:41
```

```
asr = zeros(35);
for m = 1:35
for n = 1:35
    asr(m,n) = dr((s -1) * 35 + m,(r -1) * 35 + n);
end;
end;
arr = zeros(35);
preiarr = zeros(35);
iarr = zeros(35);
for m = 1:35
    for n = 1:35
        arr(m,n) = dr((r -1) * 35 + m,(r -1) * 35 + n);
    end;
end;
preiarr = eye(35) - arr;
iarr = inv(preiarr);
yrr = zeros(35,1);
 for j = 1:35
    yrr(j,1) = y((r -1) * 35 + j,r);
    end;
    yrrdiag = diag(yrr);
com9res8r(:,r) = vt * bts * asr * iarr * yrr;
fcom9res8r(:,(r -1) * 35 + 1:(r -1) * 35 + 35) = vt * bts *
asr * iarr * yrrdiag;

fsoucom9bisector8((t -1) * 35 + 1:(t -1) * 35 + 35,(s -1) *
1435 + (r -1) * 35 + 1:(s -1) * 1435 + (r -1) * 35 + 35) = vt *
bts * asr * iarr * yrrdiag;
    if r ~ = s
        com9res8t(:,t) = com9res8t(:,t) + com9res8r(:,r);

fcom9res8t(:,(t -1) * 35 + 1:(t -1) * 35 + 35) = fcom9res8t
```

```
(:,(t-1)*35+1:(t-1)*35+35)+fcom9res8r(:,(r-1)*
35+1:(r-1)*35+35);
    end;
end;
    com9res8rstt((s-1)*35+1:(s-1)*35+35,t)=
    com9res8t(:,t);

fcom9res8rstt((s-1)*35+1:(s-1)*35+35,(t-1)*35+
1:(t-1)*35+35)=fcom9res8t(:,(t-1)*35+1:(t-1)*
35+35);
    if t~=s
    com9res8(:,s)=com9res8(:,s)+com9res8t(:,t);

fcom9res8(:,(s-1)*35+1:(s-1)*35+35)=fcom9res8(:,
(s-1)*35+1:(s-1)*35+35)+fcom9res8t(:,(t-1)*35+
1:(t-1)*35+35);
    end;
end;
end;
fim98=zeros(35,1435);% 8th import decomposition
for s=1:41
    for t=1:41
        if t~=s

fim98(:,(s-1)*35+1:(s-1)*35+35)=fim98(:,(s-1)*
35+1:(s-1)*35+35)+fcom9res8rstt((t-1)*35+1:(t-
1)*35+35,(s-1)*35+1:(s-1)*35+35);
        end;
    end;
end;

com9res9=zeros(35,41);% the 9th term
```

```
com9res9rstt = zeros(1435,41);
fcom9res9 = zeros(35,1435);% the 9th term
fcom9res9rstt = zeros(1435,1435);
fsoucom9bisector9 = zeros(1435,58835);
for s = 1:41
    com9res9t = zeros(35,41);
    fcom9res9t = zeros(35,1435);
for t = 1:41
    vt = zeros(35);
    for m = 1:35
    vt(m,m) = diagv((t-1)*35+m,(t-1)*35+m);
    end;
    bts = zeros(35);
    for m = 1:35
    for n = 1:35
    bts(m,n) = liontief((t-1)*35+m,(s-1)*35+n);
    end;
    end;
    com9res9r = zeros(35,41);
    fcom9res9r = zeros(35,1435);
    for r = 1:41
    asr = zeros(35);
    for m = 1:35
    for n = 1:35
        asr(m,n) = dr((s-1)*35+m,(r-1)*35+n);
    end;
    end;
    arr = zeros(35);
    preiarr = zeros(35);
    iarr = zeros(35);
    for m = 1:35
        for n = 1:35
```

```
            arr(m,n) = dr((r-1)*35+m,(r-1)*35+n);
          end;
        end;
        preiarr = eye(35) - arr;
        iarr = inv(preiarr);
        er = zeros(35,1);
         for j = 1:35
            er(j,1) = ex((r-1)*35+j,1);
          end;
            erdiag = diag(er);
        com9res9r(:,r) = vt*bts*asr*iarr*er;
        fcom9res9r(:,(r-1)*35+1:(r-1)*35+35) = vt*bts*
        asr*iarr*erdiag;

        fsoucom9bisector9((t-1)*35+1:(t-1)*35+35,(s-1)*
        1435+(r-1)*35+1:(s-1)*1435+(r-1)*35+35) = vt*
        bts*asr*iarr*erdiag;
          if r~=s
            com9res9t(:,t) = com9res9t(:,t) + com9res9r(:,r);

        fcom9res9t(:,(t-1)*35+1:(t-1)*35+35) = fcom9res9t
        (:,(t-1)*35+1:(t-1)*35+35) + fcom9res9r(:,(r-1)*
        35+1:(r-1)*35+35);
          end;
          end;
          com9res9rstt((s-1)*35+1:(s-1)*35+35,t) =
          com9res9t(:,t);

        fcom9res9rstt((s-1)*35+1:(s-1)*35+35,(t-1)*35+
        1:(t-1)*35+35) = fcom9res9t(:,(t-1)*35+1:(t-1)*
        35+35);
          if t~=s
```

```
        com9res9(:,s) = com9res9(:,s) + com9res9t(:,t);

fcom9res9(:,(s-1)*35+1:(s-1)*35+35) = fcom9res9(:,
(s-1)*35+1:(s-1)*35+35) + fcom9res9t(:,(t-1)*35+
1:(t-1)*35+35);
    end;
end;
end;

fim99 = zeros(35,1435);% 9th import decomposition
for s =1:41
    for t =1:41
        if t ~ = s

fim99(:,(s-1)*35+1:(s-1)*35+35) = fim99(:,(s-1)*
35+1:(s-1)*35+35) + fcom9res9rstt((t-1)*35+1:(t-
1)*35+35,(s-1)*35+1:(s-1)*35+35);
        end;
    end;
end;

import1435x41 = zeros(1435,41);
import1435x41 = com9res7rstt + com9res8rstt;
for j =1:41
    import1435x41((j-1)*35+1:(j-1)*35+35,j) =0;
end;

 extest = com9res1 + com9res2 + com9res3 + com9res4 +
 com9res5 + com9res6 + com9res7 + com9res8 + com9res9;

 extestf = fcom9res1 + fcom9res2 + fcom9res3 + fcom9res4 +
 fcom9res5 + fcom9res6 + fcom9res7 + fcom9res8 + fcom9res9;
```

```
fu1435 = fcom9res1rstr + fcom9res2rstr + fcom9res3rstr +
fcom9res4rstr + fcom9res5rstr + fcom9res6rstr +
fcom9res7rstt + fcom9res8rstt + fcom9res9rstt;
extestf1435 = fu1435;

fsoucom9bisector = fsoucom9bisector7 + fsoucom9bisector8 +
fsoucom9bisector9;
 fsoucom9counsector = zeros(1435,41);
for s =1:41
    for t =1:41
        if t ~ = s
        for r =1:41
            if r ~ = s
                for j =1:35
fsoucom9counsector((t -1) * 35 +1:(t -1) * 35 +35,s) =
fsoucom9counsector((t -1) * 35 +1:(t -1) * 35 +35,s) +
fsoucom9bisector((t -1) * 35 +1:(t -1) * 35 +35,(s -1) *
1435 +(r -1) * 35 +j);
                end;
            end;
        end;
        end;
    end;
end;
for s =1:41
   extestf1435((s -1) * 35 +1:(s -1) * 35 +35,(s -1) * 35 +
   1:(s -1) * 35 +35) =0;
end;

 ftest =com9res7rstt +com9res8rstt +com9res9rstt;
```

```
fsoucom9counsectorreshape = zeros(1435,41);
for s -1:41

    fsoucom9counsectorreshape((s-1)*35+1:(s-1)*35+
    35,:) = reshape(fsoucom9counsector(:,s),35,41);
end;
presortva = fsoucom9counsectorreshape';
[sortva,indva] = sort(presortva,'descend');
%{
vss = (com9res7+com9res8)./extest;
vss1400 = zeros(1400,1);
for i =1:40% convert to vector
    for j =1:35
    vss1400((i-1)*35+j) = vss(j,i);
    end;
end;
tfpydiag = diag(tfpy);% element-element
labordiag = diag(labor);
tylvs = tfpydiag*labordiag*vss1400;
sumty = zeros(1,1);
for i =1:1400
sumty = sumty + tylvs(i);
end;
ele1 = zeros(1400,1);
for i =1:1400
ele1(i) = sumty - tylvs(i);
end;
 lvs = labordiag*vss1400;% element-denominator
sumlvs = zeros(1,1);
 for i =1:1400
sumlvs = sumlvs + lvs(i);
end;
```

```
ele2 = zeros(1400,1);
for i = 1:1400
ele2(i) = sumlvs - lvs(i);
end;
vaabtemp = zeros(1400,1);
vaabtemp = ele1./ele2;
% denominator is tfpy
vaab = zeros(1400,1);
for i = 1:1400 % value added ab
vaab = vaabtemp - tfpy;
end;

yincomediag = diag(yincome);% replace with yincome element-element
labordiag = diag(labor);
yinlvs = yincomediag * labordiag * vss1400;
sumyi = zeros(1,1);
for i = 1:1400
sumyi = sumyi + yinlvs(i);
end;
elenew1 = zeros(1400,1);
for i = 1:1400
elenew1(i) = sumyi - yinlvs(i);
end;
 lvs = labordiag * vss1400;% element - denominator
sumlvs = zeros(1,1);
 for i = 1:1400
sumlvs = sumlvs + lvs(i);
end;
ele2 = zeros(1400,1);
for i = 1:1400
ele2(i) = sumlvs - lvs(i);
```

```
end;
vaabtempnew = zeros(1400,1);
vaabtempnew = elenew1./ele2;
% denominator is tfpy
vaabnew = zeros(1400,1);
for i =1:1400% value added ab
vaabnew = vaabtempnew - yincome;
end;
% vss = (com9res7rstt + com9res8rstt)./extest;% vss country divide level

r9dv = (com9res1 + com9res2)./extest;
r9iv = (com9res3 + com9res4 + com9res5)./extest;
r9fv = (com9res7 + com9res8)./(extest - com9res6 - com9res9);
r9part = r9iv + r9fv;
r9gain = r9dv + r9fv;
r9pos = log(1 + r9iv) - log(1 + r9fv);
r9gain = r9dv + r9iv;
testresult = extestf1435'- extestf1435;
balance = zeros(1435,1);
for i =1:1435
    for j =1:1435
    balance(i) = balance(i) + testresult(i,j);
    end;
end;

% }



% RCA with value added
```

```
gvcsi = com9res1 + com9res2 + com9res3 + com9res4 +
com9res5;% value added
gvc = 0;

gvcsw = gvcsi * ones(41,1);
gvci = ones(1,35) * gvcsi;
gvci = gvci';
for i = 1:35    % GVC W
    for j = 1:41
        gvc = gvc + gvcsi(i,j);
    end;
end;
for i = 1:35
    for j = 1:41
        rca(i,j) = (gvcsi(i,j)/gvcsw(i))/(gvci(j)/gvc);
    end;
end;

vaxf = com9res1 + com9res2 + com9res3;
vaxfratio = vaxf./gvcsi;

% position forward
ivf = com9res3 + com9res4 + com9res5;
fvf = com9res7 + com9res8;
posf = log(1 + ivf./exblock) - log(1 + fvf./exblock);
```

参 考 文 献

[1] 蔡冬青、周经：《对外直接投资对出口技术水平的提升研究——理论与基于中国省际面板数据的实证》，载于《世界经济研究》2012 年第 12 期。

[2] 岑丽君：《中国在全球生产网络中的分工与贸易地位——基于 TiVA 数据与 GVC 指数的研究》，载于《国际贸易问题》2015 年第 1 期。

[3] 罗长远、张军：《附加值贸易：基于中国的实证分析》，载于《经济研究》2014 年第 6 期。

[4] 陈小文：《技术寻求型对外直接投资和中国企业的跨国经营》，载于《南京财经大学学报》2007 年第 1 期。

[5] 陈云：《国际宏观经济学的新方法：NOEM – DSGE 模型》，载于《经济学家》2010 年第 2 期。

[6] 程大中、李韬、姜彬：《要素价格差异与要素跨国流向：对 HOV 模型的检验》，载于《世界经济》2015 年第 3 期。

[7] 程大中：《中国增加值贸易隐含的要素流向扭曲程度分析》，载于《经济研究》2014 年第 9 期。

[8] 丛静、张宏：《战略资产获取与中国 OFDI 企业的"自我选择"效应——基于中国制造业上市公司的分析》，载于《南方经济》2016 年第 11 期。

[9] 代谦、何祚宇：《国际分工的代价：垂直专业化的再分解与国际风险传导》，载于《经济研究》2015 年第 5 期。

[10] 戴翔：《中国制造业出口内涵服务价值演进及因素决定》，载于《经济研究》2016 年第 9 期。

[11] 邓向荣、曹红：《产业升级路径选择：遵循抑或偏离比较优势——基于产品空间结构的实证分析》，载于《中国工业经济》2016 年第 1 期。

［12］董有德、孟醒：《OFDI、逆向技术溢出与国内企业创新能力——基于我国分价值链数据的检验》，载于《国际贸易问题》2014年第9期。

［13］杜威剑、李梦洁：《中日韩自由贸易区建立的经济影响——基于局部均衡模型的分析》，载于《国际经贸探索》2013年第3期。

［14］樊纲、关志雄、姚枝仲：《国际贸易结构分析：贸易品的技术分布》，载于《经济研究》2006年第8期。

［15］傅晓霞、吴利学：《前沿分析方法在中国经济增长核算中的适用性》，载于《世界经济》2007年第7期。

［16］葛顺奇、罗伟：《中国制造业企业对外直接投资和母公司竞争优势》，载于《管理世界》2013年第6期。

［17］顾国达、周蕾：《全球价值链角度下我国生产性服务贸易的发展水平研究——基于投入产出方法》，载于《国际贸易问题》2010年第5期。

［18］胡博、李凌：《我国对外直接投资的区位选择——基于投资动机的视角》，载于《国际贸易问题》2008年第12期。

［19］胡军、陶锋、陈建林：《珠三角OEM企业持续成长的路径选择——基于全球价值链外包体系的视角》，载于《中国工业经济》2005年第8期。

［20］胡艺、沈明辉：《中韩贸易20年：回顾与展望》，载于《东北亚论坛》2012年第9期。

［21］胡昭玲、宋佳：《基于出口价格的中国国际分工地位研究》，载于《国际贸易问题》2013年第3期。

［22］姬超：《韩国经济增长与转型过程及其启示：1961～2011——基于随机前沿模型的要素贡献分解分析》，载于《国际经贸探索》2013年第12期。

［23］贾怀勤：《国参与国际贸易核算：回顾与展望》，载于《国际贸易》2015年第3期。

［24］江小涓：《我国出口商品结构的决定因素和变化趋势》，载于《经济研究》2007年第5期。

［25］姜延书、何思浩：《中国纺织服装业出口贸易增加值核算及影响因素研究》，载于《国际贸易问题》2016年第8期。

［26］蒋庚华、林丽敏：《中日双边贸易分解：基于世界投入产出数据库的研究》，载于《现代日本经济》2014年第3期。

［27］蒋冠宏、蒋殿春、蒋昕桐：《我国技术研发型外向FDI的"生产率效应"——来自工业企业的证据》，载于《管理世界》2013年第9期。

［28］金碚、吕铁、邓洲：《中国工业结构转型升级：进展、问题与趋势》，载于《中国工业经济》2011年第2期。

［29］金京、戴翔：《国际分工演进与我国开放型经济战略选择》，载于《经济管理》2013年第35期。

［30］金缀桥、杨逢珉：《中韩双边贸易现状及潜力的实证研究》，载于《世界经济研究》2015年第1期。

［31］景光正、李平：《OFDI是否提升了中国的出口产品质量》，载于《国际贸易问题》2016年第8期。

［32］康灿华、吴奇峰、孙艳琳：《发展中国家企业的技术获取型FDI研究》，载于《武汉理工大学学报（信息与管理工程版）》2007年第10期。

［33］柯武刚、史漫飞：《制度经济学——社会秩序与公共政策》，载于《商务印书馆》2000年。

［34］孔贵宝：《技术寻求型FDI对产业竞争力的影响与对策分析》，载于《当代经济》2006年第1期。

［35］黎峰：《全球价值链分工下的出口产品结构及核算——基于增加值的视角》，载于《南开经济研究》2015年第4期。

［36］李春顶：《中国出口企业是否存在"生产率悖论"基于中国制造业企业数据的检验》，载于《世界经济》2010年第7期。

［37］李大伟：《中日韩产业在全球价值链中的位势比较》，载于《宏观经济管理》2015年第4期。

［38］李军：《企业多重异质性与出口行为：Melitz模型的拓展与来自中国制造业的证据》，华中科技大学博士学位论文，2011年。

［39］李磊、刘斌、王小霞：《外资溢出效应与中国全球价值链参与》，载于《世界经济研究》2017年第4期。

［40］李梅、柳士昌：《对外直接投资逆向技术溢出的地区差异和门槛效应——基于中国省际面板数据的门槛回归分析》，载于《管理世

界》2012 年第 1 期。

[41] 李梅:《人力资本、研发投入与对外直接投资的逆向技术溢出》,载于《世界经济研究》2010 年第 10 期。

[42] 李梅、袁小艺、张易:《制度环境与对外直接投资逆向技术溢出》,载于《世界经济研究》2014 年第 2 期。

[43] 李平、宋丽丽:《FDI 渠道的 R&D 溢出、吸收能力与中国技术进步——基于一个扩展的 LP 方法的实证研究》,载于《山东大学学报(哲学社会科学版)》2008 年第 4 期。

[44] 李相万:《"萨德入韩"与东北亚的"安全困境":基于新现实主义的分析》,载于《东北亚论坛》2016 年第 6 期。

[45] 李雪松、王秀丽:《工资粘性、经济波动与货币政策模拟——基于 DSGE 模型的分析》,载于《数量经济技术经济研究》2011 年第 11 期。

[46] 李扬、冯伟杰、黄艳希:《中韩自由贸易协定的影响效应研究》,载于《东北亚论坛》2015 年第 6 期。

[47] 李优树:《企业国际竞争力论——兼谈对外直接投资在提升企业国际竞争力中的作用》,载于《云南社会科学》2003 年第 5 期。

[48] 林青、陈湛匀:《中国技术寻求型跨国投资战略:理论与实证研究——基于主要 10 个国家 FDI 反向溢出效应模型的测度》,载于《财经研究》2008 年第 6 期。

[49] 林毅夫、李永军:《比较优势、竞争优势与发展中国家的经济发展》,载于《管理世界》2003 年第 7 期。

[50] 刘斌:《贸易自由化、契约环境与全要素生产率》,南开大学博士学位论文,2013 年。

[51] 刘斌、庞超然:《中韩自贸区的经济效应研究与对策分析——基于 GTAP 模型的模拟》,载于《经济评论》2016 年第 5 期。

[52] 刘斌、魏倩、吕越:《制造业服务化与价值链升级》,载于《经济研究》2016 年第 3 期。

[53] 刘海云、毛海欧:《制造业 OFDI 对出口增加值的影响》,载于《中国工业经济》2016 年第 7 期。

[54] 刘力、杨萌:《我国高技术产业国际分工地位演变——基于完全比较劳动生产率的研判》,载于《国际贸易问题》2015 年第 4 期。

[55] 刘琳：《中国参与全球价值链的测度与分析——基于附加值贸易的考察》，载于《世界经济研究》2015年第6期。

[56] 刘明霞：《我国对外直接投资的逆向技术溢出效应基于省际面板数据的实证分析》，载于《国际商务（对外经济贸易大学学报）》2009年第4期。

[57] 刘青、陶攀、洪俊杰：《中国海外并购的动因研究——基于广延边际与集约边际的视角》，载于《经济研究》2017年第1期。

[58] 刘庆林、高越、韩军伟：《国际生产分割的生产率效应》，载于《经济研究》2010年第2期。

[59] 刘世锦：《关于我国增长模式转型的若干问题》，载于《管理世界》2006年第2期。

[60] 刘维林：《中国式出口的价值创造之谜：基于全球价值链的解析》，载于《世界经济》2015年第3期。

[61] 刘文革、周方召、肖园园：《不完全契约与国际贸易：一个评述》，载于《经济研究》2016年第11期。

[62] 刘震、张宏：《OFDI对我国装备制造业国际竞争优势提升路径研究》，载于《商业经济与管理》2017年第8期。

[63] 刘志彪：《从全球价值链转向全球创新链：新常态下中国产业发展新动力》，载于《学术月刊》2015年第2期。

[64] 刘志彪：《国际外包视角下我国产业升级问题的思考》，载于《中国经济问题》2009年第1期。

[65] 刘志彪、张杰：《全球代工体系下发展中国家俘获型网络的形成、突破与对策——基于GVC与NVC的比较视角》，载于《中国工业经济》2007年第5期。

[66] 刘志彪、张少军：《中国地区差距及其纠偏：全球价值链和国内价值链视角》，载于《学术月刊》2008年第5期。

[67] 刘志彪：《中国贸易量增长与本土产业的升级——基于全球价值链的治理视角》，载于《学术月刊》2007年第2期。

[68] 刘志成、刘斌：《贸易自由化、全要素生产率与就业——基于2003~2007年中国工业企业数据的研究》，载于《南开经济研究》2014年第1期。

[69] 卢福财、罗瑞荣：《全球价值链分工条件下产业高度与人力

资源的关系——以中国第二产业为例》，载于《中国工业经济》2010年第8期。

［70］吕朝凤、朱丹丹：《中国垂直一体化生产模式的决定因素——基于金融发展和不完全契约视角的实证分析》，载于《中国工业经济》2016年第3期。

［71］吕越、黄艳希、陈勇兵：《全球价值链嵌入的生产率效应：影响与机制分析》，载于《世界经济》2017年第7期。

［72］[美]迈克尔·波特：《竞争优势》，陈小锐译，华夏出版社1997年版。

［73］毛其淋：《贸易自由化、异质性与企业动态：对中国制造业企业的经验研究》，南开大学博士学位论文，2013年。

［74］毛其淋、许家云：《中国对外直接投资促进抑或抑制了企业出口？》，载于《数量经济技术经济研究》2014年第31期。

［75］毛其淋、许家云：《中国外向型FDI对企业职工工资报酬的影响：基于倾向得分匹配的经验分析》，载于《国际贸易问题》2014年第11期。

［76］孟令杰、李静：《中国全要素生产率的变动趋势——基于非参数的Malmquist指数方法》，载于《产业经济评论》2004年第2期。

［77］倪红福、龚六堂、夏杰长：《生产分割的演进路径及其影响因素——基于生产阶段数的考察》，载于《管理世界》2016年第4期。

［78］倪娟：《奥利弗·哈特对不完全契约理论的贡献——2016年度诺贝尔经济学奖得主学术贡献评介》，载于《经济学动态》2016年第10期。

［79］聂辉华：《契约不完全一定导致投资无效率吗？一个带有不对称信息的敲竹杠模型》，载于《经济研究》2008年第2期。

［80］聂聆、李三姝：《我国在制造业产品全球价值链中的分工地位研究——基于价值链高度指数的分析》，载于《现代财经》2016年第6期。

［81］潘珊、龚六堂：《中国税收政策的福利成本——基于两部门结构转型框架的定量分析》，载于《经济研究》2015年第9期。

［82］裴长洪、王镭：《试论国际竞争力的理论概念与分析方法》，载于《中国工业经济》2002年第4期。

[83] 齐俊妍：《中国是否出口了更多高技术产品——基于技术含量和附加值的考察》，载于《世界经济研究》2008年第9期。

[84] 钱雪亚、王秋实、刘辉：《中国人力资本水平再估算：1995—2005》，载于《统计研究》2008年第12期。

[85] 强永昌、符磊：《为什么低效率的企业会选择"走出去"——基于动态效率的分析视角》，载于《南方经济》2013年第5期。

[86] 茹玉骢：《技术寻求型对外直接投资及其对母国经济的影响》，载于《经济评论》1998年第11期。

[87] 沙文兵：《对外直接投资、逆向技术溢出与国内创新能力——基于中国省际面板数据的实证研究》，载于《世界经济研究》2012年第3期。

[88] 邵军、许康宁：《制度质量、外资进入与增长效应：一个跨国的经验研究》，载于《世界经济》2008年第7期。

[89] 邵玉君：《FDI、OFDI与国内技术进步》，载于《数量经济技术经济研究》2017年第9期。

[90] 盛斌、毛其淋：《贸易自由化、企业成长和规模分布》，载于《世界经济》2015年第2期。

[91] 司传宁：《中韩自由贸易区的空间效应分析》，载于《山东社会科学》2014年第1期。

[92] 宋巍、顾国章：《关于我国制造业产业升级路径的考察》，载于《商业时代》2009年第18期。

[93] 宋玉华、张海燕：《亚太价值链解构与中国的利得——基于APEC主要国家的投入产出分析》，载于《亚太经济》2014年第2期。

[94] 汤铎铎：《新开放经济宏观经济学：理论和问题》，载于《世界经济》2009年第9期。

[95] 汤二子、孙振：《异质性生产率，产品质量与中国出口企业的"生产率悖论"》，载于《世界经济研究》2012年第11期。

[96] 唐东波：《贸易开放、垂直专业化分工与产业升级》，载于《世界经济》2013年第8期。

[97] 唐海燕、张会清：《产品内国际分工与发展中国家的价值链提升》，载于《经济研究》2009年第9期。

[98] 唐宜红、林发勤：《异质性企业贸易模型对中国企业出口的

适用性检验》,载于《南开经济研究》2009年第6期。

[99] 陶攀、洪俊杰、刘志强:《中国对外直接投资政策体系的形成及完善建议》,载于《国际贸易》2013年第9期。

[100] 涂颖清:《全球价值链下我国制造业升级研究》,复旦大学博士学位论文,2010年。

[101] 王飞、郭孟珂:《我国纺织服装业在全球价值链中的地位》,载于《国际贸易问题》2014年第12期。

[102] 王厚双、李艳秀、朱奕绮:《我国服务业在全球价值链分工中的地位研究》,载于《世界经济研究》2015年第8期。

[103] 王岚、李宏艳:《中国制造业融入全球价值链路径研究——嵌入位置和增值能力的视角》,载于《中国工业经济》2015年第2期。

[104] 王岚:《融入全球价值链对中国制造业国际分工地位的影响》,载于《统计研究》2014年第5期。

[105] 王岚、盛斌:《全球价值链分工背景下的中美增加值贸易与双边贸易利益》,载于《财经研究》2014年第9期。

[106] 王英、刘思峰:《中国ODI反向技术外溢效应的实证分析》,载于《科学研究》2008年第2期。

[107] 王曦、王茜、陈中飞:《货币政策预期与通货膨胀管理——基于消息冲击的DSGE分析》,载于《经济研究》2016年第2期。

[108] 王晓萍:《GVC/NVC双重网络嵌入中本土代工制造企业动态能力提升机制研究——基于组织学习的视角》,载于《科技管理研究》2013年第33期。

[109] 王孝松、吕越、赵春明:《贸易壁垒与全球价值链嵌入——以中国遭遇反倾销为例》,载于《中国社会科学》2017年第1期。

[110] 王永进、李坤望、盛丹:《契约制度与产业集聚:基于中国的理论及经验研究》,载于《世界经济》2010年第1期。

[111] 王永进:《契约、关系与国际贸易》,上海人民出版社2015年版。

[112] 王直、魏尚进、祝坤福:《总贸易核算法:官方贸易统计与全球价值链的度量》,载于《中国社会科学》2015年第9期。

[113] 王志刚、龚六堂、陈玉宇:《地区间生产效率与全要素生产率增长率分解(1978~2003)》,载于《中国社会科学》2006年第2期。

[114] 韦军亮、陈漓高：《政治风险对中国对外直接投资的影响——基于动态面板模型的实证研究》，载于《经济评论》2009 年第 4 期。

[115] 卫兴华、侯为民：《中国经济增长方式的选择与转换途径》，载于《经济研究》2007 年第 7 期。

[116] 魏东、王璟珉：《中国对外直接投资动因分析》，载于《中国产业政策研究》2005 年第 9 期。

[117] 文东伟：《中国制造业出口的技术复杂度及其跨国比较研究》，载于《世界经济研究》2011 年第 6 期。

[118] 文嫮、张生丛：《价值链各环节市场结构对利润分布的影响——以晶体硅太阳能电池产业价值链为例》，载于《中国工业经济》2009 年第 5 期。

[119] 闻开琳：《中国对外直接投资决定因素实证研究——基于东道国国家特征》，载于《世界经济情况》2008 年第 10 期。

[120] 乌云娜、黄勇：《建筑业全球价值链中间驱动模式分析》，载于《国际经济合作》2007 年第 8 期。

[121] 邬关荣：《我国服装加工贸易升级发展——基于价值链观点》，载于《国际贸易问题》2007 年第 4 期。

[122] 吴彬、黄韬：《二阶段理论：外商直接投资新的分析模型》，载于《经济研究》1997 年第 7 期。

[123] 吴先明、苏志文：《将跨国并购作为技术追赶的杠杆：动态能力视角》，载于《管理世界》2014 年第 4 期。

[124] 吴延兵：《自主研发、技术引进与生产率——基于中国地区工业的实证研究》，载于《经济研究》2008 年第 8 期。

[125] 冼国明、杨锐：《技术累积、竞争策略与发展中国家对外直接投资》，载于《经济研究》1998 年第 11 期。

[126] 项本武：《中国对外直接投资的贸易效应研究——基于面板数据的协整分析》，载于《财贸经济》2009 年第 4 期。

[127] 谢申祥、王孝松、张宇：《对外直接投资、人力资本与我国技术水平的提升》，载于《世界经济研究》2009 年第 11 期。

[128] 许南、李建军：《国际金融危机与中国加工贸易转型升级分析——基于全球生产网络视角》，载于《财贸经济》2010 年第 4 期。

[129] 许奇挺：《关于建立我国企业境外投资保护制度的思考》，载于《国际贸易问题》2005 年第 7 期。

[130] 马亚明、张岩贵：《技术优势与对外直接投资：一个关于技术扩散的分析框架》，载于《南开经济研究》2003 年第 4 期。

[131] 闫云凤：《中日韩在全球价值链中的地位和作用——基于贸易增加值的测度与比较》，载于《世界经济研究》2015 年第 1 期。

[132] 阎大颖：《中国企业国际直接投资模式选择的影响因素——对跨国并购和合资新建的实证分析》，载于《山西财经大学学报》2008 年第 10 期。

[133] 杨连星、刘晓光：《中国 OFDI 逆向技术溢出与出口技术复杂度提升》，载于《财贸经济》2016 年第 6 期。

[134] 杨汝岱、姚洋：《有限赶超和大国经济发展》，载于《国际经济评论》2006 年第 4 期。

[135] 杨瑞龙、聂辉华：《不完全契约理论：一个综述》，载于《经济研究》2006 年第 2 期。

[136] 杨小凯、张永生：《新贸易理论、比较利益理论及其经验研究的新成果：文献综述》，载于《经济学季刊》2001 年第 1 期。

[137] 杨智璇、班允浩：《中国战略调整中的 FDI 模式选择》，载于《价值工程》2009 年第 12 期。

[138] 尹东东、张建清：《我国对外直接投资逆向技术溢出效应研究——基于吸收能力视角的实证分析》，载于《国际贸易问题》2016 年第 1 期。

[139] 尹华、朱绿乐：《企业技术寻求型 FDI 实现机理分析与中国企业的实践》，载于《中南大学学报（社会科学版）》2013 年第 6 期。

[140] 尹伟华：《中国制造业参与全球价值链的程度与方式——基于世界投入产出表的分析》，载于《经济与管理研究》2015 年第 8 期。

[141] 尹小剑：《外向 FDI 对中国产业技术进步的有效性分析》，载于《华南农业大学学报（社会科学版）》2011 年第 1 期。

[142] 于津平、邓娟：《垂直专业化、出口技术含量与全球价值链分工地位》，载于《世界经济与政治》2014 年第 4 期。

[143] 余淼杰：《中国的贸易自由化与制造业企业生产率》，载于《经济研究》2012 年第 12 期。

[144] 曾铮、张路路：《全球生产网络体系下中美贸易利益分配的界定——基于中国制造业贸易附加值的研究》，载于《世界经济研究》2008年第1期。

[145] 张二震、方勇：《要素分工与中国开放战略的选择》，载于《南开学报（哲学社会科学版）》2005年第6期。

[146] 张宏、王建：《东道国区位因素与中国OFDI关系研究——基于分量回归的经验证据》，载于《中国工业经济》2009年第6期。

[147] 张辉：《全球价值链动力机制与产业发展策略》，载于《中国工业经济》2006年第1期。

[148] 张慧明、蔡银寅：《中国制造业如何走出"低端锁定"——基于面板数据的实证研究》，载于《国际经贸探索》2015年第1期。

[149] 张建清、郑雨楠：《基于增加值核算法的中美和中韩贸易还原》，载于《经济经纬》2015年第6期。

[150] 张杰、张培丽、黄泰岩：《市场分割推动了中国企业出口吗?》，载于《经济研究》2010年第8期。

[151] 张洁颖、周煊：《"走出去"战略背景下中国对外直接投资政策体系的思考》，载于《国际贸易》2007年第4期。

[152] 张捷：《产品构造、文化禀赋与分工组织——水平分工格局下贸易结构的形成机制初探》，载于《新政治经济学评论》2007年第3期。

[153] 张金昌：《中国的劳动生产率：是高还是低?——兼论劳动生产率的计算方法》，载于《中国工业经济》2002年第4期。

[154] 张军、吴桂英、张吉鹏：《中国省际物质资本存量估算：1952~2000》，载于《经济研究》2004年第10期。

[155] 张明志：《国际外包对发展中国家产业升级影响的机理分析》，载于《国际贸易问题》2008年第1期。

[156] 张茉楠：《基于全球价值链的"一带一路"推进战略》，载于《宏观经济管理》2016年第9期。

[157] 张茉楠：《全面推进"一带一路"贸易投资便利化战略》，载于《金融与经济》2016年第12期。

[158] 张其仔、李颢：《产业政策是应遵循还是违背比较优势?》，载于《经济管理》2013年第10期。

［159］张少军、刘志彪:《产业升级与区域协调发展:从全球价值链走向国内价值链》,载于《经济管理》2013 年第 8 期。

［160］张少军:《全球价值链模式的产业转移:商务成本与学习曲线的视角》,载于《经济评论》2009 年第 2 期。

［161］张文城、彭水军:《南北国家的消费侧与生产侧资源环境负荷比较分析》,载于《世界经济》2014 年第 8 期。

［162］张新乐、王文明、王聪:《我国对外直接投资决定因素的实证研究》,载于《国际贸易问题》2007 年第 5 期。

［163］张幼文:《生产要素的国际流动与全球化经济的运行机制——世界经济学的分析起点与理论主线》,载于《世界经济研究》2015 年第 12 期。

［164］张幼文:《生产要素的国际流动与全球化经济的运行机制》,载于《国际经济评论》2013 年第 5 期。

［165］张宇:《FDI 技术外溢的地区差异与吸收能力的门限特征——基于中国省际面板数据的门限回归分析》,载于《数量经济技术经济研究》2008 年第 1 期。

［166］张中元、沈铭辉:《国际投资协定中可持续发展条款对双边投资的影响》,载于《世界经济研究》2018 年第 3 期。

［167］章祥荪、贵斌威:《中国全要素生产率分析:Malmquist 指数法评述与应用》,载于《数量经济技术经济研究》2008 年第 6 期。

［168］赵金龙:《美国 TPP 战略的动机及其对东北亚经济一体化的影响研究》,载于《东北亚论坛》2012 年第 6 期。

［169］赵伟、古广东、何元庆:《外向 FDI 与中国技术进步:机理分析与尝试性实证》,载于《管理世界》2006 年第 7 期。

［170］赵晓笛:《中国对外直接投资长期发展趋势》,北京新华出版社 2008 年版。

［171］甄丽明、唐清泉:《FDI、行业技术差距与企业自主创新——基于中国行业数据的经验研究》,载于《当代经济管理》2013 年第 9 期。

［172］郑京海、胡鞍钢:《中国改革时期省际生产率增长变化的实证分析(1979~2001 年)》,载于《经济学季刊》2005 年第 1 期。

［173］仲地锋:《中韩自由贸易协定与东亚经济一体化》,载于《人民论坛》2016 年第 2 期。

[174] 周勤、周绍东：《产品内分工与产品建构陷阱：中国本土企业的困境与对策》，载于《中国工业经济》2009 年第 8 期。

[175] 周升起、兰珍先、付华：《中国制造业在全球价值链国际分工地位再考察——基于 Koopman 等的"GVC 地位指数"》，载于《国际贸易问题》2014 年第 2 期。

[176] 周曙东、肖宵、杨军：《中韩自贸区建立对两国主要产业的经济影响分析——基于中韩自由贸易协定的关税减让方案》，载于《国际贸易问题》2016 年第 5 期。

[177] 卓越、张珉：《全球价值链中的收益分配与"悲惨增长"——基于中国纺织服装业的分析》，载于《中国工业经济》2008 年第 7 期。

[178] 邹玉娟、陈漓高：《我国对外直接投资与技术提升的实证研究》，载于《世界经济研究》2008 年第 5 期。

[179] Acemoglu, D., Aghion, P., and Zilibotti, F., 2006: Distance to Frontier, Selection, and Economic Growth, Journal of the European Economic Association, Vol. 4, No. 1.

[180] Acemoglu, D., Antras, P., and Helpman, E., 2007: Contracts and Technology Adopotion, The American Economic Review, Vol. 97, No. 3.

[181] Acemoglu, D., Johnson, S., and Robinson J., 2002: Reversal Offortune: Geography and Institutions in the Making of the Modern World Income Distribution, Quarterly Journal of Economics, Vol. 117, No. 4.

[182] Acs, Z. J. and Armington C., 2006: Entrepreneurship, Geography, and American Economic Growth. Cambridge: Cambridge University Press.

[183] Agrawal, A., Cockburn, I. and McHale, J., 2006: Gone but not Forgotten: Knowledge Flows, Labor Mobility, and Enduring Social Relationships, Journal of Economic Geography, Vol. 5, No. 6.

[184] Anderson, J. E. and Marcouiller, D., 2002: Insecurity and the Pattern of Trade: an Empirical Investigation, The Review of Economics and Statistics, Vol. 84.

[185] Antràs, P. and Helpman, E., 2004: Global Sourcing, Jour-

nal of Political Economy, Vol. 112, No. 3.

［186］Antràs, P., 2003: Firms, Contracts, and Trade Structure, 2003: Quarterly Journal of Economics, Vol. 118, No. 4.

［187］Antràs, P., 2010: International Trade and Organizations, NBER Reporter, No. 2.

［188］Areerat, Todsadee, Hiroshi Kameyama, Shoichi Ito and Kohen Yamauchi, 2012: Trans Pacific Stategic Economic Partnership with Japan, South Korea and China Integrate: General Equilibrium Approach, American Journal of Economics and Business Administration, Vol. 4, No. 1.

［189］Audretsch, D. B. and Lehmann, E. E., 2005: Does the Knowledge Spillover Theory of Entrepreneurship Hold for Regions?, Research Policy, Vol. 34, No. 8.

［190］Audretsch, D. B., Keilbach, M. C. and Lehmann, E. E., 2006: Entrepreneurship and Economic Growth. New York: Oxford University Press.

［191］Baggs, J., Beaulieu, E. and Fung, L., 2009: Firm Survival, Performance, and the Exchange Rate. Canadian Journal of Economics, Vol. 42, No. 2.

［192］Baldwin, J. R. and Yan, B., 2010: Death of Canadian Manufacturing Plants: Heterogeneous Responses to Changes in Tariffs and Real Exchange Rates, Economic Analysis Research Paper Series 11F0027M, No. 061.

［193］Barro, R. J., 1999: Notes on Growth Accounting, Journal of Economic Growth, Vol. 4, No. 2.

［194］Benner, M. J. and Tushman, M. L., 2003: Exploitation, Exploration, and Process Management: The Productivity Dilemma Revisited, Academy of Management Review, Vol. 28, No. 2.

［195］Berkowitz, D., Moenius, J. and Pistor, K., 2006: Trade, Law, and Product Complexity, Review of Economics and Statistics, Vol. 88, No. 2.

［196］Bils, M. and Klenow, P. J., 2001: The Acceleration in Variety Growth, American Economic Review.

[197] Block, J. H. , Thurik, R. and Zhou, H. , 2012: What Turns Knowledge into Innovative Products? The Role of Entrepreneurship and Knowledge Spillovers, Journal of Evolutionary Economics.

[198] Bloom, N. , Schankerman, M. and Van, R. J. , 2007: Identifying Technology Spillovers and Product Market Rivalry, National Bureau of Economic Research.

[199] Breschi, S. and Lissoni, F. , 2001: Knowledge Spillovers and Local Innovation Systems: A Critical Survey, Industrial and Corporate Change, Vol. 10, No. 4.

[200] Bresnahan, T. F. , Greenstein, S. and Henderson, R. M. , 2011: Schumpeterian Competition and Diseconomies of Scope: Illustrations from the Histories of Microsoft and IBM. The Rate and Direction of Inventive Activity Revisited. Chicago: University of Chicago Press.

[201] Cassiman, B. and Veugelers, R. , 2002: R&D Cooperation and Spillovers: Some Empirical Evidence from Belgium, The American Economic Review, Vol. 92, No. 4.

[202] Cheong and Inkyo, 2014: An Analysis of the Effect of the China - Korea FTA with the Consideration of FTA Sequence and FTA Hub Gains, Journal of Korea Trade, Vol. 18, No. 1.

[203] Christensen, C. , 2013: The Innovator's Dilemma: When New Technologies Cause Great Firms to Fail, Boston: Harvard Business Review Press.

[204] Coe, D. T. and Helpman, E. , 1995: International R&D Spillovers, European Economic Review, Vol. 39, No. 5.

[205] Coe, D. T. , Helpman, E. and Hoffmaister, A. W. , 2005: International R&D Spillovers and Institutions, European Economic Review, Vol. 53, No. 7.

[206] Conley, T. G. and Ligon, E. , 2002: Economic Distance and Cross-country Spillovers, Journal of Economic Growth, Vol. 7, No. 2.

[207] Costinot, A. , 2009: On the Origins of Comparative Advantage, Journal of International Economics, Vol. 77, No. 2.

[208] Cummins, J. G. and Violante, G. L. , 2002: Investment-spe-

cific Technical Change in the United States (1947 – 2000): Measurement and Macroeconomic Consequences, Review of Economic Dynamics, Vol. 5, No. 2.

[209] Dean, J., Lung, K. C. and Wang, Z., 2007: Measuring the Vertical Specialization in Chinese Trade, USITC Office of Economics Working Paper.

[210] Deardorflf, A. V., 2001: Fragmentation in Simple Trade Models, North American Journal of Economics and Finance, Vol. 12.

[211] Den, Butter, F. A. G. and Mosch, R. H. J., 2003: Trade, Trust and Transaction Cost, Tinbergen Institute Discussion Paper, No. 3.

[212] Doepke, M. and Zilibotti, F., 2013: Culture, Entrepreneurship, and Growth. NBER Working Paper.

[213] Dunning, J. H., 2013: International Production and the Multinational Enterprise (RLE International Business), Routledge.

[214] Dyer, J. H. and Singh, H., 1998: The Relational View: Cooperative Strategy and Sources of Interorganizational Competitive Advantage, Academy of Management Review, Vol. 23, No. 4.

[215] Engel, D., Procher, V. and Schmidt, C. M., 2013: Does Firm Heterogeneity Affect Foreign Market Entry and Exit Symmetrically? Empirical Evidence for French Firms, Journal of Economic Behavior & Organization, Vol. 85.

[216] Estrada, Gemma, Donghyun Park, Innwon Park and Soonchan Park, 2012: China's Free Trade Agreements with Asean, Japan and Korea: A Comparative Analysis, China & World Economy, Vol. 20, No. 4.

[217] Falk, M., 2007: R&D Spending in the High-tech Sector and Economic Growth, Research in Economics, Vol. 61, No. 3.

[218] Feenstra, R. C., Li, Z. and Yu, M., 2011: Exports and Credit Constraints under Incomplete Information: Theory and Evidence from China, Review of Economics and Statistics.

[219] Ferrari, F. and Riccardo, R., 2008: Investing in a Dangerous World: A New Political Risk Index, SACE Group, No 8.

[220] Genffi, G., 1999: International Trade and Industrial Upgra-

ding in the Apparel Commodity Chain, Journal of International Economics, Vol. 48.

[221] Gereffi, G., 1999b: A Commodity Chains Framework for Analysing Global Industries, Working Paper for IDS.

[222] Gereffi, G., Humphrey, J. and Sturgeon, T., 2005: The Governance of Global Value Chains, Review of International Political Economy, Vol. 12, No. 1.

[223] Gordon, R. J., 1990: The Measurement of Durable Goods Prices. Chicago: University of Chicago Press.

[224] Greenwood, J., Hercowitz, Z. and Krusell, P., 1997: Long-run Implications of Investment-specific Technological Change, The American Economic Review.

[225] Griffith, R., Redding, S. and Van, R. J., 2004: Mapping the Two Faces of R&D: Productivity Growth in a Panel of OECD Industries, Review of Economics and Statistics, Vol. 86, No. 4.

[226] Grossman, G. M. and Helpman, E., 1989: Growth and Welfare in a Small Open Economy, National Bureau of Economic Research.

[227] Harsanyi, J. C. and Selten, R., 1988: A General Theory of Equilibrium Selection in Games, MIT Press Books, No. 1.

[228] Head, K. and Ries, J., 2003: Heterogeneity and the FDI Versus Export Decision of Japanese Manufacturers, Journal of the Japanese and International Economies, Vol. 17, No. 4.

[229] Helpman, E., 2006: Trade, FDI and the Organization of Firms, NBER Working Paper, No. 12091.

[230] Hulten, C. R., 2001: Total Factor Productivity: a Short Biography. New Developments in Productivity Analysis, Chicago: University of Chicago Press.

[231] Hummels, D., Ishii, J. and Yi K M, 2001: The Nature and Growth of Vertical Specialization in World Trade, Journal of International Economics, Vol. 54, No. 1.

[232] Humphrey, J. and Schmitz, H., 2000: Governance and Upgrading: Linking Industrial Cluster and Global Value Chains Research, IDS

Working Paper, No. 12.

[233] Humphrey, J. and Schmitz, H., 2002: How does Insertion in Global Value Chains Affect Upgrading in Industrial Clusters, Regional Studies, Vol. 36, No. 9.

[234] Humphrey, J., 2001: Governance in Global Value Chains, IDS Bulletin, Vol. 32, No. 3.

[235] Johansen, L., 1959: Substitution Versus Fixed Production Coefficients in the Theory of Economic Growth: a Synthesis, Econometrica: Journal of the Econometric Society.

[236] Johnson, R. C. and Noguera, G., 2012: Fragmentation and Trade in Value-Added over Four Decades, NBER Working Paper, No. 18186.

[237] Kaplinsky, R. and Morris, M. A., 2001: Handbook for Value Chain Research, Prepared for the IDRC.

[238] Kaplinsky, R., 2000: Globalization and Unequalisation: What Can be Learned from Value Chain Analysis?, Journal of Development Studies, Vol. 37, No. 2.

[239] Keller, W., 2002: Trade and the Transmission of Technology, Journal of Economic Growth, Vol. 7, No. 1.

[240] Klepper, S. and Graddy, E., 1990: The Evolution of New Industries and the Determinants of Market Structure, The RAND Journal of Economics.

[241] Kogut, B. and Chang, S. J., 1991: Technological Capabilities and Japanese Foreign Direct Investment in the United States, The Review of Economics and Statistics.

[242] Kogut, B., 1985: Designing Global Strategies. Comparative and Competitive Value Added Chains, Sloan Management Review, Vol. 26, No. 4.

[243] Koopman, R., Powers, W. and Wang, Z., 2010: Give Credit Where Credit is Due: Tracing Value Added in Global Production Chains, NBER Working Paper, No. 16426.

[244] Koopman, R., Wang, Z. and Wei, S. J., 2012: Estimating Domestic Content in Exports When Processing Trade Pervasive, Journal of

Development Economics, Vol. 99.

[245] Koopman, R., Wang, Z. and Wei, S. J., 2008: How Much Chinese Export Is Really Made in China: Assessing Foreign and Domestic Value-added in Gross Export, NBER Working Paper, No. 14109.

[246] Koopman, R., Wang, Z. and Wei, S. J., 2012: Tracing Value – Added and Double Counting in Gross Exports, Shang – Jin Wei, Vol. 104, No. 2.

[247] Krugman, P., 1997: Is Capitalism Too Productive, Foreign Affairs.

[248] Lall, S. and Chen, E., 1983: The New Multinationals: The Spread of Third World Enterprises, Chichester: Wiley.

[249] Lucas, R. E., 1989: On the Mechanics of Economic Development, Journal of Monetary Economics, Vol. 22, No. 1.

[250] Lu, D., 2010: Exceptional Exporter Performance? Evidence from Chinese Manufacturing Firms. Manuscript, University of Chicago.

[251] Lu, J., Lu, Y. and Tao, Z., 2010: Exporting Behavior of Foreign Affiliates: Theory and Evidence, Journal of International Economics, Vol. 81, No. 2.

[252] Melitz, M. J., 2003: The Impact of Trade on Intra-industry Reallocations and Aggregate Industry Productivity. Econometrica, Vol. 71, No. 6.

[253] Nunn, N. and Nathan, 2005: Relationship – Specificity, Incomplete Contracts and the Pattern of Trade, Mimeo, University of British Columbia, Job Market Paper.

[254] Nunn, N., 2007: Relationship – Specificity, Incomplete Contracts and the Pattern of Trade, The Quarterly Journal of Economics, Vol. 122, No. 2.

[255] Perloff, J. M., and Salop, S. C., 1985: Equilibrium with Product Differentiation, The Review of Economic Studies, Vol. 52, No. 1.

[256] Plehn – Dujowich, J. M., 2009: Entry and exit by new versus existing firms, International Journal of Industrial Organization, Vol. 27, No. 2.

[257] Rajan, P. and Lee, J. Y., 2007: Contract Enforcement and International Trade, Economics and Politics, Vol. 19, No. 2.

[258] Rodrik, D., Arvind, S. and Francesco T., 2004: Institutions

Rule: The Primacy of Institutions over Geography and Integration in Economic Development, Journal of Economic Growth, Vol. 9.

[259] Rodrik, D., 2000: Institutions for High – Quality Growth: What they are and How to Acquire Them, National Bureau of Economic Research, NBER Working Papers, No. 7540.

[260] Romer, P. M., 1994: The Origins of Endogenous Growth, The Journal of Economic Perspectives, Vol. 8, No. 1.

[261] Samaniego, R. M., 2008: Entry, Exit and Investment-specific Technical Change.

[262] Sattinger, M., 1984: Value of an Additional Firm in Monopolistic Competition, The Review of Economic Studies, Vol. 51, No. 2.

[263] Slater, S. F. and Mohr, J. J., 2006: Successful Development and Commercialization of Technological Innovation: Insights Based on Strategy type, Journal of Product Innovation Management, Vol. 23, No. 1.

[264] Thurik, R., 2009: Entrepreneurship, Economic Growth and Policy in Emerging Economies, WIDER Research Paper.

[265] Wang, Z., Wei, S. J. and Zhu, K., 2013: Quantifying International Production Sharing at the Bilateral and Sector Levels, General Information.

[266] Wolff, E. N., 2011: Spillovers, Linkage and Productivity Growth in the US Economy1958 to 2007, National Bureau of Economic Research.

[267] Yeaple, S. R., 2005: A Simple Model of Firm Heterogeneity, International Trade, and Wages, Journal of International Economics, Vol. 63, No. 1.

[268] Yeaple, S. R., 2009: Firm Heterogeneity and the Structure of U. S. Multinational Activity, Journal of International Economics, Vol. 78.

[269] Yeaple, S. R., 2006: Offshoring, Foreign Direct, Investment and the Structure of U. S. Trade, Journal of the European Economic Association, Vol. 4, No. 3.

[270] Yi, K, M., 2003: Can vertical specialization explain the growth of world trade?, Journal of political Economy, Vol. 111, No. 1.

后　　记

  在本书即将完成的时候，并没有期待中的兴奋与轻松，取而代之的却是些许留恋和不安，留恋的是这段虽然艰苦却苦中有乐的日子即将结束，也就意味着我的求学生涯即将结束；不安的是以后还有很长的路要走，还有很多事情要去经历，这个目标的结束也就意味着下一个目标的开始和继续探索。但毋庸置疑的是，这几年的求学经历是我一生中最宝贵的财富，那些紧张又充实的日子也会成为我最难忘的记忆。

  本书的最终完成离不开导师张宏教授的谆谆教诲和悉心指导，能师从张老师是我的幸运和福气，张老师在学术领域的造诣让我钦佩，在生活中的修为也令我崇敬，每一次跟导师的交流与沟通都使我受益匪浅。老师严谨求实的治学理念、端正执着的生活态度是我学习的目标和榜样，激励我在未来的工作生活中不断进取。

  本书的写作还得到了山东大学经济学院各位老师和同学的支持和帮助，感谢同门的师兄弟、师姐妹在治学过程中给予的无私帮助，特别感谢师弟陈东阳博士，他计算机基础深厚、经济学功底扎实，给本书提供了很多非常宝贵、中肯的意见和建议，并且不厌其烦、细致耐心地给我讲解遇到的难题和困境。

  感谢我的家人，是他们无私的支持和无微的照顾，我才能心无旁骛地潜心钻研和埋头写作，他们是我坚实的后盾和前进的动力；感谢我的朋友们在我遇到"瓶颈"想要退缩的时候给我鼓励和宽慰。

  受研究水平所限，书中难免有不当之处，敬请提出批评意见和宝贵建议。

吕冠珠

2020 年 12 月